联结力

联结创造价值

丁伟明◎著

CONNECTIBILITY

中国人民大学出版社
·北京·

序

朋友用时方恨少。

尽管有 100 个朋友，或者 500 个朋友，甚至 1 000 个朋友，但真正有事需要向朋友求助时，总觉得朋友还是太少了！

卡内基认为，一个人获得成功的因素中，80%取决于良好的人际关系，而只有 20%取决于知识、技术和经验。人脉资源不仅是事业成功的关键，也是生活美满和谐的基础保障。

人脉资源既然如此重要，那么究竟需要多少人脉资源才能满足工作和生活的需要？一千？一万？还是更多？似乎是越多越好。但社会学家又告诉我们，普通人只能有效管理 150 个左右的朋友，过多的朋友既无法维系，也难以有效发挥作用。

这确实是个两难的问题。

难题并不代表无法解决，《联结力》就是为解决这一问题而生的。《联结力》不是教科书，也不是心灵鸡汤，而是你发掘人脉资源、创造财富、实现梦想的操作手册。《联结力》不仅给出解决问题的答案，而且提供一个平台，通过实践，解决工作与生活中的困难和问题，创造快乐幸福的人生。

通过《联结力》，我想告诉读者朋友，友谊具有传递性，通过朋友、朋友的朋友，我们每个人都联结着数以万计，甚至百万、千万的朋友，只是以前不知道。道理很简单，假设我有 100 个朋友（我的一度人脉），我的朋友也各有 100 个朋友（我的二度人脉），依此类推，那么，我的一度人脉是 100 人，二度人脉是1万人（100×100），三度人脉是100万人（100×100×100），四度人脉就有1亿人（100×100×100×100）！您读完本书最后一章后，只需花5分钟，就可以验证这一事实。

我们知道，朋友的基础是友谊和信任，只有具备了友谊和信任的基础，人与人之间才更愿意互相帮助，开展合作。因此，单单构建六度人脉网络还不够，六度人脉网络仅仅能让你与他人建立信息联结，真正的人脉联结力还需要在人脉信息联结的基础上进一步发展，通过交往和互相帮助建立情感联结和价值联结，从而形成真正的人脉联结力。构建六度人脉网络需要依托平台，发展人脉联结力也需要平台，为此，我们依据人脉通道理论开发了这样的平台——友多多。友多多不仅是六度人脉网络平台，而且也是社交平台、资源对接平台、创业平台和新型共享经济平台。

个体与社会资源的联结力体现在哪里？其实很简单，个体的联结力就体现在人际关系或人脉资源上。在我们生活的世界中，面对的仅有三类对象：人、物和事。物归人占有或支配，事由人发起、参与和掌控，所以，联结了人，就把握了物、掌控了事，也就联结了世界。因此，强化与人的联结，才能提升联结力。社会中联结力最强的是领袖、专家、明星与网红，他们善于提升自己的联结力，并有效利用联结力，创造最大的个人价值。

《联结力》包括三部分，第一篇介绍什么是联结力以及联结力有什么用，通过概要介绍哲学、心理学、社会学和经济学中与人际关系、人脉资源相关的理论，提出了独创的人脉资源价值理论体系，即社交理论、人脉通道理论、诚信理论和人脉资源价值理论，希望以此帮助读者系统理解与联结力相关的人际关系、人脉资源以及人脉通道的概念、功能与作用。第二篇介绍如何有效管理和提升联结力，包括如何社交，如何识人，如何运用人脉资源管理方法、工具管理和拓展人脉资源。第三篇介绍如何应用联结力，即如何构建自己的六度人脉网络，如何通过社交提升联结力，如何在友多多共享经济平台上运用联结力创造价值。

我在各种场合与100多位朋友谈起过本书的构思和理念，他们中有企业家、创业人士、企业经营管理人员，有专家教授、专业技术人员，有大学生，有销售员、白领、出租司机，超过九成的朋友问“书什么时候出版?”朋友们的反响给予我巨大的激励。

我既不是学者，也不是布道者，而是一个地地道道的践行者。工作和生活的经历告诉我，社会联结力实在太重要，而且获取极为不易。非常希望将我对社会联结力的认识、经验和资源与朋友们分享，帮助朋友们提升社会联结力。最最重要的，我想告诉朋友们，社会联结力有个奥秘——越懂得分享，就越能提升自己的社会联结力。

* * * *

我出生在江苏省宜兴市周铁镇，那是个千年古镇，据说是周朝就设铁官于此，后称为周铁。铁匠铺在我小时候还有，后来改成了农机厂。镇上的城隍庙里有一棵千年古银杏树，应该是当地最有历史和名气的景点了。受吴文化的影响，江南人（包括浙江环太湖地区）普遍都内心高傲，不愿低头，相信通过自己的勤劳和智慧就可以创造财富，改变世界。宜兴人在外当官的并不多，但文化人和教授却是赫赫有名，周培源、唐敖庆、徐悲鸿、吴冠中等大家都来自宜兴，而且宜兴也是教授、大学校长之乡。顺便解释一下，一般认为江浙人文化相同，其实不然。古代江浙分属吴国、越国，江苏人（特别是江南人）是吴文化，浙江人是越文化。越王勾践卧薪尝胆的故事很好地诠释了江浙人的不同：江南人内敛、孤傲、勤奋，用自己的勤劳和智慧开创人生的人多，愿受胯下之辱从政营商的人少；浙江人吃苦耐劳，聪明睿智，富有远见，善于经商。

我家上三代都是单传，但到了我们这一代，人丁兴旺，兄妹七人，我排行老七。幼时很顽皮，爬树、抓鸟、捉鱼样样在行，但家教极严，父亲是典型的老布尔什维克，要求严格，要不是奶奶的呵护，不知道要挨多少棍棒。那个时代学业极为轻松，劳动是最大的负担，小学阶段，放学或假期，每天都要割草喂兔、喂羊，到了初中，便要参加生产队劳动，终生难忘的是历时半个月的夏季“双枪”（抢收、抢种），冒着38度的高温日晒，每天要干14个小时。这是我见过的全世界最辛苦的劳作！所以，不管经济学家如何总结中国改革开放以来所取得辉煌成就的各种原因，我认为中国人的勤劳是最重要的因素，中国人的勤劳举世无双！

1979 年我高中毕业，即将准备高考，但在当年 3 月，我突然得病住院三个月，三个月内完全无法学习。在家人的精心照料下，身体得到了恢复，但眼看着就要与当年的高考失之交臂，幸运的是，三哥也参加当年的高考，帮我报上了名，抱着试一试的心态，参加了 1979 年的高考，居然考了全校第一名。老师和同学都十分惊讶，但我内心并不满意，如果能背一背语文和政治，至少还能多考 50 分。

大学读的是数学专业，大学数学专业课程，包括数学分析、代数、几何、概率论、微分方程、数理逻辑、拓扑学、图论等等，基本上都是在训练一种逻辑技能，即证明某个原理的“充分必要条件”。因为长期的逻辑训练，学数学的人养成了“充分必要”的思维模式，在工作和生活中容易与人抬杠，例如，听到新闻媒体中报道“H 省今年夏粮大丰收、J 省夏粮大丰收、A 省夏粮也获得大丰收，所以，我国今年夏粮大丰收”，数学人便会嗤之以鼻。由于不喜欢所学的专业，大学一年级时极为消沉，沉溺于安装半导体、电视机和打球，并且多次提出申请转系学习。辅导员和系领导殷切关怀，帮助我转变观念，并指点和鼓励我学习双专业课程（那时候的大学还没有双学位），最终以较好的成绩毕业，并被分配到铁道部科学研究院工作。刚到北京特别不习惯北京的干燥气候，几乎每天晚上都流鼻血，萌生了回江苏工作的念头。研究室主任和所里的领导极为关心我们这一批新到工作岗位的人，了解到我的情况后专门联系了铁道部总医院的专家为我诊疗，工作上委以重任，参加国家重点科技攻关项目《铁路重载成套技术研究》课题组，在同事们的通力合作下，该课题最终获得国家科技进步一等奖（集体）。正因为这一荣誉，我被铁道部列为重点培养青年干部，选派赴美留学，学习企业管理。

留学美国读 MBA，因为语言不过关，学业非常辛苦。但接触到的教授、同学和其他人都非常单纯、正直和友善。学校为了帮助国际学生了解和融入美国社会，给每个学生安排一个 Host Family，基本上每个周末都会带我们到他们的家庭参加各种社交活动，并会非常自豪地向他的朋友介绍家庭中来了一位来自中国的新成员。当时的中美差距非常大，一个普通的美国家庭，对待外国人是如此的友善和关爱，让我震惊！也正是榜样的力量，使我现在也非常愿意帮助外国留学生，帮他们解决生活中的一些困难，了解更多的中国文化，对中国人民留下更加美好的印象。学业完成，我便回到了祖国，不是美国不好，而是因为中国是我的祖国，有我的亲人和朋友，也会有更多的发展机会。

由于自己的个性和兴趣，回国后在铁道部物资局工作不到两年，我便毅然决定辞职下海。先到当时世界第二大电脑公司 DEC 中国有限公司做销售，后于 1992 年独立创业，也算是最早科技创业的一代。自从踏上创业路，便开启了“自虐”的人生。局外人看到的是创业者表面的风光和虚拟的财富，只有创业者自己了解心里的压力和肩上的重担。缺钱、缺人、缺市场，每天都要面对一堆下属转交来的、看似无法解决的问题。俗话说，有困难，找朋友。对此，我的体会最深刻。刚开始创业，通过 DEC 的同事和合作伙伴，解决公司的供货商问题（拿到好的价格）和组建技术团队问题；通过原来服务的客户，找到公司第一批客户，完成资本的原始积累。公司的发展，仍然是通过不断结交新朋友，壮大队伍，拓展市场。其实，由于骨子里的清高和个性特点，我并不擅长交际，特别是不善于启齿求人，每次求人办事前，内心都存有莫名的恐惧。但创业又不得不求人，通过十年的历练，才克服社交中的障碍。我清楚记得 2002 年 8 月 16 日上午，公司在香港联交所上市，发表演讲时泪流满面，那不是因为成功上市而激动，而是感慨创业十年所历经的艰辛。

其实，不仅创业需要广泛的社会资源，任何人在社会生活和事业发展过程中都需要充裕的社会资源。生孩子要找好的妇产医院，求学要找名师名校，找工作要找专业对口、有发展前途的机构，如此等等，总之，只有具有整合社会资源能力的人，才能生活快乐，事业顺利。整合社会资源的本质就是整合人的资源，就是提升人的联结力。

基于这样的经历和切身体会，我从 2003 年便开始研究人脉联结网络。但由于原来所学专业所限，研究过程遇到多种困难和问题，这些问题主要集中表现在以下几个方面：

（1）朋友是用来互相帮助的，但在商业中往往将朋友变成了赚钱的工具，如传销、微商等等；

（2）人脉资源越多越好，但人的时间精力有限，不可能管好、用好太多的人脉资源，盲目拓展人脉资源，最终变成了“交了新朋友，忘了老朋友”，得不偿失；

（3）人脉资源是一种私有资源，但只有通过分享才能创造出更大的价值，如何解决私有性和分享性的矛盾？

（4）共享经济是理想的经济模式，但为什么变成了人头经济、烧钱经济？

为了找到答案，我潜心研究了哲学、心理学、社会学和中国传统文化，结合自身原有的数学、经济学、管理学和信息技术方面的知识与经验，对社会人际关系和社会资源整合的认识有了质的飞跃。例如，从哲学中有关人的价值理论、社会学的社会资本理论和经济学的社会供需理论出发，提出了“人脉资源价值理论”；从社会学的六度理论、社会网络结构理论和结构洞理论发展出了“人脉通道理论”，不仅很好地诠释了“多个朋友多条路”，而且已经成功研发出 APP 友多多社交平台，帮助读者构建自己的六度人脉网络，充分发挥弱关系的功能和价值作用；从社会信用的概念出发，提出了“社交信用”的概念和评测方法；从人的哲学概念出发，辅以经济学的社会交换理论，提出了“以共享人的价值为核心”的共享经济理论，再运用网络信息技术，打造了新型的友多多共享经济平台。

合作共赢既是绝大多数商业机构的宗旨，也是公认的具有正能量的社会价值观。人类之所以能够战胜自然，懂得合作是最大的智慧。今天，习近平总书记提出的“构建人类命运共同体”的构想更是从人类命运的高度诠释合作的重要性。但在社会现实中，人与人之间、组织与组织之间、国家与国家之间的合作还不够广泛，还有巨大的发展空间。如何提升合作？国内外学者有各种各样的观点和建议，我认为合作的核心就是人与人之间的合作，组织与组织的合作、国家与国家的合作都建立在人与人合作的基础之上。而人与人合作的前提是具有情感纽带，基础是相互信任，动力是可以预见的价值，具备这三项要素，合作才能顺利开展。所以，推动合作，实际上就是要在这三个要素上发力，在人与人之间增进交流，建立情感，提升信任，以合作的形式实现各自的预期价值。

基于这样的思考，再加上研究过程中遇到共享经济大潮的涌现，使我看到了社会经济发展的新趋势，我坚定认为，人类将依托技术进步的力量，进入一种崭新的社会形态——共享经济社会模式。在这一模式下，人类能够摆脱资本的羁绊，获得更加自由、更加广阔的发展空间，能够创造成倍的社会价值。同时，通过广泛的社会交往，人与人之间、民族与民族之间、国家与国家之间也将开展前所未有的合作，并将进一步促进社会和世界的和谐发展。

共享经济曙光初现，但还没有成型的经济理论来描述和指导。早期的共享经济概念和理论都仅仅停留在微观层面，当下的共享经济模式也饱受社会质疑。我坚信共享经济将会取得大发展，我愿意成为一个探索者，从理论上丰富和发展共享经济，在实践中和朋友们一起共同践行共享经济。

这就是我撰写《联结力》的初衷和历程。

* * *

我的经历也印证了联结力的重要，在关键的时候得到贵人相助，最能体现联结力的价值。为此，要特别感谢我人生中的贵人，包括前彭小学班主任周雅艳、陈志莲、王同生老师，周铁中学班主任屠和森、李宗贵老师，南京大学数学系辅导员江惠坤、系党总支书记闵春发老师，美国纽约州立大学布法罗管理学院的Frank Jen 教授、约瑟夫·阿罗托院长，铁道部科学研究院铁道建筑研究所李景昌研究员、李家林研究员、张绍华研究员、曾树谷研究员、罗林主任、李仲才主任，铁道部物资局（现更名为中国铁路物资总公司）田桂庆处长、傅中局长，DEC 电脑中国有限公司的严开先生、林正刚先生，他们在我的学业和事业发展中给予了无私的关怀、帮助和指导，没有他们，不可能有我今天的人生。还要感谢我的中学同学李玉泉、周浩军、周为民等，大学同学张为斌、浦玉忠、吴晓东、汪精周、金敏、杨栋梁等，MAB 同学李平、陈刚、冯丹龙、盛中克、李楠森、兰桦等，同事和朋友郎靖、许译、蒲镭、赵文海、秦尹、鲁众、孙宇、王欣、高琪、熊晓宇、赵进延、李宇澄、商刚、郭少清、李为民、陈宇虹、李敏、郑坤、高立军、左波、田龙涛、刘志刚、王炜、岳少勇、王利丽等，他们在我的人生旅途中给予了我很多的支持和帮助。

本书的出版，得到了中国人民大学出版社孟超副社长的大力支持，中国人民大学出版社曹沁颖女士对内容编排、书名和装帧等方面给出了建设性意见和建议，在排版、印刷和装订等环节严把质量，为奉献给读者一本装帧精美的图书付出了极大的心血和汗水，不仅代表我自己，也代表读者感谢你们！

当然，必须感谢我的奶奶，我的幼年生活完全由奶奶照料，感谢父母给予我生命，给予我善良的品格，为我树立勤劳勇敢的榜样，我永远怀念你们！你们是平凡的人，但在我心目中既是最伟大的人，也是我最敬重和思念的人。儿子丁天、女儿姜明佳（Elizabeth J. Ding），在你们成长过程中，未能很好地陪伴与呵护你们，深感愧疚，你们非常优秀，为你们而骄傲！我的两个姐姐和三个兄长，带我一路成长，在我取得成绩时与我分享快乐，在我迷茫和困难时给我鼓励和支持，谢谢你们！

尚春宇女士作为友多多的联合创始人，为本书的撰写做出了很大贡献，对友多多平台的设计与开发付出了极大的心血，在此表示衷心的感谢。

亲爱的读者，请原谅我浅陋的文字功底，我力求用直白的语言把事实说清楚、把道理讲明白。希望我们以书为媒，成为朋友，成为事业上的合作伙伴。

善是联结力的出发点，也是其归宿，联结力是用善的力量联结友情、联结资源、联结财富、联结幸福！友多多则是诠释和践行联结力的平台。诚挚邀请您加入友多多大家庭。

2018年7月20日于北京

目　录

第一篇　认识联结力

第一章　人脉资源就是联结力 / 3

第一节　人际关系与联结 / 3

第二节　人际关系与人脉资源 / 16

第三节　人脉资源就是联结力 / 20

第二章　人际关系的奥秘 / 23

第一节　心理学基础知识 / 24

第二节　从社会心理学的视角看人际关系 / 37

第三节　与人际联结相关的社会学理论 / 63

第三章　信用及信用评价 / 70

第一节　诚信概述 / 71

第二节　诚信评价方法 / 80

第四章　多个朋友多条路 / 88

第一节　人脉通道 / 89
第二节　联通世界之路 / 103
第三节　创造财富之路 / 107
第四节　快乐生活之路 / 110

第二篇　提升联结力

第五章　会做人，提升你的吸引力 / 115
第一节　认识自己 / 116
第二节　会交往，让朋友喜欢你 / 118
第三节　别踩人际交往中的雷 / 140

第六章　会识人，构建朋友圈好生态 / 143
第一节　识人概说 / 145
第二节　心理科学的识人方法 / 150
第三节　中国传统文化的识人方法 / 154
第四节　人生必备的人脉资源 / 161

第七章　会管理，发展你的联结力 / 172
第一节　管理人脉资源的基本方法 / 173
第二节　人脉资源评价 / 183
第三节　发展人脉资源 / 188
第四节　人脉资源信息管理 / 195

第三篇　应用联结力

第八章　赋能：构建你的六度人脉资源网络 / 204
第一节　应用人脉通道技术，构建你的六度人脉资源网络 / 204

第二节　人脉地图有效管理人脉资源 / 211
第三节　找靠谱的人办靠谱的事 / 213

第九章　在社交中学习、工作和生活 / 215
第一节　社交思想 / 215
第二节　社交体系 / 225

第十章　精准对接资源，实现联结力价值 / 230
第一节　联结力的价值是什么 / 231
第二节　实现联结力价值 / 236

第十一章　我的共享经济 / 257
第一节　共享经济概要 / 258
第二节　友多多共享经济 2.0 / 271
第三节　在友多多创造财富，享受优质服务，提升社会层级 / 287

参考文献 / 294

第一篇

认识联结力

人生需要面对三种对象：人、物、事。

三种对象之间有六种关系：人与人的关系、人与物的关系、人与事的关系、物与物的关系、物与事的关系和事与事的关系。

人是世界的主宰，物由人占有或支配，事由人而产生并操纵，因此，只要联结了人，我们也就联结了世界。

人是社会性动物，人际交往是人的基本需求，就像人活着要吃饭、喝水一样，如果不与他人进行交往，人就会感到孤独，产生忧郁。《鲁宾逊漂流记》中的鲁宾逊漂流到大洋中的一个孤岛之上，尽管食物没有问题，但孤独难耐，无时无刻不盼望着他人的到来。这种孤独，几乎将鲁宾逊逼入死亡的境地。

人是通过人际关系与社会相联结的。我们生活的家庭、工作的场所，都与他人结成了正式或非正式的社会关系，并通过这样的关系，去做事，创造价值，实现人生目标。

人人希望成功。我们一般也会认为自己很有才华，很有魅力，为人正直，也很努力，但是为什么自己就没有取得马云、马化腾那样的成就呢？怪自己运气不好，还是没有抓住机会？问题的症结可能有很多，各人也不尽相同，其中最根本的原因就是你缺乏成功者那样的联结力。正如成功学专家卡内基所言：“成功20%靠聪明才智，80%靠人际关系。”如果你有成千上万的追随者，你也可以创造宏图伟业。互联网时代，能够联结多少人，就能成就多大的梦想！

联结力有如此大的能量，那么到底什么是联结力，联结力从何而来呢？

第一章　人脉资源就是联结力

社会生活中，重要的联结包括人与人的联结、人与物的联结和人与事的联结。

人与人通过人际关系实现联结，表现为信息沟通、情感依恋和互助合作；人与物的联结主要通过占有或支配来实现（人与高等动物如宠物、家禽等也有部分的信息沟通、情感依恋和合作）；事由人设计创建并由人来完成，因此，只要联结了人，就掌控了物，把握了事。

人脉资源是个体人际关系的总和，故人脉资源就是你的联结力。人际关系有多广，联结力就有多强。

人际联结分为三个层次，分别是信息联结、情感联结和价值联结。

第一节　人际关系与联结

一、人际关系的概念

人与人之间的关系，无非为熟人关系和陌生人关系。在这个世界，由于某种机缘，与他人产生联系，从陌生人成为熟人。熟人之间进一步交往，成为朋友。人际关系（interpersonal relationship）俗称朋友关系，是指人与人交感互动时存在于人与人之间的关系。

从社会层面来看，人际关系表现为一种社会关系，是人们在社会交往活动中所结成的关系。正是这样的社会关系，不仅使我们习得各种社会技能，掌握社会规范，而且使我们懂得合作，完成个人所不能完成的任务，成为世界的主宰。

从心理层面来看，人际关系是人们通过社会交往过程而结成的心理关系，影响和依赖是这种心理关系最主要的表现形式。

由于喜欢和爱而建立，并以信任为基础而维持的人际关系被称为积极的人际关系；由于偏见等原因而建立的人际关系被称为消极的人际关系。通常所称的人际关系都是指积极的人际关系。

积极的人际关系是怎么来的？或者说朋友关系是怎么来的？

1. 由喜欢而相识

茫茫人海，我们每天都会遇到很多人。遇到的这些人，有的成了朋友，而有的却是陌路人，我们完全没有意愿和动力去相识。意愿和动力是什么？是彼此的喜欢。没有彼此的喜欢，就不可能相识。从小学到中学到大学，我们的同学和校友少说也成百上千，但成为朋友的有几个？你不喜欢对方，就没有与他交往的意愿，即使当时存在相当多的事务性交往，也仅仅是应付而已，时过境迁，仅仅是相识而已，成不了朋友。你喜欢对方，对方不喜欢你，你们也成不了朋友。

彼此喜欢是建立人际关系的起点，也是建立人际关系的种子。

2. 由交往而相知

两人相识后，需要进一步交往才会增进了解。了解了对方是什么样的人，才会决定是否要进一步交往。所以，人际关系是通过交往而产生的，也是通过交往而发展的。

3. 由互助而使友情升华

友情是什么？是彼此的需要，这样的需要既包括精神层面的需要，也包括功利方面的需求。精神层面的需要包括牵挂、依恋、仰慕、爱等等，功利方面的需求包括物质需求、权利需求、信息需求等等。

只有在交往中不断满足对方的需要，友谊才能发展，才能升华。

4. 由信任而使友谊长青

友情的起点是喜欢，但如果通过交往发现对方没有信用，就不可能再喜欢。新结交的朋友约好了 6 点见面，他 7 点才来；答应帮忙办一事，第二天再问时他都不知道要办什么事，这样不靠谱的人，没人愿意继续交往下去。

你信任朋友，才会在他经济上有困难的时候帮他渡过难关。他按约定归还，你才会在下次他需要帮助的时候再帮助他。因为你信任他，帮助他，所以他感激你，报答你。这样的良性循环，才会确保友谊长青。

二、人际关系的特点

人际关系作为一种社会关系资源，既具有一般资源的常规属性，又具有其显著的特殊性。要正确认识和理解人际关系的特点，就必须对其普遍性和特殊性有全面、客观、科学的认识。生活中许多人没有很好地积累起有价值的人际关系，其中最重要的根源就是对人际关系的特性没把握好，从而在认识上产生偏差，在使用上出现错误，不仅没能充分发挥人际关系的功能作用，而且还毁坏了人际关系。人际关系的特点主要包括：无形性、私有性、社会性、传递性、可分享性、价值性和发展性。以下我们逐一分析研究。

无形性。人际关系是一种无形的社会关系。这种无形性表现在两个方面：一方面，这样的社会关系如血缘关系、同学关系等等，并不存在固定的形态，人们很难通过感觉器官来辨认；另一方面，社会上的两个人，单凭外表很难看出他们之间是否存在一定的社会关系。人际关系在本质上是一种无形资源。

私有性。人际关系是一种私密关系，很少有人愿意将自己的人际关系公之于众。人际关系的私有性体现在以下几个方面：首先，人际关系是私密的。我认识谁、我与谁是朋友完全是我自己的事，没必要告诉他人，更不会向社会公布。其次，为维护和发展人际关系而开展的人际交往活动是私密的。朋友间的聚会，只有朋友圈内人才会被邀请参加，聚会的地点一般也会选择比较私密的场所，即使在公开场合进行，也不希望被外界所干扰。最后，人际交往的内容与目的是私密的。朋友之间约谈的内容，所要达到的目的，只有当事人知道，不太可能告诉第三者。

社会性。人际关系的本质是人与人的关系资源，是一种社会性资源，受社会政治、经济、文化、科学、道德等诸多因素的影响和制约，并随着社会的发展而发展。在原始社会，人们在氏族部落生活，人际交往的圈子被限制在部落之内，所有的人际关系也就限于氏族部落之内。从文明时代起，随着技术的进步和社会的发展，人们的交往圈子逐步扩大，如春秋时期的孔子即周游列国，建立起了较为广泛的人际关系；唐代的玄奘来到了古印度学习佛学；明代的郑成功七下西洋，与东南亚、非洲各国开展经济和文化交流。进入 21 世纪，随着技术的进步，经济全球化、文化多元化已经成为势不可挡的大潮，极大地冲击了封闭经济和单元文化，并使人们广泛接受普世价值。在这一价值观念的引导下，国际交流空前发展，人际交往空前频繁和便捷。今天，通过文化交流和国际贸易，我们交往的圈子已经跨出了国门，走向了世界。通过电子商务网站和社交网站，你可以结交欧洲朋友、非洲朋友，也可以结交美洲朋友，我们的人际关系扩展到了全世界。

传递性。人际关系能够相互传递。每个人的人际关系中，有相当一部分是通过朋友介绍而获得的，这是我们生活中常常遇到的情况，即通过朋友的介绍，认识了朋友的朋友，进而发展成为自己直接的朋友。

可分享性。人际关系作为一种无形资源，具有可分享的特点。一般的自然资源（有形资源），你拥有了，他人就不可能再拥有，如果你想与他人分享你的资源，就必须将原先属于你的一部分转让给他人，也就是说，有形资源的分享是以一方的减少作为代价，而使他人拥有的那一部分正好是你所失去的部分。而人际关系则不同，你将你的朋友介绍给他人，不但不会减少你的人际关系资源，相反，还会提高你的人际关系的质量。例如，你将你的朋友 A 介绍给你的朋友 B，你的朋友成了他人的朋友（A 成了 B 的朋友），可 A 却仍然是你的朋友，你的朋友资源并没有减少！相反，A 和 B 还会因为你在他们之间穿针引线而感激你，从而使你和 A 及 B 的关系质量得到提升。

价值性。任何一种资源都具有特定的社会价值，否则，就不能称其为资源。人际关系是一种特殊的社会资源，所以，人际关系具有特定的社会价值。人际关系的价值与其他普通资源的价值不同，它同时具有精神价值和经济价值。

发展性。人际关系不是一成不变的，而是发展变化的。人从出生起，开始社会化活动，与家庭成员、邻里、小伙伴进行交往，随着成长过程，又开始与同学、老师、同事以及趣味相投者进行交往，在交往的过程中，人际关系也开始不断积累，从最早的血缘关系，发展包括同学关系、同事关系等在内的其他人脉。

三、人际关系的类别

中国社会对不同的人际关系有很多传统的称谓，如：情谊契合、亲如兄弟的朋友叫“手足之交”；同生死、共患难的朋友叫“刎颈之交”；在遇到磨难的时候结交的朋友叫“患难之交”；情投意合、友谊深厚的朋友叫“莫逆之交”；从小一块长大的异性叫“青梅竹马”；以平民的身份相交的朋友叫“布衣之交”；辈分不同、年龄相差较大的朋友叫“忘年交”；不拘身份、行迹的朋友叫“忘形交”；不因贵贱的变化而改变的深厚友情叫“车笠交”；在道义上彼此支持的朋友叫“君子交”；心意相投、精神上高度重合的朋友叫“神交”；贫贱且地位低下时结交的朋友称为“贫贱之交”。

今天，全世界总共有 70 多亿人口，中国就有 13 亿多。在如此众多的人口中，普通人认识的人也就数千人，故我们认识的人占世界总人口的比例很小。在我们认识的人中，按我们对其的认识和态度可以分成“喜欢的人”和“不喜欢的人”，只有那些我们“喜欢的人”且对方也喜欢我们的人才能成为我们的人脉资源。

在我们喜欢的人群中，按照不同的视角，可以对人际关系进行不同的分类。通常，我们按照人际关系的重要性、人际关系对象的性质、人际关系的亲密度和人际关系对象的社会地位四个维度对人脉资源进行分类，在此基础上研究分析不同类型的人脉资源的特点和功能作用。

1. 按关系的重要性来分

不同的人际关系，是人在社会生活的不同环境和不同阶段下形成的，对人的影响也不尽相同。现实生活中，每一种人际关系对人的重要性是不同的，例如，血缘关系，也就是常说的亲属，是人们最重要且陪伴终生的关系，影响人生的各个阶段和各个方面。而另一些关系，像我们常说的所谓“偶遇”或“酒肉朋友”，对人生的重要性相对就要小一些。按照对人生重要程度的不同，我们将人际关系分为三类，即“贵人”、“重要”和“一般”。现对这三类关系逐一分析。

“贵人”，顾名思义，是对某人的人生起关键作用的人际关系，正如我们常说“某某得到了贵人相助，一步登天了”。除了血缘关系，“贵人”常常出现在人生的重要转折期，比如说某一位老师，由于他的关心和帮助，使某个原来学习一般的人最终通过发奋图强，考上了理想的大学，从而改变了一生的命运。再例如事业上的上级，出于对某人的偏爱，使该人在关键时刻走上了关键岗位，从此一帆风顺，春风得意。

我们常常说“贵人”可遇不可求，其实这样的说法不完全正确。如果我们能够在人生的旅途中认识到在某些关键节点上需要贵人相助，那么就该早做准备，及早地去结识和发展这样的关系资源，而不能临时抱佛脚，或者听天由命，怨天尤人。

“重要”的人际关系是指那些对人的生活有较大影响，但又不如“贵人”那么重要的人际关系资源。人生中我们常常需要倾诉的对象，也经常需要朋友帮助我们，这样的人际关系就构成了“重要”的人际关系。“重要”的人际关系资源比“贵人”多许多，这就要求我们在日常的生活中不断积累，不断维护和发展。

“一般”的人际关系是人们在日常的工作和生活中自然形成的，这类人际关系对个人来说没有特别重要的意义和作用，但是由于人是社会化的人，在工作、学习或生活中必然会结识一些人，他们会对我们产生一定的影响，但这样的影响对我们个人来说又是微不足道的。例如，与我们生活在同一社群的一个熟人，或者是公司内不同部门的一个同事，大学里不同系的一位学友。他们完全是由于人生的某种机缘而与我们相识，或许终生都不会有很深的交往，甚至过了某个时间点后，再也不会碰面。

按照关系的重要性来划分人际关系，我们能够非常清楚地看出我们自己的人脉资源对象的价值判断，同时，也为我们自己未来的人脉资源发展指明了方向。如果在我们的人脉资源中“贵人”很少，“重要”的不多，那么说明我们的人脉资源的质量存在较大的问题，需要引起我们的重视。在现实中，相同的人际关系其重要性并不是一成不变的，如果维护不当，本来是你的“贵人”也可能降为“一般”的人际关系；反之，本来是“一般”的人际关系如果正确维系和发展，极有可能升级为“重要”的人际关系，甚至成为你的“贵人”。

2. 按关系对象的性质来分

人是社会的人，我们所拥有的人际关系并不是完全因为某些关系重要，我们就去发展这些重要的关系，某些关系不重要，我们就放弃这些人际关系。相反，人生中的绝大部分人际关系不是刻意而为的，而是在学习、工作和生活中自然而然形成的。所以，我们不仅要按照人际关系的重要性去认识和区别不同的人际关系，也需要从人际关系本身的特点去认识。按照这样的思路，我们有必要按人际关系的性质来对人际关系进行恰当的分类。按照不同人际关系对象的性质，人际关系大致可以分成六类，即血缘关系、学缘关系、业缘关系、地缘关系、信仰政治关系、兴趣爱好及其他关系。

血缘关系是由婚姻而建立的血亲关系（同时也包括收养关系），也就是俗话所说的亲属关系。这是人最基本、最重要，也是维系终生并代代相传的社会关系。血缘关系是伴随着生命的繁衍而自然形成的，再经后天的婚姻关系加以丰富，使得血缘关系在人的社会关系中有着无可替代的作用。

学缘关系是由人参与学习活动所产生的社会关系，包括同学关系、师生关系、校友关系。学缘关系中最重要的就是同学关系。同学关系在日常的语境里定义并不是十分清楚，有的人认为是指同校、同年级、同班的学生之间的关系，而有的人则认为是同校同期的学生之间的关系。这里的同学关系是指同校、同年级、同班的学生之间的关系。

业缘关系是指人在工作、事业发展中形成的人际关系，包括同事关系、客户关系、合作伙伴关系、竞争对手关系、股东关系、政府管理者关系等等。业缘关系最显著的特点是其功利性。商业利益和权利是业缘关系的核心，业缘关系的产生、维系和发展绝大部分都是以权利或者商业利益为驱动力的，离开权利或者商业利益，业缘关系将不复存在。

地缘关系是由乡土情结而形成的一种社会关系，特别是中国社会，乡土情结历史悠久，“家”文化深深扎根于每一个华夏子孙的心中。地缘关系俗称“同乡关系”，是随着地缘的变化而产生的。如果一个人离开他的出生地到了镇上工作，他出生地的同村人就是他的地缘关系；如果他到了县上工作，则他出生地所在的乡镇的人便是他的地缘关系；当他到了省上工作，则他出生地所在的县市的人就成了他的地缘关系；当他身处外省市时，他出生地所在的省的人便成了他的地缘关系；当他出国后，所有中国人都成了他的地缘关系（都是炎黄子孙）。当然在这些地缘关系中，地域越小，关系越近；反之，地域越大，则关系越疏。

信仰政治关系是由人的信仰或参加某一政治团体而获得的一种人际关系资源。信仰与政治是人的一种高级精神需求，为满足这种高级需求而伴生的人际关系不同于其他人际关系，主要是用来满足人的精神需求，较少用来满足人的世俗功利目的。

兴趣爱好及其他关系。兴趣爱好关系是由于人们有相同的兴趣爱好而结成的一种社会关系，其他关系则包括了上述六项中没有包含的一些特殊关系，如战争中敌我双方之间人员的关系等等。

3. 按关系的亲密度来分

人际关系除了重要性和关系性质这两个重要属性外，还有亲密度属性。所以，我们也可以按照关系的亲密度来对人际关系进行分类。按照关系的亲密度，人际关系可以分为“密友”“朋友”“熟人”三大类。

“密友”即我们常说的“铁哥们”“闺蜜”，这种人际关系是我们在日常生活中接触最多、也最为频繁，情感依赖度、自我暴露度最高同时也是最为信任的人际关系。

“朋友”即我们一般认为的“好朋友”，这种人际关系我们接触较多，但比“密友”的人际关系接触得要少，同时相互之间的信任度、自我暴露度也稍差一些。

“熟人”的人际关系则指曾经交往过，但交往的频度不高、深度也非常有限的人际关系。由于学习、工作或生活的关系，我们会接触很多这样的人，也许在某一段时间内接触得还比较频繁，但是相互之间的了解却是表面的，缺乏较为深刻的认识和交流。“熟人”与“朋友”之间的主要区别是朋友之间有情感联结，但熟人之间的情感联结度很低。

4. 按关系对象的社会地位来分

社会是分阶层的，不同的人属于不同的社会阶层。社会阶层有不同的划分方法，可以按政治地位来划分，如统治阶级和被统治阶级；可以按拥有财富的多少来划分，如财富达到100亿美元以上属于最富有的阶层；也可以按权力的大小来划分，如国家级、省部级、厅局级、县处级，等等；也有一些划分方法是模糊的概念，如“工薪阶层”。

一般来说，社会地位与收入和财富、权力和声望等要素相关，其实也就是以对社会的影响力为基本标准。这样的影响力表现为或拥有，或具有支配权。国企集团的董事长并不拥有国企集团，但他拥有调配集团内资源的权力，所以他们属于社会上层。专家和明星其实财富不多，权力也不大，但他们在社会上拥有很高的声望，所以他们也属于上流社会。

四、人际关系的作用和意义

人际关系作为一种社会现象，对人际关系的主体、人际关系对象及社会都会产生程度不同的影响。与人际关系相关的不仅包括人际关系主体和对象个体，也包括由人际关系结成的社会群体，故人际关系的作用和意义包括个体和社会两个方面。

1. 人际关系对个体的作用和意义

当我们探索人际关系对个体的意义时，不仅要探索对人际关系主体的意义，也要探索对人际关系客体（人际关系对象）的意义。由于人际关系是成对出现的，如果甲是乙的人际关系，那么乙也是甲的人际关系。所以，我们只要探索了人际关系对主体的作用和意义，实际上也就等同于探索了人际关系对客体的作用和意义。

人际关系既是个体获取生命的源头，也是个体社会化发展的摇篮。人不是天上掉下来的，而是由父母的结合才获得了生命，并在父母和其他亲人的呵护和养育下不断成长。人不仅仅是生物学意义上的人，更是社会学意义上的人，在人的成长过程相关联的人，包括家人、邻居、幼时伙伴、同学、老师、同事，他们组成了人际关系主体，也为人的社会性发展提供了全部的帮助和服务。人们在与他人的交往中学习理解他人，认识自己，懂得你我他之间的关系、朋友和敌人的关系、爱与恨的关系，学会了语言，学会了点头、微笑、鞠躬等行为礼节所代表的社会意义，如此等等，从而使我们能够适应社会的生活，成为一个完整的社会人。

人际关系是事业成功的保障。一个人事业的成功，首先在于找到正确的发展方向。当我们年轻时，社会阅历较浅，也缺乏经验，再加上年轻气盛，此时选择的事业很难保证就是适合自己特点，且愿意为此终生奋斗的事业。其次，事业上的成功，往往就是在关键的时候得到重大的发展机会，或者在危急时刻得到贵人相助而转危为安。最后，即便是天才，事业的发展也离不开他人的相助。俗话说："一个篱笆三个桩，一个好人三个帮"，单打独斗，修身、齐家都不容易，更别奢谈治国、平天下了。今天的社会，经济全球化、信息网络化，光凭一个人的智慧，是无论如何也难以立足的，互助合作是今天的主旋律。由此可见，一个人获得事业的成功，隐藏在他后面最重要的资源恰恰是他的人际关系。

人际关系是幸福生活的源泉。人的生活状态大致可以分为三种，即痛苦、无聊和愉悦。要想获取幸福生活，实际上就是要减少痛苦，克服无聊，从而收获更多的快乐。导致人们痛苦的原因是多种多样的，但除去生理问题外（如身体的疾病或伤残导致人的痛苦），其他的痛苦是由心理失衡所致。什么会让我们心理失衡呢？除去心理性的问题外，主要是由生活中的困难和问题所致。人生旅途，不如意事常八九，谁能帮助我们克服困难、解决生活中的这些不如意之事呢？只能依靠朋友。生活中的许多琐事，小到春运时的一张车票、看病挂号，大到办理一项政府批文、孩子上学，单靠自己的力量，由于专业技能或者所拥有的资源等方面的缺陷，往往很难解决，但此时如果有朋友相助，可能就易如反掌。克服了这些生活中的困难，不如意事就不再是常八九了，可能就变成“不如意事仅二三”了。

心理学家认为，无聊主要是由于生活空虚所致。一天到晚忙忙碌碌的人很少有感到无聊的，或者说他们根本没有时间和机会去感受无聊。由此，要克服无聊的问题，主要是要使生活充实起来。丰富多彩的人际交往活动让我们的生活多姿多彩，最能够克服人的无聊情绪，这是我们每个人都亲身体会过的事实。不仅如此，人际交往活动的开展还会让我们开阔眼界，培养情趣，发现机遇。“三人行，必有我师”，在与人的交往中，我们了解他人的思想观念和看待世界的方法，从而开阔自己的视野；我们通过交往活动，培养自己的兴趣爱好，陶冶情操；也是通过人际交往活动，从他人的言行或榜样行为中获得启发，发现机遇，从而使生活充满了挑战和激情。此时此刻，无聊早就跑到了九霄云外。

2. 人际关系对社会的作用和意义

平常人们谈论人际关系时，往往都是从个体的角度来认识人际关系，很少从社会的视角来看待人际关系。实际上，人际关系不仅对个体有着非凡的作用和意义，同样，对社会也有着极为重要的意义。

第一，由人际关系所结成的群体和社会组织（包括家庭、有紧密情感纽带的社团等）是社会的细胞，是实现人类社会功能最基本的要素。

第二，人际关系是人类战胜自然、不断推动社会发展的主要动力。人类正是懂得了合作和分享，才成为了这个世界的主宰。

第三，由人际关系所结成的社会组织（包括家庭、有紧密情感纽带的社团等）是构成社会的基本要素，是社会发展的重要源泉。

第四，人际关系是促进文化交流、社会和谐的重要力量。

世界是由不同国家、不同民族的人组成的，不同国家、民族的人民由于各自历史不同，孕育出了各自独特的文化。

和谐社会包括人与人的和谐和人与自然的和谐两大部分。首先，人与人的和谐本质上是社会关系的和谐，人际关系是由具有和谐社会关系的特定人群组成的，是建立在和谐人际关系基础之上的，因此，人际关系是和谐社会的出发点。其次，人际关系是构建多元化社会的基本保证。中国传统文化弘扬“君子和而不同”的文化精神，希望创建有差异却充满和谐的理想社会。人际关系和谐，社会多元化才有了基础，才能促进多元化社会的精神统一，才能提高社会效率。最后，人际关系促进个体身心健康发展。社会个体的身心健康既是社会和谐的基础，也是社会发展的动力。人是建设和谐社会的关键所在，只有构建和谐社会的主体——人，获得了健康和谐的发展，才能真正实现和谐社会的建设。

五、人际关系与联结

从人际关系的概念不难看出，人际关系就是人与人之间的联结，你与多少人相识，你就与多少人相联结。

人际联结具有方向性，如你和老师的关系，你称他为老师，他称你为学生，这种称谓上的不同就代表着联结关系的不同，即方向的不同。

人际联结具有传递性，通过你的朋友，你与你朋友的朋友也产生了联结。

人际联结具有层次性。关系好的朋友，联结层次就深；关系一般的熟人，联结层次就低。人际联结分为三个层次：最低层次的联结是信息联结，如你看新闻联播，节目中的新闻人物与你就是信息联结，该新闻人物并不知道你是谁，只是通过电视媒体，你知道了他，这是人际关系中最低层级的联结。其次是情感联结，如你和你的小学同学，曾经在一起上课，甚至还打过架，你们之间建立了一定的感情。最高层次的联结是价值联结，如你与你公司的同事，既有作为公司员工的共同价值，也有工作上合作的价值。这种联结层次的不同，实际上就代表了联结力的不同。

人际联结的层次与关系亲密度的关系可以用图 1－1 来表示。

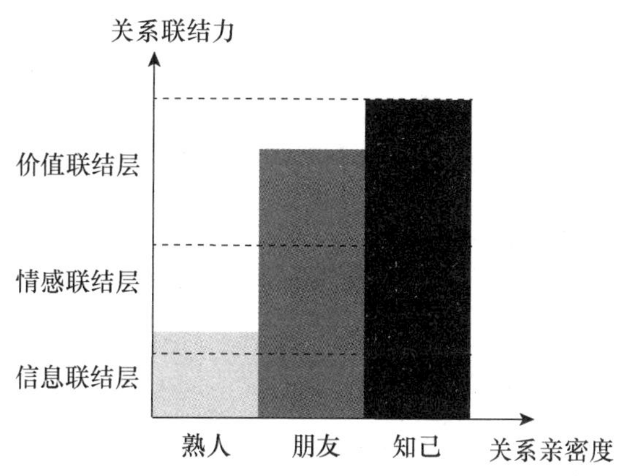

图 1－1　人际关系联结维度示意图

1. 信息联结

信息联结是人际联结的最低层次，表现为具有人际联结的双方互通信息。在信息联结层，实际上仅仅提供人与人之间的沟通渠道，确保人与人可以沟通交流。网友之间是典型的信息联结，互联网为双方提供了交流渠道。

存在信息联结的双方通过经常性的交流，增进了了解，随之也就会逐步产生感情，从而使双方的联结上升一个层次，到达情感联结。网友之间发展成网恋就进入了情感联结。

在信息联结层，交往双方的关系就是我们常常说的“熟人”，或者称之为认识的人。

2. 情感联结

进入情感联结层后，人际关系发生了质的变化，交往双方不仅互通信息，信任、依恋、关爱等情感开始融入双方的心中。这样的情感也会促进双方进一步交流，并加深理解和认识。交往的过程反过来也会促进情感的进一步升华，加深友谊。

到了情感联结层，交往双方变成了真正意义上的朋友，他们不仅互通信息，而且产生了一定程度上的友谊，并开始愿意为对方付出。

3. 价值联结

价值联结是人际联结的最高层次，这一层次的标志是存在建立在信任基础上的互助合作。在价值联结层次的人际联结，交往双方不仅经常交流有价值的信息，而且也为对方提供高质量的情感价值，还愿意为对方提供无私的帮助与合作，助人利己，共同创造社会价值。

价值联结包含了高层次的情感联结和高质量的信息联结。

第二节　人际关系与人脉资源

人际关系与人脉资源听起来十分相似，日常生活中也常被人们替换使用，所以常常被混淆。将关系作为资源，在中国具有悠久的历史，从先秦诸子百家留下的史料不难看出我们的祖先在几千年前就非常重视人际关系，认为交友不仅具有娱乐功能，有益于身心健康，而且有助于治国平天下。

在中国历史上的官员任用制度中，除了科举，就是举荐。而且即使科举中榜，如无要员举荐，也难以得到重用。民谚“朝中有人好做官”就是人际关系资源性作用的最直白的表述。

一、人脉资源与人际关系的关系

什么是人脉资源？有人说人脉资源就是朋友资源，也有人说人脉资源就是关系资源，那么，到底什么是人脉资源呢？

人脉资源是建立在相互信任基础上，具有一定情感联系，愿意相互支持帮助的人的资源。信任是人脉资源的基础，离开信任这一基础，就不能称之为人脉资源，充其量也就是熟人关系而已。在人脉资源环境里，人与人之间具有相当多的情感依恋和情感互动，这样的情感联系既是人作为社会性动物的基本需求（人际交往需求）得以满足的一种形式，也是人们建立起心灵沟通、相互依恋、相互支持帮助的必要条件。人脉资源的另一个重要特征是相互间的支持帮助。人作为社会人，其社会性除了情感依恋外，还需要人与人之间和睦相处，相互帮助，因为只有通过相互帮助，人类才能够克服困难，在与大自然的斗争中取得胜利，推动和促进人类的发展。不过，在人类社会长期的发展历程中，人类并不是从一开始就懂得合作，乐于相互帮助，而是充斥着屠杀、奴役和血淋淋的“竞争”。随着社会的不断进步，人类逐渐摆脱野蛮，越来越清醒地认识到相互支持帮助的重要性，并且不断地自觉改造自我，朝着和平的方向发展。人与人之间的相互支持帮助不仅成为一种社会美德，而且成为人类社会在新世纪发展的一种基本共识。

前面曾经提及在日常生活中人们常常将人际关系与人脉资源替换使用，说明人际关系与人脉资源之间有着非常紧密的关系。在某种程度上，两者具有相似的价值或功效。但这样的说法极不科学，不能从本质上反映人际关系与人脉资源的内在本质与属性。

1. 两者之间的联系

（1）两者的研究对象相同。两者所研究的对象都是人与人之间的关系以及这种关系对主客体双方的作用与影响。

（2）研究人际关系是研究人脉资源的前提与基础。人际关系的研究涉及人际关系的建立、维系和发展等各个方面，同时还要研究由人际关系所结成的群体或社会组织对社会发展的影响。正是基于这样的研究基础，使得我们才能研究依赖于人际关系发展而来的人脉资源，即用经济学、社会学、心理学和管理学的理论来研究人际互动这一社会现象，从而使我们对人际互动、人际关系的功能作用和社会价值有更加全面深刻的认识。

2. 两者之间的区别

(1) 对关系的认识不同。传统的人际关系观念是将人与人之间的社会关系当作普通的社会现象来看待，缺乏科学的理论基础，而人脉资源观念则不同，它以社会心理学、经济学和管理学为理论基础，以人为本，认为人际关系既是人与人之间的情感纽带，也是实现人的自我价值和社会价值的关键资源。人脉资源管理强调人的主观能动性和心理需求，注重助人的精神价值和社会价值，使互相帮助和利他主义的人文精神在促进个体人际关系和谐、生活美满幸福方面发挥重要作用。

(2) 范围不同。人际关系所涉及的范围要比人脉资源小，人脉资源的领域不仅包含了人际互动和人际网络，而且还包含了以无形资产特性表现出来的人际关系的资源性价值。

(3) 关注的侧重点不同。人际关系关注的是关系的建立、维护和发展过程，关注的重点是其社会性，而人脉资源则将注意力集中在人们对关系资源的应用上。这里的人包括人际交往活动中的双方（或多方），而不仅仅是“我”，还包括“他或她”。从学科的性质来看，人际关系是社会心理学的范畴，而人脉资源学则是融合心理学、社会学、经济学和管理学等学科的交叉学科，偏向管理类学科，目前尚无明确的学科划分，我们建议应该归属管理学科。

二、人脉资源面临的挑战

当前，人脉资源的重要性已经获得了社会较为普遍的认同，但人们在应该拥有什么样的人脉资源、如何维护和发展人脉资源，以及如何更好地发挥人脉资源的功能作用等问题上，还存在不少疑惑。这样的困惑，不仅影响个体充分发挥人脉资源的价值作用，而且影响社会的健康和谐发展。这样的挑战主要表现在以下几个方面：

1. 对人脉资源价值认识的挑战

人脉资源作为个人的无形资产，人们对其价值的认识常常是片面的、极端的、个性化的。大部分人只看到人脉资源的功利性价值，看不到它的情感性价值，往往只看重朋友帮助解决生活中的困难方面的效用。

2. 对人脉资源质与量的关系的挑战

人们普遍追求人脉资源数量的最大化，质量的高端化，殊不知，人际交往需要花费时间，需要长期投入。一个人的精力有限，根本不可能与上千人保持良好的沟通交流，结果只能是“狗熊掰棒子，掰一个丢一个”，交了不少新朋友，也丢了不少老朋友，到头来还是得不偿失。其次，人脉资源的质量不仅取决于朋友的地位和能力，更取决于你和朋友之间关系的质量。

3. 对人脉资源使用、维护和发展之关系的挑战

任何一种资源，其目的都在于通过使用该资源创造一定的价值。另一方面，要使某种资源发挥出正常的功效，必须对该资源进行精心的养育与维护，使该资源始终处于良好的状态。这样的养育和维护是需要耗费人的精力、物力和财力的，怎样平衡对人脉资源的投入与产出之间的关系，成为人们拓展人脉资源所必须要认真思考的问题。

4. 对人脉资源的私有性及分享性认识的挑战

人脉资源是一种私有资源，是个体投入大量的情感、时间和物质财富并经过长期的精心养育发展而来的，尽管没有法律明确的保护，但其他人（或社会）难以剥夺个体人脉资源的所有权。这里的私有性体现在两个方面：一是人脉资源是私人拥有的，二是人脉资源信息是秘密的，个体不会随便向社会公开。但是任何一种资源要最大限度地发挥其价值，就必须社会化，只有通过社会化进程，资源的价值才能得到最大限度的发挥。人脉资源作为一种资源，同样需要通过社会化（社会活动），才能发挥其价值。这样，人们就在保持人脉资源的私有性还是有限公开人脉资源信息，与他人分享人脉资源之间陷入了矛盾。

5. 对求助与助人之间关系的挑战

传统观念中，拥有人脉资源的目的是当自己有困难时能够得到朋友及时有效的帮助，社会中绝大部分人都是依据这样的观念去结交朋友、发展朋友、维护朋

友的，“有困难找朋友”的观念已经深入人心。

交友最初的动机是“求助”，但在交友的过程中又必须“助人”，于是“求助”与“助人”这对关系便对我们提出了挑战：我们到底应该先“求人”还是先“助人”？应该多“求人”还是多“助人”？

6. 处理重要的人脉资源与紧密的人脉资源之间关系的挑战

在人脉资源的分类中，我们看到一类人脉资源是重要的人脉资源，他们是我们人生中的贵人。还有一类是交往甚密的朋友，我们可能将三分之二甚至更多的人际交往时间给了这一类朋友。至于为什么会投入如此多的时间和精力给他们，或出于习惯，或是被动接受他们的邀请，总之没有认真考虑是否应该花费如此之多的时间和精力去和他们交往。也就是说，我们在安排人际交往活动时根本就没有想过应不应该这样去安排。实际上，这一挑战也就是在“重要的事”和“习惯的事”之间如何选择的问题。

第三节　人脉资源就是联结力

从联结力的概念我们可以看出，人与社会的联结力，来源于三个方面：一是你联结了多少人；二是你联结了什么人；三是你与所联结的人之间的联结层次（即关系的亲密度）如何。这也恰恰正是人脉资源所涵盖的三个方面，所以，我们可以说：人脉资源就是联结力。

1. 你认识多少人

每个人都有朋友，少则一二百，多则上千人。

你能认识多少朋友，既与你的生活环境有关，也与你个人的交友观和交友能力相关，但主要是由你的交友观和交友能力所决定的。好交往的人朋友遍天下，他们不放过任何工作生活中与人接触的机会，努力争取将接触过的人变为朋友。我有一个同事，是个非常热情的人，因为北京每周有一天车限行，他便搭乘顺风车，他用乘顺风车的机会认识了二十多个朋友，不仅现在乘车不花钱（朋友们在限行日相互搭便车），而且与其中的七八个人成了商业上的合作伙伴。

另一些人由于个性使然或后天教育等原因，社交成为他们的痛点。今天有很多人，即使住在同一个楼门，每天同坐一部电梯，都不知道对门住的是谁，他们过着“宅”的生活。

认识人的多少，也与生活经历相关。一个从小学到中学都在同一个学校读书的人比在不同学校读书的人认识的同学就少，从来没换过工作的人通常比经常换工作的人认识的人少。

社会生活的经验告诉我们，我们应该多认识朋友，毕竟“多个朋友多条路”。

2. 你的朋友是谁

社会是分阶层的，不同阶层的人，有不同的资源和不同的社会影响力。

你有高端的朋友，你就能向朋友借力，扩大自己的资源和影响力，所以我们常常听到某人炫耀“我有上层的关系”。实际上，你认识专家，就有可能借助专家的影响力；你认识村长，就容易办村里的事；你认识校长，孩子教育的事就不用担心；你认识医院院长，求医问药就会省去不少的麻烦……总之，你认识谁，就能借谁的力。

有时候，你是谁不重要，你认识谁更重要。正如一个著名的寓言故事，狐狸不算什么，但老虎是大王，人人都要给面子！这样，狐狸也就有了面子。狐狸能得到面子的关键是因为大老虎是小狐狸的朋友。

人人都希望自己有高端的人脉。但人际关系不会从天上掉下来，只能从工作和生活中逐步积累起来。

有什么样的朋友与家庭背景、人生经历和交往习惯相关，其中是否有高端朋友与家庭背景和人生经历相关，普通朋友与个人个性习惯相关。

官二代、富二代由于家庭背景的原因，天然就有高端人脉的基础，他们的父母亲属非贵即富，他们的玩伴和同学通常同样具有较高的社会地位。

教育和工作经历也是获得高端人脉的重要途径。如果你是马云的同学，或者是李开复在微软工作时的同事，这样级别的大佬就是你的高端人脉；反之，如果你是偏远地区的学子，工作也是最基层的一个普通员工，可能获得高端人脉的机会就少之又少。

作为一个普通人，你能交到什么样的朋友主要与你的交往习惯和兴趣爱好有关，正所谓“人以群分”。爱交往的人朋友会比较多，孤僻的人因不喜欢交往，当然朋友也较少。

3. 你与朋友的关系如何

朋友的资源怎么才能为你所知晓、为你所运用？靠感情。感情深，你的就是我的；感情浅，敷衍了事。你与朋友的感情深度，就是你与他联结力的强度，感情越深，联结力就越强。

人际关系的亲密度分为知己、朋友和熟人三个等级，感情最深的一级为知己，其次是朋友，最差的是熟人。熟人之间基本上只是存在信息沟通的渠道，情感成分非常低。你对熟人的影响力甚至不如你朋友的朋友。

第二章　人际关系的奥秘

人际关系对人生的重要性是不言而喻的，但如何科学地认识人际关系、如何有效地发挥人际关系的作用，仍存在不少疑惑或偏见。与人际关系相关的科学是心理学和社会学，本章介绍一些与人际关系相关的心理学和社会学理论，以帮助读者更好地认识人际关系。

心理学学科中研究人际交往的分支是社会心理学。社会心理学研究个体如何认识自己、理解他人，如何对别人的行为做出反应，如何与环境进行相互作用等。学习一些心理学和社会学的知识，对于认识自己，理解他人，或者说如何做人，会有很大的帮助。

人与人是不同的。这样的不同，既表现为外在的不同，例如性别、身高、容貌等等，我们通过观察就能看到这样的差异，也表现为个体内在的差异，或者叫作个体心理上的差异，不是一下就能观察到的。个体之间心理上的差异，也表现在多个方面：表现在心理活动的动力上，就是人的需要和动机的差异；表现在从事实践活动上，就是人的能力的差异；表现在心理品质方面上，就是人格的差异。

个体在心理上的差异，对于人际交往活动有很大的影响，为了较好地认识和理解这样的差异，以下简要介绍心理学在需求和动机、情感和情绪、能力和人格等方面的研究成果和相关理论。详细的内容请参阅基础心理学相关教材。

第一节　心理学基础知识

一、人性的基本假设

对人性的基本认识，历来存在“性本善”和“性本恶”两大阵营，一种代表东方哲学思想，另一种代表西方哲学思想，争论了几千年，最后还是旗鼓相当，各抒己见。与此相适应，逐步形成了以儒家思想为核心、儒释道相融合的东方文化和以基督教为核心、以法律和科学为两翼的西方文化。

我们要科学地看待人性。“善”与“恶”是人性的两面。在人性中，既不存在绝对的善，也不存在绝对的恶，只要是人，一定是“善”与“恶”的混合体。其实，人性中所谓的“恶”，绝大部分与人的生物性有关，而所谓的“善”则与人的社会性相关。人作为大千世界芸芸众生中的一员，为了求生存，求发展，就必然要与大自然及其他生灵进行竞争和斗争，在这残酷的斗争中，人类依靠自己的智慧战胜所有其他万物，成为这个世界的主宰。这种斗争的智慧和残酷的手段代代相传，成为人类克敌制胜的法宝。人性中的“恶”，也就在这样的斗争过程中形成了。与此同时，在与大自然的斗争中，人类也深深懂得要团结，要信任，要互相帮助，唯有如此，才能凝聚人类的智慧和力量，战胜比人类个体强大得多的其他动物或自然灾害，人类的“善”也就形成了。由此可见，人类的“善”与“恶”是在长期的斗争历史发展中形成的，既有生物遗传性，也有社会性；人性中“善”“恶”兼有，既不是纯粹的“善”，也不是纯粹的“恶”；人性中“善”的绝大部分是在后天的社会教化中学到的，即是在人的社会化过程中获得的。

人性的特点用我们传统文化的太极图（见图 2－1）来表达，就可以比较清晰地看出。

图中，白色部分代表人性中的“善”，黑色部分代表人性中的“恶”，用圆的

图 2－1　人性“善”“恶”发展曲线图

直径来切割人性图，无论如何都不可能只包含“善”而没有“恶”，只是有人“善”多“恶”少，有人“善”少“恶”多。

心理学上有四个比较著名的有关人性的假设，即“经济人”理论、“社会人”理论、“自助人”理论和“复杂人”理论。

1. “经济人”理论

这一假设起源于古典的享乐主义哲学以及亚当·斯密的劳动交换理论，该理论认为人的行为都是为了追求自身利益最大化。依据这样的人性假设所创立的管理理论被称为 X 理论。这一理论对人性有这样的观点：

- 人天生就是懒惰的，如果没有外在的压力，人并不愿意多劳动；
- 人是害怕承担责任的；
- 人以自我为中心，永远将自己的利益放在他人利益和集体利益之上；
- 社会是由精英所决定的，普通大众永远都在盲从；
- 人只追求生理安全等方面的低层次需求，无自尊和自我实现等方面高层次的需求。

从上述的“经济人”理论不难看出，X 理论是极为片面的，它主要是从人的生物性角度出发来观察人的特征，而忽视了人的理性和主动性。X 理论作为古典的管理思想，在 19 世纪末 20 世纪初曾经非常流行，并以此发展出了科学管理理论，如泰勒的“科学管理”。

2. “社会人”理论

“社会人”理论认为，人际关系是一切社会活动的决定因素，其他因素包括物质利益均处于次要地位。“社会人”理论是作为“经济人”理论的对立面而提出的，它的人性观是：

- 人是社会人，所以将人性假设为“经济人”是不对的，人类的活动主要是为了满足社会性需求；
- 决定人类活动效率的主要因素是和谐的人际关系，而不是其他客观条件；
- 人在社会活动中结成的各种各样的组织，既包括正规组织，也包括非正规组织，两者都对社会发生作用。

以上“社会人”理论实际上也是一种不完善的理论，与X理论相比，它从“经济人”偏向人的生物属性变为偏向人的社会性，但又忽视人的生理属性在人的行为中的影响作用。

3.“自助人”理论

“自助人”理论是在马斯洛的需求层次理论基础上发展起来的，也被称为“自我实现论”，与此相对应的管理理论称为Y理论。Y理论认为，人性本不是好逸恶劳的，人的最高层次的满足是自我实现，即人为了实现最高层次的需求，会将自己的才能充分发挥出来。Y理论对人性的基本假设是：

- 工作在一定条件下会像娱乐和休息一样使人得到满足，所以人乐意工作；
- 人能够自我约束和自我引导，并愿意承担责任；
- 激励人努力工作的报酬是人的需求得到满足，而且需求层次越高，激励力就越强。

Y理论同样是不完整的，其理论基础忽视了人格、认知、情绪情感是生理遗传与后天环境影响与教育相结合的结果。

4.“复杂人”理论

“经济人”、“社会人”和“自助人”理论尽管都有一定的合理性和科学性，但是三者都无法涵盖所有人性却是一个不争的事实。鉴于此，心理学家雪恩提出了“复杂人”概念，即人是复杂的，人的各种特性会因情景的变化而变化。依据这样的观念创立出了“超Y理论”。“复杂人”假设人性是：

- 不同的人有不同的需求，同一个人在不同时期也有不同的需求；
- 人具有多种多样的需求和动机，这些需求与动机相互作用，形成错综复杂的动机模式，这一动机模式是个体内在需求和外界环境相互作用的结果；
- 人在不同的环境下工作，会产生不同的需求。

综上，“复杂人”理论强调个体的独特性和差异性，有利于帮助我们理解不同个体的独特行为和个性，从而达到理解和宽容他人的目的。但它又忽视了人的共性，不利于我们总结人的普遍规律。

上述四种人性的基本假设，我们可以看出对于人性的认识，其实并没有一种统一的理论，每一种理论都是从一个独特的视角去观察分析人性，从而获得从这一视角出发人性的某一方面的特征。但是每一种理论都不全面，且这些理论不能简单叠加，因为它们之间甚至有些是相互矛盾的。正由于此，人性是一个十分复杂的课题，人类研究探索了几千年，也没有获得一个完整的结论，仍需要我们用辩证的、发展的眼光去看待它，并根据特定的环境和特定的任务选择适用的理论，解决社交生活中的问题。

二、需求动机理论

1. 需求

简单来说，需求就是为了维持和发展自身生命的物质和精神方面的欲望和要求。例如，人饿了得吃饭，渴了要喝水，冷了需御寒，热了要避暑，累了得休息，还要生儿育女。在社会中生活还得有谋生的手段，要保持良好的人际关系等等。这些都是人生必不可少的条件和要求。

需求是我们身体内部的一种不平衡状态，表现为有机体对内外环境条件的欲望和要求。人除了生理的需求之外，还有社会性的需求。同时，需求又是不断发展的，当旧的需求得到满足，不平衡消除之后，新的不平衡又会产生，人们又会为满足新的需求去追求新的目标。正是基于这样的原因，需求成为人的活动积极性的源泉。

一般来说，我们将需求分为生理需求和社会需求（或者物质需求和精神需求）两大类。生理需求是为了延续生命而产生的需求，如吃饭、睡觉、求偶等需求。社会需求是适应社会生活要求而产生的需求，如求知、成就、交往等的需求。社会需求是人类所特有的，是通过学习得来的。

2. 动机

人的需求产生以后总希望得到满足。要满足人的需求，就要进行某种行为、活动，去找到能够满足需求的目标。所以，当一个人意识到自己的需求时，就会去寻找满足需求的对象，这时活动的动机便产生了。动机是激发个体朝着一定目标活动，并维持这种活动的一种内在的心理活动或内部动力。动机不能进行直接的观察，但可根据个体的外部行为表现加以推断。例如人饿了就要吃饭，饿就是一种动机。

有了需求，就会产生动机。人饿了、冷了、累了的时候，就会产生恢复我们身体内部平衡状态的动机，这种动机也叫内驱力，它是生理性的动机。外部环境条件如名誉、地位等社会因素也可以成为激发个体行为、活动的动机。

动机可分为生理性动机和社会性动机，也可分成内在动机和外在动机。由有机体的生理需求产生的动机叫生理性动机，这种动机又叫驱力或内驱力，如吃饭、穿衣、休息、性欲等动机。以人类的社会文化需求为基础而产生的动机属于社会性动机，如交往的需求产生交往动机，成就的需求产生成就动机，权力的需求产生权力动机等。兴趣、爱好等都是人的社会性动机。由个体内在需求引起的动机叫内在动机，在外部环境影响下产生的动机叫外在动机。由于认识到人际交往的重要意义而进行社交的动机是内在动机；为获得朋友的帮助而进行社交的动机是外在动机。

内在动机和外在动机在推动个体行为、活动中都会发挥作用。但是，外在动机只有在不损害内在动机的情况下才是积极的。如果外在动机的作用大于内在动机的作用，个体的行为、活动主要靠外部奖励的推动，那么此后，个体对外部奖励的水平不满的话，他的行为、活动的积极性就会大大降低，结果毁掉的是个体活动的内在动机。

3. 需求层次理论

需求层次理论是美国人本主义心理学家马斯洛（A. H. Maslow）于 1968 年提出来的，是目前最有影响的需求理论。马斯洛认为，可把人的需求分为五个层次，即生理需求、安全的需求、爱和归属的需求、尊重的需求和自我实现的需求（见图 2-2）。需求的这五个层次是一个由低到高逐级形成并逐级得以满足的。

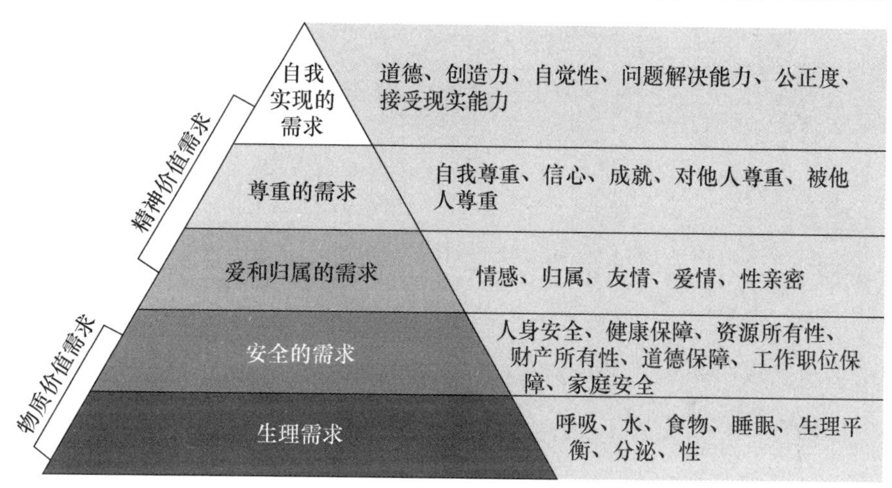

图 2-2　马斯洛需求层次理论示意图

生理需求指人对食物、空气、水、性和休息的需求，是维持个体生存和种系发展的需求，在一切需求中是最优先的。

安全的需求指人对安全、秩序、稳定以及免除恐惧和焦虑的需求。这种需求得不到满足，人就会感到威胁和恐惧。具体表现为人都希望自己有丰厚的收入，有一个稳定的工作，希望生活在安全、有秩序、可以预测和熟悉的环境中，喜欢做自己熟悉的工作等。

爱和归属的需求指人要求与他人建立情感联系以及归属于某一群体，并在群体中享有地位的需求。爱和归属的需求包括给他人的爱和接受他人的爱。爱与性有密切的关系，但并不等同，性行为不仅来自性欲，同时也受情感需求的支配。

尊重的需求指希望有稳定的社会地位，得到他人的高度评价，受到他人尊重并尊重他人的需求。这种需求得到满足，会使人体验到自己的力量和价值，增强自己的信心。这种需求得不到满足，会使人产生自卑和失去信心。

自我实现的需求指人希望最大限度地发挥自己的潜能，不断地完善自己，完成与自己能力相称的一切事情，实现自己理想的需求。这是人类最高层次的需求。但是，各人自我实现的需求的内容有明显的差异，如有人想当作家，有人想当体育明星或演艺明星，有人想在科学的征程上有所建树。人达到自我实现的途径和方式也各不相同，如有人投师学艺，有人自学成才。

马斯洛认为，只有较低层次的需求得到基本的满足后，较高层次的需求才会出现。已经满足了的需求会退居次要的地位，不再是行为、活动的推动力量；新出现的需求转而成为最占优势的需求，它将支配一个人的意识，并自行组织有机体的各种能量。当所有较低层次的需求都得到持续不断的满足时，人才受到自我实现的需求的支配。无论从种族发展的角度，还是从个体发展的角度来看，层次越低的需求出现得越早，层次越高的需求出现得越晚。层次越低的需求力量越强，它们能否得到满足，直接关系到个体的生存，故而较低层次的需求又叫缺失性需求。高层次需求的满足有益于健康、长寿和精力的旺盛，所以这些需求又叫成长性需求。一个人可以有自我实现的愿望，但要达到自我实现的境界，成为一个自我实现的人，却不是每个人都能办到的，这种人只能是少数。

三、情绪、情感理论

1. 情绪和情感的定义

习惯上，人们把对客观事物态度的体验叫作感情。但是，感情这一概念比较宽泛和笼统，很难将它用来表达这一心理现象的全部特征。于是，人们采用了情绪和情感两个概念，用以区分出感情发生的过程和在这一过程中产生的体验。实际上，情绪和情感指的是同一过程和同一现象，只是分别强调了同一心理现象的两个不同的方面。情绪指的是感情反映的过程，也就是脑的活动过程。情感则常被用来描述具有深刻而稳定的社会意义的感情，如对祖国的热爱，对敌人的仇恨，对美的欣赏，对丑的厌恶等。所以，情感代表的是感情的内容，即感情的体验和感受。与情绪相比，情感更为深刻，它是在长期的社会生活环境中逐渐形成的，因而具有更强的稳定性和持久性。情绪变化的外部表现模式叫表情。表情包括面部表情、身体表情和言语表情。

2. 情绪和情感的功能

（1）适应功能。人类作为高级的社会化动物，必须以恰当的方式去表达自己对外部世界的感受。人们通过情绪和情感所引发的生理反应，能够发动自身身体的能量，使自己处于适宜的活动状态，便于适应环境的变化。同时，情绪和情感还可以通过表情表现出来，以得到别人的同情和帮助。例如，在危险的情况下，人的情绪反应使有机体处于高度紧张的状态，身体能量的调动可以让人进行搏斗，也可以呼救。

（2）动机功能。人类之所以能够成为世界的主宰，在于人类善于学习，并通过学习形成自己的智慧，再在生活中运用智慧，适应世界，改造世界。人类的情绪和情感构成一个基本的动机系统，它可以驱动有机体从事活动，提高人的活动效率。一般来说，内驱力是激活有机体行动的动力，但是，情绪和情感可以对内驱力提供的信号产生放大和增强的作用，从而能更有力地激发有机体的行动。例如，缺水使血液变浓，引起了有机体对水的生理需要。但是，只是这种生理需要还不足以驱动人的行为、活动，如果意识到缺水会给身体带来危害，因而产生了紧迫感和心理上的恐惧时，情绪和情感就放大和增强了内驱力提供的信号，从而驱动了人的取水行为，成为了人的行为、活动的动机。情绪和情感的动机功能还表现在对认知活动的驱动上。认知的对象并不具有驱动活动的性质，但是，兴趣却可以作为认知活动的动机，起着驱动人的认知和探究活动的作用。

（3）组织功能。人的情绪和情感对其他心理活动具有组织的功能，这主要表现在：积极的情绪和情感对活动起着协调和促进的作用，消极的情绪和情感对活动起着瓦解和破坏的作用。情绪和情感对行为的影响表现在，当人处于积极的情绪状态时，他容易注意事物美好的一面，态度变得和善，也乐于助人，勇于承担重任；在消极情绪状态下，人看问题容易悲观，懒于追求，更容易产生攻击性行为。

（4）信号功能。人的情绪和情感还具有传递信息、沟通思想的功能。情绪和情感都有外部的表现，即表情。情绪和情感的信号功能是通过表情实现的，如微笑表示友好，点头表示同意。表情还和身体的健康状况有关，医生常把表情作为诊断的指标之一，中医的望、闻、问、切中的“望”，包括对表情的观察。此外，表情既是思想的信号，又是言语交流的重要补充手段，在信息的交流中起着重要的作用。从发生时间上来说，表情的交流比言语的交流出现得要早。

3. 情绪和情感的种类

基本上，我们可以将情绪分为基本情绪和复合情绪。基本情绪是人和动物共有的、不学而会的，又叫原始情绪。基本情绪的种类有不同的分法，近代研究中常把快乐、愤怒、悲哀和恐惧列为情绪的基本形式。复合情绪是由基本情绪的不同组合派生出来的。例如，人们可以体验到悲喜交加的复合情绪，由愤怒、厌恶和轻蔑组合起来的复合情绪叫敌意，由恐惧、内疚、痛苦和愤怒组合起来的复合情绪叫焦虑。

按照情绪的状态，也就是按情绪发生的速度、强度和持续时间的长短，我们可以把情绪划分为心境、激情和应激。心境是一种微弱、持久而又具有弥漫性的情绪体验的状态，通常叫作心情。激情是一种强烈的、爆发式的、持续时间较短的情绪状态，这种情绪状态具有明显的生理反应和外部行为表现。而应激应该是在出现意外事件或遇到危险情景时出现的高度紧张的情绪状态。

4. 道德感、美感和理智感

人的高级情感包括很多种，主要有道德感、美感和理智感。此外，还有宗教情感、母爱等。道德感是按照一定的道德标准评价人的思想、观念和行为时所产生的主观体验，包括热爱祖国、热爱人民、热爱社会的情感。集体荣誉感、责任感、同情感等都是与道德评价相联系的情感。一个人具有高尚的品德，人们会觉得这个人值得尊敬；一个人损人利己，人们会觉得他卑鄙。这些都属于道德感。

美感是按照一定的审美标准评价自然界、社会生活和文学艺术作品时所产生的情感体验。人的审美标准既反映事物的客观属性，又受个人的思想观点和价值观念的影响，所以美既是客观的又是主观的，是主客观的对立统一。优美的自然环境可以陶冶人的情操；善良、淳朴的人格特征和公正无私、舍己救人的高贵品质给人以美的感受；奸诈狡猾、徇私舞弊、损人利己的行为则让人厌恶和憎恨。美感体验的强度受人的审美能力和知识与经验的制约，对美感的培养和进行美的教育是精神文明建设的重要组成部分。

理智感是在智力活动过程中所产生的情感体验。例如，对未知事物的好奇心、求知欲和认知的兴趣，在解决问题过程中表现出来的怀疑、自信、惊讶，以及问题解决时的喜悦等都是理智感。理智感不仅产生于智力活动过程中，而且对推动人学习科学知识、探索科学奥秘也有积极的作用。

5. 情绪理论

情绪理论是指心理学家对情绪的生产和发展所作的理论性的系统解释。由于视角不同，不同的心理学家对情绪的解释并不完全相同，有四种较为经典的情绪理论：

（1）詹姆斯-郎奇情绪理论。此理论由美国心理学家詹姆斯（William James）和丹麦心理学家郎奇（Karl Lange）提出，他们认为，人的情绪不是由外在的刺激所引起的，而是由自身的生理变化所引起的。对于刺激情景、生理变化和情绪经验三者之间的关系可以以发生一起交通事故为例，用图 2-3 来表示。

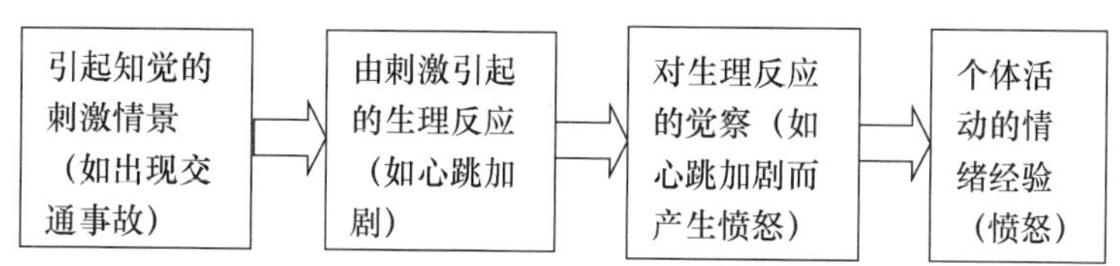

图 2-3　以交通事故为例图示詹姆斯-郎奇情绪理论

（2）坎农-巴德情绪理论。坎农-巴德情绪理论不同意詹姆斯-郎奇情绪理论，理由有三：第一，尽管情绪状态是身体上产生的生理变化，但个体并不能单凭对生理变化的知觉，就辨别出自己会产生什么情绪；第二，个体觉知生理变化而产生情绪经验的说法，不符合生理学原理；第三，情绪经验是和生理经验同时产生的。仍以交通事故为例，说明刺激情景、生理变化和情绪经验三者之间的关系，可以用图 2-4 来表示。

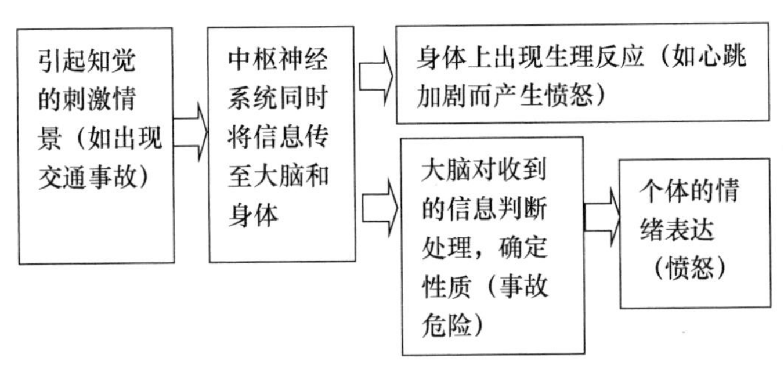

图 2-4　以交通事故为例图示坎农-巴德情绪理论

（3）斯凯特-辛格情绪理论（情绪归因理论）。斯凯特-辛格情绪理论认为，情绪经验是源于对两方面信息的认知：一是基于对刺激情景性质的认知；二是基于自己的身体对生理变化的认知。仍以交通事故为例，在斯凯特-辛格情绪理论中，刺激情景、生理变化和情绪经验三者之间的关系可以用图 2-5 来表示。

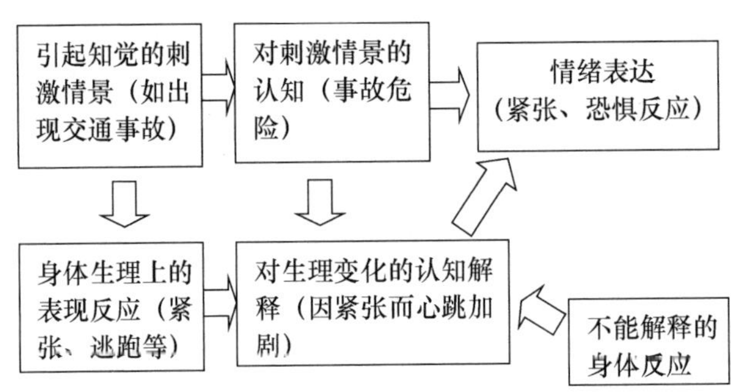

图 2-5　以交通事故为例图示斯凯特-辛格情绪理论

（4）情绪相对历程理论。上述三种情绪理论，都是以刺激情景、身心变化和个人认知三方面的不同作用和功效来探索它们与情绪的关系，情绪相对历程理论则跳出这一圈子，从另一个角度来揭示情绪产生及变化的历程（见图 2-6）。情绪相对历程理论认为，大脑中负责情绪状态的部位，可能存在某种组织，该组织在产生情绪状态时，会发生与此状态反向的相对作用。当产生痛苦情绪时，相对的快乐情绪也随之产生，反之亦然。

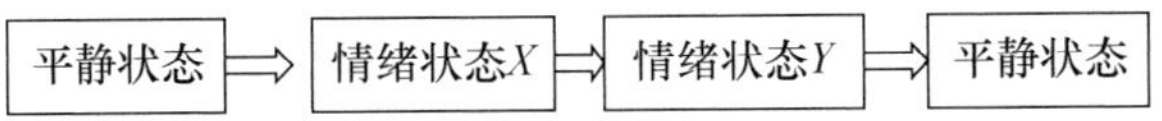

图 2-6　情绪相对历程理论示意图

情绪相对历程理论既可以用来解释行为的原因，也可以用来解释情绪的产生与变化，同时也可以用来解释日常生活中的现象如“乐极生悲”“苦尽甘来”等等。从痛苦中衍生出快乐，是由负面情绪转向正面情绪的相对历程，这样的历程对生活的影响是正面的。反之，从快乐中衍生出痛苦，是由正面情绪转向负面情绪的相对历程，这样的历程对生活的影响也是负面的。

在人际交往活动中，情绪是一个非常奇特的东西，如：本来一个非常愉快热闹的朋友聚会，可能会因为突来的一个电话而使情绪一落千丈，使得这样的聚会索然无味，聚会的目的可能也达不成；而本来是在特别沮丧的心境中，突然听到一个好友的好消息，顿时心花怒放。因此，认识和理解情绪产生、发展的原理，最终较好地把控好自己的情绪，对于我们的人际交往意义重大。

四、人格理论

人格是个体在对人对己及一切环境中的事物适应时所显示的异于别人的性格，也是各种心理特性的一个相对稳定的组织结构，在不同的时间和不同的地点，它都影响着一个人的思想、情感和行为，使他具有区别于他人的、独特的心理品质。

人格有独特性、整体性、稳定性、功能性和自然及社会的同一性等特点，这些特性既是人格定义中包括的人格的基本属性，也是至今心理学家对人格本质的基本一致的认识。

人格包括人的气质和性格。

1. 气质

气质是心理活动表现在强度、速度、稳定性和灵活性等方面动力性质的心理特征。气质相当于日常生活中所说的脾气、秉性或性情。

当今世界影响最大的气质学说当属巴甫洛夫高级神经活动类型学说。他提出了四种典型气质类型，即胆汁质、多血质、粘液质和抑郁质。这四种气质类型可以描述如下：

胆汁质的神经过程的特点是强但不平衡。和这种神经过程的特点相适应，胆汁质的人的感受性低而耐受性高，能忍受强的刺激，能坚持长时间的工作而不知疲劳，显得精力旺盛，行为外向，直爽热情，情绪的兴奋性高，但心境变化剧烈，脾气暴躁，难以自我克制。

多血质的神经过程的特点是强、平衡且灵活。和这种神经过程的特点相适应，多血质的人的感受性低而耐受性高；活泼好动，言语、行动敏捷，反应速度、注意转移的速度都比较快；行为外向，容易适应外界环境的变化，善交际，不怯生，容易接受新事物；注意力容易分散，兴趣多变，情绪不稳定。

粘液质的神经过程的特点是强、平衡但不灵活。和这种神经过程的特点相适应，粘液质的人的感受性低而耐受性高，反应速度慢，情绪的兴奋性低但很平稳；举止平和，行为内向；头脑清醒，做事有条不紊、踏踏实实，容易循规蹈矩；注意力容易集中，稳定性强；不善言辞，交际适度。

抑郁质的神经过程的特点是弱，而且兴奋过程更弱。和这种神经过程的特点相适应，抑郁质的人的感受性高而耐受性低；多疑多虑，内心体验极为深刻，行为极端内向；敏感、机智，别人没有注意到的事情，他能注意得到；胆小，孤僻，情绪的兴奋性弱，难以因事动情，被事打动，寡欢，喜独处，不喜交往；做事认真、仔细，动作迟缓，防御反应明显。

2. 性格

性格是一个人在对现实的稳定的态度和习惯化了的行为方式中表现出来的人格特征。性格是在社会生活实践中逐渐形成的，一经形成便比较稳定，它会在不同的时间和不同的地点表现出来。性格的稳定性并不是说它是一成不变的，而是可塑的。性格不同于气质，性格受社会历史文化的影响，有明显的社会道德评价的意义，直接反映了一个人的道德风貌。

从组成性格的各个方面来分析，可以把性格分解为态度特征、意志特征、情绪特征和理智特征四个组成部分。

性格的态度特征指的是一个人如何处理社会各方面关系的性格特征，即他对社会、对集体、对工作、对劳动、对他人以及对自己的态度的性格特征。性格的态度特征的好的表现是忠于祖国、热爱集体、关心他人、乐于助人、大公无私、正直、诚恳、文明、礼貌、勤劳、节俭、认真、负责、谦虚、谨慎等；不好的表现是没有民族气节，对集体和他人漠不关心，自私自利、损人利己、奸诈、狡猾、蛮横、粗暴、懒惰、挥霍、敷衍了事、不负责任、狂妄自大等。性格的态度特征的各个方面是相互关联，有机地结合为一个整体的。一个人大公无私，他一定为政清廉，对工作认真负责；一个人自私自利，甚至损人利己，他一定奸诈、狡猾，不热爱集体，对他人漠不关心，对工作不负责任。在一个人身上不可能表现得既大公无私，又损人利己；既谦虚谨慎，又狂妄自大。

性格的意志特征指的是一个人对自己的行为自觉地进行调节的特征；性格的情绪特征指的是一个人的情绪对他的活动的影响，以及他对自己情绪的控制能力；性格的理智特征指的是个体在认知活动中的性格特征。

第二节　从社会心理学的视角看人际关系

社会心理学（social psychology）是研究个体和群体在社会相互作用中的心理和行为发生及变化规律的科学。社会心理学分别从个体视角和社会视角对人际互动和人际关系进行研究，揭示其客观规律。

社会心理学理论对于我们理解和认识人际关系和社交行为提供理论基础，对于帮助我们认识自己、理解他人、适应社会具有重大作用。限于篇幅，本节只能分享部分重点内容。

一、社会思维

从概念来说，社会思维就是针对某一社会事件，我们想什么，怎么想，为什么这么想。

1. 社会知觉

知觉是人脑对客观事物的整体反映，是人将感觉获得的信息进行选择、组合、加工和解释，形成对客观事物的完整印象的过程。社会知觉包括个体对他人、群体以及对自己的知觉。对他人和群体的知觉是人际知觉，对自己的知觉是自我知觉。此外，对行为原因的知觉也属于社会知觉范畴。

社会知觉是一种基本的社会心理活动，人的社会化过程和人的社会动机、态度、社会行为的发生都是以社会知觉为基础的。社会知觉的基础是被认知事物本身的属性，但一些主观因素也会对社会知觉的过程和结果产生重要影响。这些因素主要包括认知者的经验、认知者的动机和兴趣以及认知者的情绪。

2. 印象与印象管理

（1）印象。

印象是个体（认知主体）头脑中有关认知客体的形象。个体接触新的社会情境时，一般会按照以往的经验，将情境中的人或事进行归类，明确其对自己的意义，使自己的行为获得明确定向，这一过程称为印象形成。初次印象也称第一印象，是素不相识的两个人第一次见面时形成的印象。

在印象形成的过程中，会产生一些特殊的效应，心理学家分别称之为首因效应、光环效应和刻板印象。

首因效应。信息出现的顺序对印象形成有重要影响。最初获得的信息的影响比后来获得的信息的影响更大的现象，称为首因效应；最新获得的信息的影响比原来获得的信息的影响更大的现象，称为近因效应。

光环效应。在形成第一印象时，认知者的好恶评价是重要的因素。人们初次相见，彼此最先做出的判断是喜欢对方与否。个体对认知对象的某些品质一旦形成倾向性印象，就会带着这种倾向去评价认知对象的其他品质。最初的倾向性印象好似一个光环，使其他品质也因此笼罩上类似的色彩。例如，个体对他人的外表有良好的印象，往往会对他的人格品质也倾向于给予肯定评价。这类现象叫光环效应，也称晕轮效应。光环效应是一种以偏概全的现象，一般是在人们没有意识到的情况下发生作用的。由于它的作用，一个人的优点或缺点变成光圈并被夸大，其他的优点或缺点也就退隐到光圈背后视而不见了。甚至只要认为某个人不错，就赋予其一切好的品质，便认为他用的东西、他结识的朋友、他的家人都很不错。

刻板印象。人们通过自己的经验形成对某类人或某类事较为固定的看法叫刻板印象。人们会基于性别、种族、外貌等特征对人进行归类，认为一类人具有比较相似的人格特质、态度和行为方式等。人们对某些人或事的固定看法和观念，就像刻在木板上的图形那样难以更改、抹灭。比如，很多人认为北方男人粗犷、豪爽，而南方男人细致、拘谨，其实在走南闯北以后，就会发现事实上不一定如此。但很多人的这种刻板观念并不因为新的经验而改变，刻板印象往往具有消极作用，会使人对某些群体的成员产生偏见，甚至歧视。

（2）印象管理。

印象管理是指个体以一定的方式去影响他人对自己的印象，即个体进行自我形象的控制，通过一定的方法去影响别人对自己的印象形成过程，使他人对自己的印象符合自我的期待。

在人际交往中，互动的双方都知道对方在不断地观察、评价自己，所以个体往往不断地调整自己的言辞、表情和行为等，希望给对方留下一个良好的印象。印象管理是一种社交技巧。通常，人们按照如下四种策略来管理其社会印象：

按社会常模管理自己。比如人们认为，外表能反映一个人的精神状态，而外表最容易为他人所觉察。所以个体往往注意修饰外表，尤其在异性面前更加如此。

隐藏自我与自我抬高。个体的真实自我也许不受他人或公众的欢迎，为使他人对自己产生良好的印象，建立良好的人际关系，个体常常把真实自我隐藏起来，好比戴上一副“面具”。同时，通过各种办法自我抬高，让他人觉得自己在总的方面或特殊的方面很优秀，也可以给别人留下好的印象。自我抬高的人往往会承认自己的某些小的不足，以使自己在抬高某些重要方面时，变得可信。

按社会期待管理自己。个体为了给他人留下良好的印象，需要使自己的行为符合角色的社会期待。例如，教师在学生面前的行为举止符合教师这一社会角色的要求，会给人留下一个“好教师”的印象。

投其所好。个体为了得到他人的好评，给人留下良好的印象，往往采取自我暴露、附和、献媚、施惠等手段，投其所好。

3. 归因

归因，指个体根据有关信息、线索对自己和他人的行为原因进行推测与判断的过程。归因不仅是一种心理过程，而且也是人类的一种普遍需要。归因可以分为内因与外因、稳定性原因与易变性原因、可控性原因与不可控性原因三大类。

对归因的理解和认识，不同的心理学家历来有不同的理论。控制点是美国心理学家罗特（J. Rotter）于20世纪五六十年代提出来的一种个体归因倾向理论。罗特发现，个体对自己生活中发生的事情及其结果的控制源有不同的解释。对某些人来说，个人生活中多数事情的结果取决于个体在做这些事情时的努力程度，所以这种人相信自己能够对事情的发展与结果进行控制。此类人的控制点在个体的内部，称为内控者。对另外一些人来说，个体生活中多数事情的结果是个人不能控制的各种外部力量的作用造成的，他们相信社会的安排，相信命运和机遇等因素决定了自己的状况，认为个人的努力无济于事。这种人倾向于放弃对自己生活的责任，他们的控制点在个体的外部，称为外控者。

由于内控者与外控者理解的控制点的来源不同，因而他们对待事物的态度与行为方式也不相同。内控者相信自己能发挥作用，面对可能的失败，也不怀疑未来可能会有所改善。面对困难情境，能付出更大努力，加大工作投入。他们的态度与行为方式是符合社会期待的。而外控者看不到个人努力与行为结果的积极关系，面对失败与困难，往往推卸责任于外部原因，不去寻找解决问题的办法，而是企图寻求救援或是赌博式的碰运气。他们倾向于以无助、被动的方式面对生活。这种态度与行为方式显然是消极的。

4. 社会动机

动机是引起、推动、维持与调节个体的行为，使之趋向一定目标的心理过程或内在动力。由人的自然属性、自然需要引起的动机称为自然动机；由人的社会属性、社会需要引起的动机称为社会动机。社会动机是驱动人的社会行为的直接原因。

社会动机具有激活、指向和维持与调节等功能。动机引发与维持活动，对提高活动效率有重要的意义，但动机强度与活动效率之间并不是线性关系。一般说来，动机强度与活动效率之间的关系大致呈倒 U 形曲线，即中等强度的动机，活动效率最高。动机强度过低或过高，均会导致活动效率下降。

社会动机有很多，与人际交往紧密相关的主要的社会动机包括亲合动机、成就动机、权力动机、侵犯动机及利他动机五类。

亲合动机。亲合是个体害怕孤独，希望与他人在一起，建立协作和友好联系的一种心理倾向。亲合即合群，是人际吸引的较低层次。亲合需要引起亲合动机，而亲合动机则导致亲合行为。亲合起源于依恋。人是社会性的动物，合群在个体生命早期的表现是亲子间的依恋，即婴儿对双亲的出现有积极的反应，愿意和父母在一起的现象。婴儿惊恐不安时，会寻找父母，如果双亲在场，这种不安的状态就会缓解。

亲合是人的社会性需求，能够满足人的交往与尊重的需要、爱的需要，能够获得信息，帮助个体减轻心理压力，避免在人际交往时产生窘境。亲合受情景、情绪及出生顺序等因素的影响。

成就动机。成就动机是个体追求自认为重要的有价值的工作，并使之达到完善状态的动机，即个体在各种情境下，追求成功与成就的动机。成就动机除了受抱负水平的影响外，还受目标的吸引力大小、风险与成败的主观概率以及个体施展才干的机会等因素的影响。

美国哈佛大学心理学家麦克利兰（D. C. McClelland）提出了著名的成就动机理论。该理论认为，具有强烈成就需要的人渴望将事情做得更快、更好，获得更大的成功，追求在争取成功的过程中克服困难、解决难题、努力奋斗的乐趣，以及成功之后个人的成就感。他们并不看重成功所带来的物质奖励。个体的成就动机与其所处的经济、文化、社会等因素有关。麦克利兰发现高成就动机的个体的特点是：他们寻求能发挥其独立处理问题能力的工作环境；他们希望得到有关工作绩效的及时、明确的信息反馈，从而了解自己是否有所进步，不太在意别人对他们的态度；他们喜欢设立具有适度挑战性的目标，不喜欢凭运气获得的成功。高成就动机者事业心强，有进取心，敢冒一定的风险，比较实际，大多是进取的现实主义者。高成就动机的个体对于自己感到成败机会差不多相等的工作，表现得最为出色。他们不喜欢成功的可能性非常低的工作，因为这种工作具有偶然性，无法满足他们的成就需要；他们也不喜欢成功的可能性很高的工作，因为这种轻而易举的成功对于他们不具有挑战性。他们喜欢设定通过自身的努力才能达到的奋斗目标，因为成败的可能性均等时，才能从自身的奋斗中体验成功的喜悦与满足。麦克利兰还认为，个体的高成就动机可以通过教育和训练来培养。

权力动机。权力动机是个体希望影响和控制他人的心理倾向。按麦克利兰的说法，个体都有影响或控制他人且不受他人控制的需要，满足这类需要的心理倾向具有动力性质，这就是权力欲或权力动机。权力需要是权力动机产生的心理背景。不同的人对权力的渴望程度是不同的。权力需要较高的人喜欢支配、影响他人，喜欢对他人“发号施令”，注重争取地位和影响力。他们喜欢具有竞争性和能体现自己身份和地位的场合或情境，追求卓越的成就，但他们这样做并不像高成就动机的人那样是为了获得成就感，而是为了获得地位和权力，或者让成就与自己已有的权力和地位相匹配。引起权力动机的因素大致有两个：一个是社会控制的需求。个体对他人和周围环境的控制水平越高，个体的优势就越大，而社会生活中的优势地位会使个体具有安全感，能让他们获得更多的生存和发展所需要的资源。另一个是对无能的恐惧。无能会让人处于不利的地位，会引起自卑感，而自卑感又会促使个体设法去获得补偿，而对补偿的诉求往往走向偏执，导致个体对极端的权力和地位的追求。这就是为什么有一些出生很卑微的人，比较自卑的人，在获得机会后，会疯狂地追求权力、地位和影响力的原因。

侵犯动机。侵犯动机是个体有意伤害他人，以使自己获得平衡和满足的一种心理倾向。对产生侵犯行为的原因有着不同的解释，本能论认为侵犯是以社会不允许的方式表现出来的伤害意图和冲动。若以社会认可的形式表现，则属于竞技、冒险等。侵犯冲动作为一种心理能量，必须宣泄出来，否则不利于身心健康。社会认可的宣泄方式，像体育比赛等，可视为替代性的侵犯冲动的释放途径。挫折侵犯论认为“侵犯永远是挫折的一种后果”，“侵犯行为的发生，总是以挫折存在为条件”。社会学习论认为侵犯行为是习得的。侵犯行为受情绪唤起水平、道德发展水平、自我控制能力、社会角色与群体以及大众传媒等因素的影响。

利他动机。利他动机是个体不顾自身，增进他人的价值和利益的一种心理倾向。利他行为是受利他动机支配的行为，是个体有益于他人、公众和社会，不期待回报的行为。助人行为与利他行为都是以人为对象的亲社会行为，但利他的层次更高，因为这种行为不求回报。利他者发自内心地认为帮助别人是其义务。对产生利他行为的原因，社会生物学家认为，利他是动物以个体的“自我牺牲”换取物种存在和延续的一种本能。社会规范论认为人类道德中的一个普遍准则是交互性规范，社会对个体行为有这样的期待：人应该帮助那些曾帮助过自己的人。利他是一种社会交换，其收益是自我价值的提高和焦虑的减少。利他者与普通人相比，有以下典型的心理特征：

- 心境。个体心情愉悦时，对他人及事物往往有积极的看法，容易出现利他行为。

- 内疚。个体做错了事，感到内疚时，倾向于做些好事加以补偿，以减轻内疚造成的心理压力，但内疚如果得到表白，心理压力减少，则会导致利他的减少。

● 人格。一些人格因素也影响利他行为。社会责任感与利他行为呈正相关，移情能力与自我监控能力也与利他行为呈正相关。

● 利他技能。懂得如何助人和利他也是重要的。救助技能与救助手段的掌握，会增加人们利他行为发生的可能性。

5. 社交情绪

社交情绪是指在人际交往中个体的一种主观体验，是个体的社会需要是否获得满足的反映。人的社会需要获得满足，就会伴随积极的情绪体验，否则就会引起消极的情绪体验。基本的社交情绪包括社交焦虑、嫉妒、羞耻和内疚四种。

社交焦虑是一种与人交往的时候，觉得不适、不自然、紧张甚至恐惧的情绪体验。社交焦虑的个体不仅在现实情境中体验焦虑情绪，而且在离开使他焦虑的社会情境后，还在头脑中不断分析和“回放”焦虑情境，使社交焦虑情绪不断强化。社交焦虑的个体与他人交往的时候，往往还伴随有生理上的症状，如出汗、脸红、心慌等。个体为了回避导致社交焦虑的情境，通常是减少社会交往，选择孤独的生活方式。社交焦虑是一种消极的情绪体验，它的形成过程比较复杂。成长过程中经常受挫折、缺少社会支持、自我体验强烈、自卑、模仿与暗示都可能强化社交焦虑。据美国心理学家的研究，社交焦虑是仅次于抑郁和酗酒、第三大危害美国人的心理健康问题。如何减少社交焦虑，是心理卫生工作者面临的一个很大挑战。

嫉妒是与他人比较，发现自己在才能、名誉、地位或境遇等方面不如别人，而产生的一种由羞愧、愤怒、怨恨等组成的复杂的情绪状态。嫉妒情绪具有针对性、持续性、对抗性和普遍性的特点。嫉妒总是针对具体的个体或群体，如果个体体验到自己与他人在某些他认为重要方面（如才能、吸引力）的现实的或未来可能出现的劣势，个体就可能出现嫉妒情绪。嫉妒情绪一旦产生，就不容易摆脱，能持续地影响个体的思想、情感和行为。嫉妒者心胸狭隘，希望别人朝坏的方向发展。如果别人成功，那么他们就会不满愤恨，甚至可能采用极端的手段来破坏或伤害他人。嫉妒是人类普遍存在的社交情绪。人在现实生活中，或多或少会体验这种情绪。当然，这种情绪在一定程度上也是可以克服的。

羞耻是个体因为自己在人格、能力、外貌等方面的缺憾，或者在思想与行为方面与社会常态不一致，而产生的一种痛苦的情绪体验。羞耻的个体往往会感到沮丧、自卑、自我贬损、自我怀疑、绝望等，认为自己对什么都无能为力。公开的情境会强化羞耻感，所以减少羞耻最容易的一个办法就是自我孤立，远离他人。人们也可以通过积极努力，改善自己的行为表现来减少羞耻感。健康的羞耻感是个体心理发展的自然结果，是人适应社会生活，改善自己的一种重要力量，过少或者过多的羞耻感都是不健康的，都对个体发展不利。

内疚是个体认为自己对实际的或者想象的罪行或过失负有责任，而产生的强烈的不安、羞愧和负罪的情绪体验。内疚者往往有良心上和道德上的自我谴责，并试图做出努力，来弥补自己的过失。健康的内疚感是心灵的“报警器”，是人类良心的情绪“内核”，它提醒我们照顾他人的利益和感受，调整人际关系，有利于个体适应社会生活，而过少或者过多的内疚感都是不健康的。特别是过多的内疚感是心灵的“毒药”，会使个体长期生活在压力、紧张和痛苦中，不利于身心健康。

6. 态度

（1）态度概述。

态度是联系个体内、外世界的桥梁。由态度出发，向内可探究个体的心理状态，向外则可对行为进行某种预测。在社会心理学的全部历史和领域中，也许没有任何一个概念比态度更接近中心位置。有的学者甚至把社会心理学视为研究态度的科学。

态度是个体对特定对象的总体评价和稳定性的反应倾向。态度是内在的心理倾向，是尚未显现于外的内心历程或状态。态度总是指向一定的对象，具有针对性，没有无对象的态度。态度的对象可以包括人、物、事件、观念等。态度一旦形成，就会持续一段时间，不会轻易地转变。

一般认为，态度有认知（cognition）、情感（affection）和行为倾向性（behavioral tendency）三种成分。态度认知是指对有关对象的事实、知识、信念、评价等。情感是指个体在评价的基础上，对态度对象产生的情感体验或情感反应。行为倾向是指对态度对象的预备反应或以某种方式行动的倾向性。通常，态度的三种成分是协调一致的，当它们不协调时，情感成分往往占有主导地位，决定态度的基本取向与行为倾向。

态度含有行为的倾向性。态度与行为的关系比较复杂。态度是行为的重要决定因素，但个体具体采取什么样的行动，还受到情境、认知因素，甚至过去的经验与行为的影响。

价值观是个体核心的信念体系，是个体评价事物与抉择的标准，是关于什么是“值得的”的看法。价值观对态度有直接的影响，这种影响是通过个体对对象赋予价值来实现的。个体对某一对象的态度，就其认知成分来说，评价是核心要素。评价即确定价值，就是确定态度对象对个体的社会意义。个体的态度取决于这一对象的价值。当个体认为对象有价值时，就会持肯定的态度；认为没有价值时，就会采取否定的态度；介于两者之间时，则采取中性的态度。价值的大小决定态度的强弱。态度对象的客观价值对态度有重要的影响，但态度的直接决定因素是个体赋予对象的主观价值。态度与价值观有根本的不同。一方面，价值观与态度相比，更抽象和一般，更稳定和持久，更不容易转变。另一方面，价值观不像态度具有直接的、具体的对象，也没有直接的行为动力意义。它对行为的作用是间接的，价值观通过影响态度而最终影响行为。

（2）态度的功能。

社会心理学家卡茨（D. Katz，1960）提出，态度有工具性、自我防御、价值表现和认知等四个方面的功能。一个对象满足个体需要的价值越大，个体对它的态度越积极；一个对象越是不利于个体需要的满足，个体就越倾向于对其形成拒绝或逃避的态度。态度是个体在社会生活中，按照功利原则进行取舍的结果，是个体社会交换和社会适应的产物。个体倾向选择有利于自我防御的态度。这种防御有利于自我形象及自我价值的确立，并能减少焦虑，减少消极情绪。在日常生活中，通过表明自己的态度，来显示自己的社会价值。个体对情境中的客体通过态度来赋予其意义。个体获得对某种事物的态度，就好像找到一个应付新情境的向导，已经形成的态度会影响对新情境的认知。

（3）态度的维度。

态度有方向、强度、深度、向心度和外显度等五个维度。方向指态度的指向，即个体对态度对象是肯定指向或否定指向。强度指态度倾向于某一特定方向的程度。深度指个体对特定态度对象的卷入水平。向心度指某种态度在个体态度体系及相关价值体系中，接近核心价值的程度。外显度指个体态度在其行为方向与行为方式上的外露程度。

（4）态度形成。

态度是从哪里来的？心理学家对此做了长期的研究，但至今也没有得出一个统一的结论。心理学家比较一致认同的观点是，个体的社会经验在态度的形成过程中起到了很重要的作用，人们的认知经验、情感经验和行为经验是形成态度的重要因素。

（5）态度转变。

个体形成一定的态度后，由于接受新的信息或意见而发生变化，这个过程叫态度转变。在社会生活中，如何改变他人的态度实际上比态度的形成更有意义。在此，简要介绍说服模型（见图2－7）和海德的平衡理论（见图2－8）。

从说服模型可以看出，发生在接受者身上的态度转变，涉及四个方面的要素。第一是传递者。传递者是沟通信息的提供者，包括传递者的威信、传递者的立场、说服的意图和说服者的吸引力四个因素。第二是沟通信息。态度转变是接受者意识到自己的态度与外在的信息存在差异后发生的，沟通信息是态度转变的最直接的原因。沟通信息方面包括信息差异、畏惧、信息倾向性和信息的提供方式四个因素。第三是接受者，也是态度转变的主体。一切说服的努力，只有为态度主体所接受，才能发挥作用。接受者方面的因素包括原有态度、人格因素、心

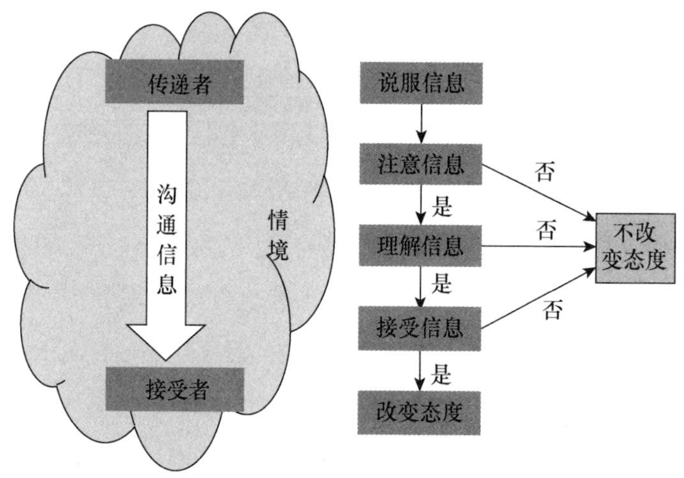

图 2-7 说服模型

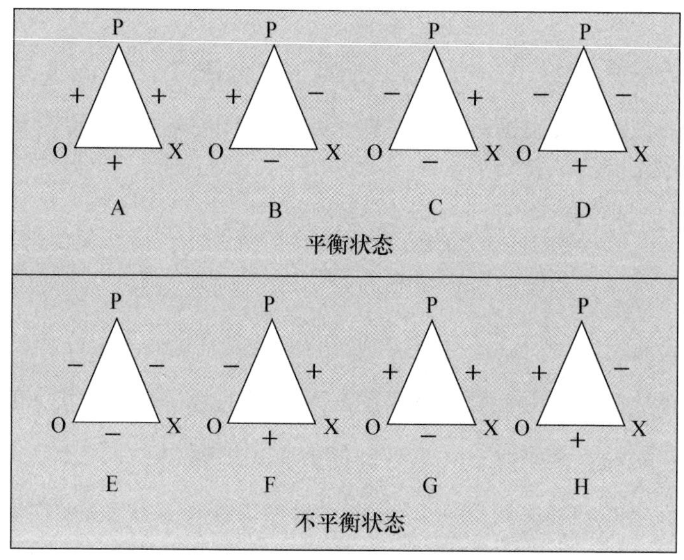

图 2-8 海德的平衡理论模型

理倾向。第四是情境。沟通和说服是在一定的背景下进行的，个体所处的情境和情绪状态的差异，都会影响态度转变的效果。情境因素包括预先警告、分心和重复。

海德（F. Heider，1958）的平衡理论重视人与人之间的相互影响在态度转变中的作用。海德认为，在人们的态度系统中，存在某些情感因素之间或评价因素之间趋于一致的压力，如果出现不平衡，那么就会倾向于朝平衡转化。人们在转变态度时，往往遵循“费力最小原则”，即个体尽可能少地转变情感因素而维持态度平衡。

海德用一个P-O-X模型来说明他的观点。图2-8中三角形的三个顶点分别代表个体（P）、他人（O）以及另一个对象（X）。X可能是一个人或者一个事物。三角形的三条边表示P、O、X三者之间的关系，它有两种形式，即肯定形式和否定形式，分别以“+”“-”号表示。海德指出：“如果三种关系从各方面看都是肯定的，或两种是否定的，一种是肯定的，则存在平衡状态。”相反，三种关系都是否定的，或者两种关系是肯定的，一种是否定的，则存在不平衡状态。简单来说，三角形的三边的符号相乘为正，则是平衡状态；三边的符号相乘为负，则是不平衡状态。

人际联系肯定情况下的平衡状态要比人际联系否定情况下的平衡状态更令人愉快，人际联系肯定情况下的态度转变的压力要大于人际联系否定情况下的态度转变的压力。

在P-O-X模型中，P-O之间的关系最重要。P-O联系为肯定时的平衡为强平衡，不平衡为强不平衡；而P-O联系为否定时的平衡为弱平衡，不平衡为弱不平衡。

二、社会影响

社会影响是指在他人的作用下，个体的思想、情感和行为发生变化的现象。社会影响是一种非常普遍的社会心理现象。人际交往作为一种社会性行为，无论在心理还是在行为上都受到社会环境的影响。以下主要介绍社会文化影响、沟通、从众以及模仿、暗示和社会感染等四个对人际交往影响最大的社会性因素。

1. 社会文化影响

哲学、宗教、艺术、政治思想和法律思想、伦理道德等社会文化，对个人的思想、情感和行为等各方面都会产生巨大的影响。

简单来说，东西方文化中成长起来的人，其价值观、道德观和行为都有很大的差异：西方人以个人自由为最大的价值，东方人以集体利益为最大的价值；西方人信奉上帝，认为作恶要进地狱，东方人大多不信教，认为作恶只要不被人知道就好，败露了还可以求神拜佛；西方人追求独立思考，东方人愿意顺从上级。

2. 沟通

沟通指信息的传递和交流的过程，包括人际沟通和大众沟通。人际沟通是个体与个体之间的信息以及情感、需要、态度等心理因素的传递与交流的过程，是一种直接的沟通形式。大众沟通也称传媒沟通，是一种通过媒体（如影视、报刊、网络）中介的大众之间的信息交流过程。

沟通过程由信息源、信息、通道、信息接受者、反馈、障碍与背景七个要素构成。图 2－9 显示了沟通过程及其构成要素之间的关系。在人际沟通中，信息源是具备信息并试图沟通的个体。他确定沟通对象，选择沟通目的，控制沟通过程。沟通前，人们一般需要一个准备阶段，个体明确需要沟通的信息，并将它们转化为信息接受者可以接受的形式，比如语言、文字、表情等。沟通的准备过程实际上是个体整理思路，对自己的身心状态明确化的过程。

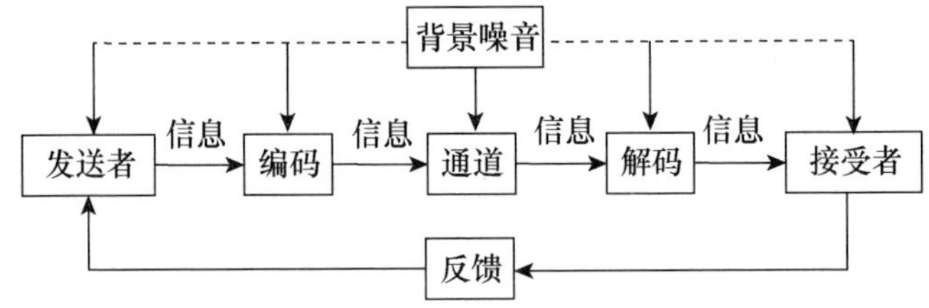

图 2－9　信息沟通模型

沟通是人际交往的基本手段，通过这一手段能够达到如下目的：

- 沟通是获取信息的手段。
- 沟通是思想交流与情感分享的工具。
- 沟通是满足需求、维持心理平衡的重要因素。

- 沟通是减少冲突、改善人际关系的重要途径。
- 沟通能协调群体内的行动，促进效率的提高与组织目标的实现。

人际沟通包括很多的类型，我们可以将沟通分为正式沟通与非正式沟通，也可以分为上行沟通、下行沟通与平行沟通，还可以分成单向沟通与双向沟通、口头沟通与书面沟通、现实沟通与虚拟沟通等等。

（1）沟通网络。

人际沟通往往有群体背景。群体成员彼此之间的沟通模式组合起来就形成了沟通网络。在正式群体中，成员之间信息的交流与传递的结构称正式沟通网络。正式沟通网络一般有五种形式，即链式、轮式、圆周式、全通道式和Y式（见图2-10）。

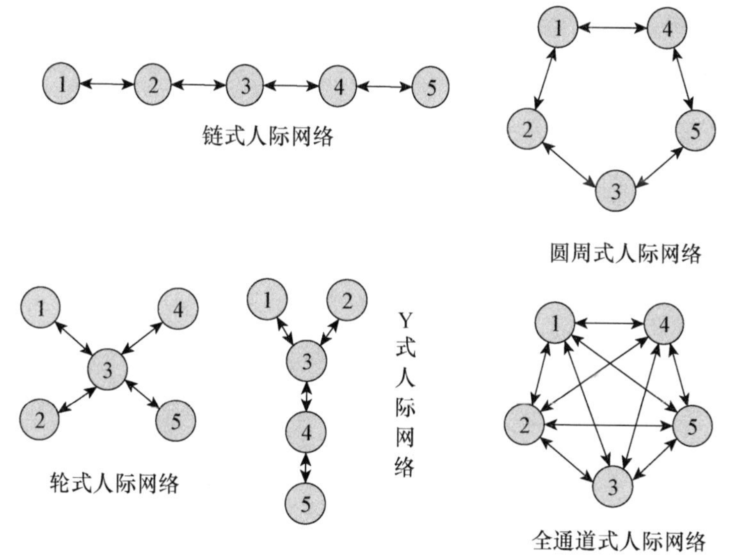

图2-10　正式沟通网络示意图

群体中的信息交流，不仅有正式沟通，而且也存在非正式沟通的各种情况。有学者通过对“小道消息”的研究，发现非正式沟通网络主要有三种典型形式：流言式、集束式和偶然式。信息通过非正式沟通网络传播时速度快且影响大，一则谣言可以一夜之间传遍城市的大街小巷。但信息通过非正式沟通网络传播时，容易出现失真和歪曲。

（2）肢体语言沟通。

肢体语言是非语词性的身体符号，包括目光与面部表情、身体运动与触摸、姿势与妆饰、人际距离等。

目光。眼睛是心灵的窗户。眼睛是非常有效的显露个体内心世界的途径。人对目光很难做到随意控制，人的态度、情绪和情感的变化都可以从眼睛中反映出来。观察力敏锐的人，能从目光中看到一个人真实的心态，但对大多数人来说，准确地观察他人目光的微妙变化是很困难的事情。

面部表情。面部表情是另一种可以完成精细信息沟通的肢体语言形式。人的面部有数十块表情肌，可产生极其复杂的变化，生成丰富的表情。这些表情可以非常灵活地表达各种不同的心态和情感。来自面部的信息，很容易为人们所觉察，但经过训练，人能较为自如地控制自己的表情肌，因而面部表情表达的情感状态有可能与实际的情况不一致。面部表情可表现肯定与否定、接纳与拒绝、积极与消极、强烈与轻微等情感。它可控、易变、效果较为明显。个体可通过面部表情显示情感，表达对他人的兴趣，显示对事物的理解，表明自己的判断等。因而，面部表情是人们运用较多的肢体语言形式之一。

身体运动。身体运动是最易为人发现的一种肢体语言。其中手势语占有重要位置。聋哑人借助于手语，可以实现与他人的沟通。在正常情况下，个体都会用手势来表达态度和情感。一些常见的身体运动形式有：摆手，表示制止或否认；双手外推，表示拒绝；双手外摊，表示无可奈何；双臂外展，表示阻拦；搔头或搔颈，表示困惑；搓手、拽衣领，表示紧张；拍头，表示自责；耸肩，表示不以为然或无可奈何。

触摸。触摸是人际沟通的有力方式，个体与他人在触摸和身体接触时的情感体验最为深刻。在日常生活中，身体接触是表达某些强烈情感的方式。

姿势与妆饰。它是个体运用身体或肢体的姿态表达情感及态度的肢体语言，也是通过姿势传递信息的肢体语言沟通方式。

人际距离。人际距离是沟通与交往时，个体身体之间的空间距离。由于人们的关系不同，人际距离也相应的不同。影响人际距离的因素主要有性别、环境、社会地位、文化、民族等。美国学者霍尔（E. T. Hall，1959）根据对美国白人中产阶级的研究，发现有四种人际距离。

- 公众距离（12～25 英尺）：在正式场合、演讲或其他公共场合沟通时的人际距离，此时的沟通往往是单向的。
- 社交距离（4～12 英尺）：彼此认识的人之间的交往距离。商业交往多发生在这个距离上。
- 个人距离（1.5～4 英尺）：朋友之间的交往距离。此时，人们说话温柔，可以感知大量的体语信息。
- 亲密距离（0～18 英寸）：亲人、夫妻之间沟通和交往的距离。在此距离上，双方均可感受到对方的气味、呼吸、体温等私密性刺激。

3. 从众

从众是在群体压力下，个体在认知、判断、信念与行为等方面自愿地与群体中的多数人保持一致的现象。从众俗称“随大流”，表现为个体的意见与行为和群体中的多数人相符合。社会心理学研究较多的是行为方面的从众。

在任何社会中，多数人的观念与行为保持大体一致是必要的。一个社会需要有共同的语言、价值观与行为方式。只有这样，社会成员之间的沟通、交往才有可能。社会成员的沟通与互动则会促进这种一致性和共同性的发展。因此，从众具有促进社会形成共同规范、共同价值观的功能。从个体来看，人在许多方面只有与社会主导倾向保持一致，才能更好地适应社会生活。任何个体，无论其多么聪明绝顶，其知识也是有限的，不可能多到足以适应他遇到的每一种社会情境，个体需要以从众方式，在较大程度上使自己迅速地适应未知世界。因此，从众还具有让个体适应社会的功能。

当然，从众毕竟是一种被动地接受群体影响的方式，如果凡事从众，缺乏独立思考，那么也会使自己失去主动性和缺乏个性。正确的做法是从众但不盲从，考虑社会规范，但也要发展自己的个性。

那么，个体为什么会产生从众行为呢？心理学家给出的三个理由是：社会参照、克服对偏离的恐惧、群体凝聚力。在许多情境中，个体由于缺乏知识或其他原因（如不熟悉情况等）而必须从其他的途径获得自己行为合适性的信息。按照社会比较理论的说法，在情境不确定时，其他人的行为最有参照价值。个体从众，选择与多数人的行为一致，自然是找到了较为可靠的参照系统。偏离群体的个体会面临较大的群体压力，乃至制裁。任何群体均有维持一致性的倾向及对偏离的惩罚机制。对那些与群体保持一致的成员，群体的反应是接纳、喜欢和优待，而对偏离者则倾向于厌恶、拒绝和制裁。群体凝聚力指群体对其成员的吸引水平以及成员之间的吸引水平。凝聚力高的群体中的成员，群体认同感较强，与其他群体成员之间有密切的情感联系，有对群体做出贡献和履行义务的自我要求。

影响从众的因素包括群体因素、个体因素和其他因素。群体因素中，群体成员的一致性越高，个体面临的群体压力也越大，个体越容易产生从众行为。群体的凝聚力越强，对个体的吸引力越大，个体越容易产生从众行为。群体规模也对从众产生影响，在一定范围内，个体产生从众行为的可能性随群体规模的增加而上升。但超过这个范围，群体规模的影响就不明显。研究表明，群体规模的临界值大致在 3～4 人。在个体因素中，个体的自我评价越高，从众行为越少；个体的自我评价越低，从众行为就越容易发生。个体独立性较强的，较少从众；个体依赖性较强的，容易从众。其他因素包括情景、性别和智力等因素，如果情境很明确，判断事物的客观标准很清晰，从众行为就会减少；如果情境模糊，个体对自身判断的肯定程度降低，从众的可能性就会增加。

4. 模仿、暗示和社会感染

(1) 模仿。

模仿是在没有外在压力的条件下，个体受他人的影响仿照他人，使自己与他人相同或相似的现象。模仿是人们相互影响的一种重要方式。当个体感知到他人的行为时，会有重复这一行为的愿望，模仿便随之而来。模仿可以分为有意模仿与无意模仿两类。有意模仿是模仿者有目的地、主动地模仿，即使他不了解别人行为的真正意义，但由于他觉得模仿别人能获得好处，于是就在行为上仿照别人；无意模仿并非绝对的无意识，只是意识程度相对比较低。

模仿的意义主要体现在三个方面：模仿是学习的基础，能够帮助个体适应社会，能够促进群体的形成。

（2）暗示。

暗示指在非对抗的条件下，通过语言、表情、姿势及动作等对他人的心理与行为发生影响，使其接受暗示者的意见和观点，或者按所暗示的方式去活动。暗示往往采用较含蓄、间接的方式进行。

暗示涉及三个要素，即暗示者、暗示信息和被暗示者。暗示可分成他人暗示和自我暗示、有意暗示和无意暗示、直接暗示和间接暗示等三类。暗示者的权力、威望、社会地位及人格魅力对暗示效果有明显的影响。被暗示者如果独立性差，缺乏自信心，知识水平低，那么暗示效果就明显；被暗示者的年龄、性别与暗示的效果也有关系，年龄越小，越容易接受暗示，女性一般比男性易受暗示。

（3）社会感染。

社会感染是一种较大范围内的信息与情绪的传递过程，即通过语言、表情、动作及其他方式引起众人相同的情绪和行为。社会感染有双向、爆发和接受迅速等特点。

社会感染分为个体间的感染、大众传媒的感染和大型开放群体的感染三大类。个体间的感染是指发生在个人之间或小群体成员之间的感染，是社会感染最常见的形式。大众传媒的感染是指广播、电影、电视、报刊、文艺作品及互联网等大众传媒对个体情绪的影响和感染。随着社会的发展与进步，文化生活与精神生活的日趋丰富，大众传媒的感染日益突出，影响巨大、深远。大型开放群体的感染是指发生在处于同一物理空间，但其成员又不可能人人都能接触的大型群体内的感染。其重要特征是循环反应，个体的情绪可引发他人产生相同的情绪，而他人的情绪又反过来加剧个体原有的情绪。在这种感染中，情绪反复激荡，易于爆发，容易导致人群非理性行为的发生。例如，球迷闹事、邪教的狂热以及战争与灾变情境中，人们的惊慌失措都是此类社会感染造成的结果。

5. 偏见

偏见是指对一个群体及其成员的负面的预先判断，是基于错误和顽固的概括而形成的憎恶感。偏见是一种态度，而负面评价是偏见的主要标志。

偏见的产生主要有三大根源，即社会根源、动机根源和认知根源。

社会根源：社会情景以多种方式滋生并且维持着偏见。一个沉醉于社会和经济优越感中的群体，往往会以偏见的信念来为他们的地位做辩解。人们同样也在孕育或者减少偏见的方式下被抚育长大。家庭、宗教团体及更广阔的社会都可能维持或者减少偏见。社会制度部分出于惯性的原因也支持助长偏见。

动机根源：人们的动机影响偏见。挫折滋生敌意，人们有时候会将这种敌意发泄到替罪羊身上，有时候会针对竞争性的群体来表现这种敌意。人们还有一种愿望，即认为他们自己和他们的群体比其他群体更优越。即使是很普通的成员身份，也会使人们喜欢自己的群体胜于喜欢其他群体。自我形象受到威胁会增强这种内部群体偏爱，归属感的缺失也会产生相同的效果。从相对乐观的角度看，避免偏见的动机能够吸引人们打破偏见常规。

认知根源：近期的研究对偏见有了新的视角，这些研究展示了偏见背后的刻板印象是怎样影响我们的思维——我们简化世界的方式的副产品。第一，将人分门别类的做法，夸大了群体内部的一致性和群体之间的差异性。第二，一个与众不同的个体，诸如一位孤零零的少数派人士，具有无法抗拒的特点。这种人会让我们意识到在其他情形下注意不到的差异。两个独特事件的发生——或许是一位少数派人士犯了一种非同寻常的错误——帮助建立了人与行为之间的错误关系。第三，将他人的行为归结为内在品质，会导致利群偏差：将群体外成员的消极行为归结于他们的天生特点，对他们的积极行为则闪烁其词。指责受害者，还源于一个公认的假设，人们得到了他们应得的东西。

偏见和刻板印象会产生非常严重的后果，尤其是当它非常强烈的时候、在判断不了解的个体的时候、在就整个群体做政策决定的时候。刻板印象一旦形成，就趋向于自行永久存在，并且拒绝改变。它们还会通过自我实现的预言创造出它们相应的现实。偏见通过刻板印象威胁，让人担心其他人会刻板化地看待自己，因而还能妨碍一个人的表现。

6. 说服

说服本身没有好坏之分，而是信息背后的目的及其所包含的内容决定了我们对好坏的判断。我们称不好的说服为“灌输”，而好的说服则为“教育”。与灌输相比较，教育以事实为基础，并且较少使用强制手段。

恰尔迪尼在《影响：科学和实践》一书中提出了说服的六个原则，如表 2－1 所示。

表 2－1　　说服的六个原则

	原则	应用
权威性	人们会听从可信的专家	建立你的专业知识：确定你已经解决的问题和你说服过的人
偏好	人们对自己所喜欢的事物的反应更加积极	赢得朋友并且影响他人。在相似有趣的基础上建立联系，当众公开表扬
社会证明	人们利用他人的例子来证实怎样思考、感觉和行动	利用“同辈力量”——让那些受尊敬者指引方向
互惠性	人们感觉自己应该去回报所得到的东西	慷慨地给予你的时间和资源。善有善报，恶有恶报
一致性	人们倾向于遵守自己公开做的承诺	让别人把自己的想法说出来或写下来。不要说“请在……情况下做事”，而是要通过提问引发肯定的回答
珍稀性	物以稀为贵	真诚地强调信息或者机会的唯一性

传达者、信息、沟通渠道以及听众这四个因素对说服最重要。

传达者：可信的传达者给人的感觉就是值得信赖的专家。那些讲话语气果断、语速较快并直视听众眼睛的人通常较为可信。

信息：当一条信息与好心情联系起来的时候会更有说服力。人们在情绪好的时候一般会做出一些更为爽快、不假思索的判断。而一些引起恐惧心理的信息也同样有效，如果信息接收者能够采取预防行为的话，则更是如此。

一种信息与听众已有观念之间会产生怎样的差异，取决于传达者的可信度。而究竟是单方面信息还是双方面信息更有说服力取决于：如果听众已经赞成该信息，而且过后不大可能会考虑相反的意见，那么单方面的观点可能更有效。而当听众心思较为缜密或者并不赞同该信息时，那么包含正反两个方面的信息更为有效。

当涉及某个问题的正反两个方面时，观点出现哪种顺序会更有优势呢？最具普遍性的结论就是首因效应。但是如果观点之间存在时间间隔，那么早呈现的信息作用会减少；如果第二条信息呈现后立即做出判断，那么对于该信息的印象还较为清晰，很可能会出现近因效应。

沟通渠道：另一个需要考虑的因素是信息是如何传达和交流的。面对面的沟通交流通常都是最有效的。然而对于复杂难懂的信息来说，书面文字媒介则是卓有成效的。当问题无关紧要或者是情景比较陌生时，大众传媒则比较有效。

听众：最后，信息的接收者也很重要。听众接受信息的时候会想些什么呢？他们是在考虑有利的想法还是想做出反驳？他们是否事先被警示过了？此外，听众的年龄也有影响作用，研究表明，年轻人态度的稳定性比较差。

三、人际关系

1. 人际关系的基本概念

人际关系是人与人在沟通与交往中建立起来的直接的心理上的联系，有个体性、直接性和情感性等特点。

2. 以喜欢为基础的人际关系

人际关系绝大部分建立在双方喜欢或欣赏对方的基础上，因此，彼此喜欢是建立人际关系的基础。但“喜欢”不是一个严格意义上的心理学名词，心理学家常用“人际吸引”来表达“喜欢”。

3. 人际吸引

人际吸引是个体与他人之间情感上相互亲密的状态，是人际关系中的一种肯定形式。按吸引的程度，人际吸引可分为亲和、喜欢和爱情。亲和是较低层次的人际吸引，喜欢是中等程度的人际吸引，爱情是最强烈的人际吸引形式。

影响喜欢的因素有：

- **熟悉与邻近。**熟悉能增加吸引的程度；此外，如果其他条件大体相当，人们会喜欢与自己邻近的人。熟悉和邻近两者均与人们之间的交往频率有关。处于物理空间距离较近的人们，见面机会较多，容易熟悉，产生吸引力，彼此的心理空间就容易接近。常常见面也利于彼此了解，从而相互喜欢。但交往频率与喜欢程度的关系呈倒U形曲线，过低与过高的交往频率都不会使彼此喜欢的程度提高，中等频率的交往，人们彼此喜欢程度较高。

- **相似与互补。**人们往往喜欢那些和自己相似的人。相似主要包括：信念、价值观及人格特征的相似，兴趣、爱好等方面的相似，社会背景、地位的相似，年龄、经验的相似。当双方在某些方面看起来互补时，彼此的喜欢也会增加。互补可视为相似性的特殊形式。以下三种互补关系会增加吸引和喜欢：需要的互补；社会角色和职业的互补；某些人格特征的互补，如内向与外向。当双方的需要、角色及人格特征等都呈互补关系时，所产生的吸引力是非常强大的。

- **外貌。**容貌、体态、服饰、举止、风度等个人外在因素在人际吸引中的作用是很大的。尤其是在交往的初期，好的外貌容易给人良好的第一印象，人们往往会以貌取人。外貌美能产生光环效应，即人们倾向于认为外貌美的人也具有其他的优秀品质，虽然实际上未必如此。

- **才能。**才能一般会增加个体的吸引力，但如果这种才能对别人构成社会比较的压力，让人感受到自己的无能和失败，那么它就不会对吸引力有帮助。研究表明，有才能的人如果犯一些“小错误”，反而会增加他们的魅力。

- **人格品质。**人格品质是影响喜欢的最稳定因素之一，也是个体吸引力最重要的来源之一。美国学者安德森（N. Anderson，1968）研究了影响人际关系的人格品质，研究结果表明，排在序列最前面、受喜爱程度最高的六种人格品质是：真诚、诚实、理解、忠诚、真实、可信，它们或多或少、直接或间接地与真诚有关；排在系列最后面、受喜爱程度最低的几种品质，如说谎、装假、不诚实等，也都与真诚有关。安德森认为，真诚受人欢迎，不真诚则令人厌恶。

4. 人际关系的建立与发展

一般来说，良好人际关系的建立与发展要经过定向、情感探索、情感交流和稳定交往四个阶段。定向阶段涉及注意、选择交往对象，与交往对象进行初步沟通等方面的心理活动和行为。在情感探索阶段，双方探索彼此在哪些方面可以建立情感联系。随着双方共同情感领域的发现，彼此沟通越来越广泛。此阶段会发生一定程度的情感卷入。到了情感交流阶段，双方关系的性质发生重要的变化，双方的信任感、安全感开始建立，沟通的深度和广度有所发展并有较深的情感卷入。最后是稳定交往阶段，在此阶段，交往的双方在心理相容性方面进一步拓展，允许对方进入自己的私密性领域，沟通与自我暴露广泛而深刻（见图 2－11）。

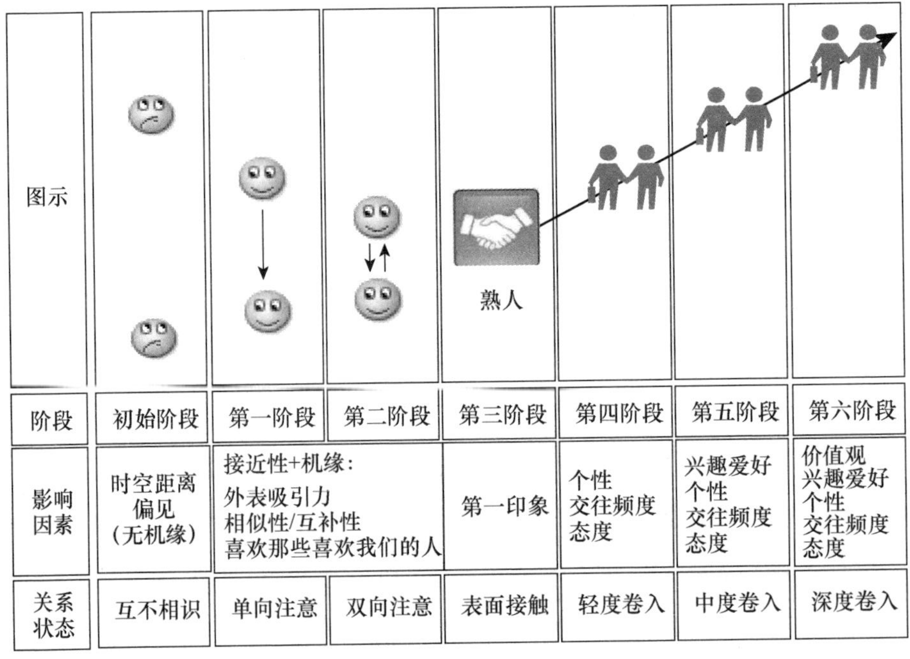

图 2－11　人际关系发展阶段

（1）自我暴露与人际关系的深度。

自我暴露也称自我开放，指在沟通和交往的时候把自己私人性的方面显示给他人。随着信任和接纳程度的提高，交往的双方会越来越多地暴露自己。因此，自我暴露的广度和深度是人际关系深度的一个敏感的探测器。自我暴露的程度由浅到深，大致可以分为四个水平。第一是情趣爱好方面，比如饮食习惯、偏好等；第二是态度，如对人的看法，对外事和时事的评价等；第三是自我概念与个人的人际关系状况，比如自己的自卑心理，和家人的关系等；第四是隐私方面，比如个体的性经验，个体不为社会接受的一些想法和行为等。

（2）良好人际关系的原则。

每个人都希望交许多的朋友，收获真挚的友谊。怎么样才能做到这一点呢，心理学家建议我们在人际交往中遵守下列四个原则：

- **相互性原则。**人际关系的基础是彼此之间的相互重视与支持。任何个体都不会无缘无故地接纳他人。喜欢是有前提的，相互性就是重要的前提，我们喜欢那些也喜欢我们的人。人际交往中的接近与疏远、喜欢与不喜欢都是相互的。
- **交换性原则。**人际交往是一种社会交换过程。交换的基本原则是：个体期待人际交往对自己是有价值的，在交往过程中的得大于失或得等于失，至少是得别太少于失。人际关系的发展取决于双方根据自己的价值判断进行的选择。
- **自我价值保护原则。**自我价值是个体对自身价值的意识与评价。自我价值保护是一种自我支持的心理倾向，其目的是防止自我价值受到贬低和否定。由于自我价值是通过他人的评价而确立的，个体对他人的评价极其敏感。对肯定自我价值的他人，个体对其认同和接纳，并反过来予以肯定与支持；而对否定自我价值的他人则予以疏离，与这种人交往时，可能激活个体的自我价值保护动机。
- **平等原则。**交往双方的社会角色和地位、影响力、对信息的掌握等方面往往是不对等的，这会影响双方形成实质性的情感联系。但是，如果平等待人，让对方感到安全、放松与尊严，那么我们也能和那些与自己在社会地位等方面相差较大的人建立良好的人际关系。

5. 人际关系与幸福

追求快乐和幸福是人生活的根本目的，但怎么样才能得到快乐和幸福，或者说幸福最重要的支持因素是什么呢？在日常生活中，金钱、地位、名誉、成功等似乎与个人的生活质量关系较大，因此许多人认为幸福是建立在这些要素的基础上的，但心理学家却否认了这种说法。

心理学家通过广泛的调查和研究发现，良好的人际关系，尤其是亲子、夫妻、亲密朋友等关键的人际关系的融洽，才是人生幸福最重要的影响因素。金钱买不来幸福，成功、名誉和地位也带不来幸福。幸福从某种意义上说是一种生活态度和生活方式，只要我们对人真诚、友爱，对人关怀、体贴，对人理解、包容，我们就可能收获良好的人际关系，并最终获得幸福。

6. 人际互动

人际互动就是人际相互作用。人的相互作用可能是信息、情感等心理因素的交流，也可能是行为、动作的交流。互动是一个过程，是由自我互动、人际互动和社会互动组成的。人际互动专指人们在心理和行为方面的交往、交流，是社会心理学研究较多的领域，它在结构上更强调角色互动。

人际互动的主要形式是合作与竞争。合作是个体与个体、群体与群体之间为达到共同目的，彼此互相配合的一种行为。合作至少包括目标的一致、共识与规范、相互信赖等基本的条件。竞争是个体与个体、群体与群体之间争夺一个共同目标的行为。其基本条件是目标较为稀有或者难得，争夺中可能出现零和冲突（一方赢，另一方输），也可能出现双赢的结局。竞争是有理性的，按照一定的社会规范进行。

在合作和竞争的关系中，不同的人在不同的时间和场合，面对不同的对象，可能会采取不同的人际互动模式：

- 利人利己：助人也利己。助人一臂之力，自己也获得好处。
- 损人利己：你死我活，打压他人，获得自己成长的资源。
- 利人损己：燃烧自己，照亮别人。

- 损人损己：鹬蚌相争，两败俱伤。
- 不损人利己：无涉他人，独善其身。
- 利人不损己：举手之劳，济人于急难。

除了极端的、对抗性的情境，比如战争和部分竞技体育项目，在日常的经济和社会生活中，大多数情况下，人际互动可以选择利人利己模式，并达到双赢和多赢的效果。我们要多做利人利己的事情，尽可能不做损人利己的事情，绝不做损人也损己的事情。

第三节 与人际联结相关的社会学理论

与人际联结相关的社会学理论主要从社会的角度研究分析社会网络对个人和社会发展起到什么样的功能作用，人们应该如何运用自己的社会网络为个人和社会的发展发挥作用等等。

本节主要介绍社会资本理论、六度理论、弱关系理论和结构洞理论。社会资本理论将社会学和经济学相融合，指出社会人际关系也是一种资本，可以与物质资本和人力资本相并立，能够对个体及社会的发展产生重大作用。社会资本理论较好地诠释了“人的成功80％依靠人脉资源，20％靠能力”的说法。六度理论揭示世界人人相联的客观事实，只是由于人际网络的复杂性，我们并不知道是如何相联的。弱关系理论告诉我们一个道理，能够帮助我们解决实际问题的人往往不是我们常常交往的好朋友。结构洞理论用简单的语言来说就是，如果你能在两个没有交集（互不相识）的人（或群体）之间承担沟通交流的桥梁作用，你就获得了竞争优势。

上述四个著名的社会学理论，对于我们认识人脉联结力的功能作用以及如何发挥人脉联结力的价值都有重要意义。

一、社会资本理论

社会资本理论是科尔曼（James S. Coleman）教授于1988年在《社会资本

在人力资本创造中的作用》(Social Capital in the Creation of Human Capital)一文中提出的，后在《社会理论的基础》(*The Foundations of Social Theory*)一书中，对这一理论作了较为系统的阐述。科尔曼以微观和宏观的联结为切入点对社会资本作了较系统的研究。他指出：蕴含某些行动者利益的事件，部分或全部处于其他行动者的控制之下。行动者为了实现自身利益，相互进行各种交换，其结果是形成了持续存在的社会关系。这些社会关系不仅被视为社会结构的组成部分，而且是一种社会资源。科尔曼由此提出了社会资本的概念。他把社会结构资源作为个人拥有的资本财产叫作社会资本。社会资本不是某些单独的实体，而是具有各种形式的不同实体。

科尔曼认为社会资本是与物质资本和人力资本并存的，每个人生来就具有的资本。其中物质资本是有形的，社会资本和人力资本是无形的，三者之间可以互相转换。

科尔曼认为社会资本应该由它的功能来定义，即：它不是某种单独实体，而是具有各种形式的不同实体，但它们具有两个共同特征：第一，它们都由社会结构的某一方面组成；第二，它们为结构内部的行动者（不管是个人还是法人）的行动提供便利。

社会资本由构成社会结构的各个要素所组成，存在于人际关系的结构之中。科尔曼定义了五种社会资本形式，即：义务与期望、信息网络、规范与有效惩罚、权威关系、多功能社会组织和有意创建的组织。

1. 义务与期望

众所周知，互相帮助比单独行动更有效率。义务和期望这种社会资本类型的产生和维持取决于两个因素：信任的社会环境和义务的涉及范围。义务和期望及其构成的信任关系，有助于解决集体行动的困境，能够克服因缺乏信任而导致的合作失败，是社会资本的基本形式之一。

如果行动者 A 为行动者 B 提供了帮助，并且相信 B 日后会报答自己，A 对 B 便有了一种期望，而 B 对 A 则承担了一种偿还的义务。由此，A 和 B 构成了一种相互服务的关系，这种关系的稳定形式构成了科尔曼所说的社会资本。科尔曼将此比喻为 A 手中持有的、可以要求 B 在今后某一段时间内予以偿还的“赊账单”。

科尔曼认为，社会环境的可信任程度即应尽的义务是否履行以及个人承担义务的范围影响了这种形式的社会资本存在的可能性。社会环境可信任的程度越高，人们履行义务的可能性就越大，义务与期望形式的社会资本也就越普遍；个人在社会结构中承担的义务越多，他拥有的可利用的社会资本就越丰富。

2. 信息网络

经典经济学存在两大基本假设：人完全理性和完全信息。事实上，即便在网络时代，信息的完全和充分也难以做到，这是因为人们加工信息的能力有限，收集信息也需要一定的成本。因此，可靠和便利的信息来源就显得尤为重要。科尔曼认为获得低成本信息的方式之一是通过基于其他目的而建立的人际关系。

内部组织的关系网络也是获取信息的重要途径，处于这种关系中的行动者利用社会关系来获取信息，从而为行动提供便利。科尔曼引用了 1955 年拉扎菲尔德等人对妇女服饰的研究来说明这种情形：某位妇女期望自己的衣着入时，但她不了解最新时髦服装的式样，于是，她可以“寻找女友中最了解服装潮流的人，从她那儿获取一切所需的信息”。

3. 规范与有效惩罚

“社会规范是人们有意创造的，如果规范为社会成员所遵守，他们将获益；如果人们违背规范，他们将受到伤害。”科尔曼认为，规范的实施常常伴以各种赏罚措施，它通过奖励遵守规范的人和惩罚违反规范的人，从而使人们放弃自我利益，依照集体利益行事，最终使某些行动目标更容易实现，由此构成了极其重要的社会资本。所以，规范是个体行动走向法人行动以及社会行动的重要保证，也是维护社会团结的重要保证。

4. 权威关系

科尔曼认为，权威是个人拥有的、影响或控制他人行动的权利。“当某位行动者有权控制另一位行动者的某些行动时，他和后者之间就存在着权威关系。”这种以控制权为特征的权威关系也应当是社会资本的表现形式。表面上看，权威关系是一种单向度的关系，但是，这种关系也会使被控制者形成对权威关系的某种依恋，从而增强社会整合，促进社会团结，防止社会分化。

网络大 V 实际上就是利用了权威关系作为自己的社会资本。

5. 多功能社会组织和有意创建的组织

社会中，人们为了实现某种目标，基于共同的“义务和期望、责任与权威以及规范与惩罚措施”，建立了正式组织，如公司等等。另外，人们还建立了具有公共服务性质的社团组织。这些正式的或社团性质的组织，还能够发挥其他社会作用，科尔曼发现，“纽约印刷工会本来是工人自己组织的一种社交性组织，后来这个组织被雇主用来寻找合适的印刷工人以及印刷工人找工作的有效机构，并且进而成为独立政党组织上的资源”，从而使得“本来为某一目的建立的组织同样可以服务于其他目的，由此形成了可以使用的社会资本”。

这样，这种社会组织就具有了多功能的性质。微信朋友圈可以被看作是一种多功能的社会组织，本来朋友圈是用来交流的，后来出现了微商，即利用朋友圈发挥市场营销的功效。

对于个人而言，个人的社会资本就是他的人脉资源，个人通过这样的社会资本，可以获得各种物质性和精神性的支持，满足个体生存和发展的需求，并可以通过合作，创造更多的社会价值。对于社会而言，社会资本能够促进公共事业的发展，有利于社会组织的形成与规范，维护正常的交往活动，提高组织的效能等等。

当然，社会资本也具有某些负面作用。科尔曼认为，社会资本最明显的消极功能就是容易形成小群体，他们往往为了自身的利益而牺牲整个集团的利益，增加社会交往成本，产生腐败行为。

二、六度理论

六度理论（也称六度空间理论、六度分隔理论）是由哈佛大学的心理学教授斯坦利·米尔格拉姆在 1967 年通过一次连锁信件实验后提出的一个理论，是指地球上所有的人都可以通过六层以内的熟人链和任何其他人联系起来，或者可以简单地表述为“你和任何一个陌生人之间所间隔的人不会超过六个，也就是说，最多通过六个人你就能够认识任何一个陌生人”。

这种现象，并不是说任何人与其他人之间的联系都必须通过六个层次才会产生联系，而是表达了这样一个重要的概念：任何两个素不相识的人，通过一定的方式，总能够产生必然联系或关系（见图 2－12）。显然，随着联系方式和联系能力的不同，实现个人期望的机遇将产生明显的区别。

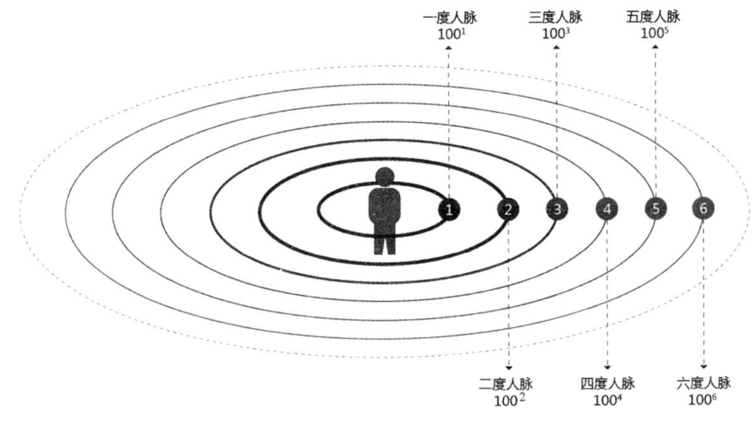

图 2－12　六度人脉示意图（假设每个人认识 100 个互不相识的人）

六度理论并不深奥，并且通过和互联网的结合，产生了巨大的商业价值，例如博客和 LinkedIn。人们可以更容易在全球找到和自己有共同志趣的人，更容易发现商业机会，更容易达到不同族群之间的理解和交流，等等。通过人际关系的传递性，在人与人之间产生的聚合，将产生一个可信任的网络，这其中的商业潜能的确是无可估量的。

六度理论只是说明了人与人之间建立联系的可能性，但在现实世界里，受人际关系的私有性以及人际关系强弱不同等因素的影响，真正在世界上所有人之间建立联系，还存在很大的挑战和困难，这些因素主要包括关系的强弱、到达和建立联系的区别以及传递的成本和激励等。故要充分发挥六度理论的社会价值，还需要进一步开展理论研究和社会实践，人脉通道理论即是对这一理论的发展。

三、弱关系理论

弱关系理论（The Strength of Weak Tie）是由美国社会学家马克·格兰诺维特（Mark Cranovetter）于1973年提出的，该理论是说在社会生活中，能够帮助我们的人并不是那些我们认识且频繁交往的人，而是那些尽管认识但很少交往，或者我们朋友的朋友。该理论将我们直接认识并经常交往的人定义为“强关系”，而那些尽管认识但很少交往的人以及通过朋友（或者朋友的朋友，甚至是好几层的朋友）认识的人定义为“弱关系”。格兰诺维特通过测量关系强度与信息传递的关系发现，有用的求职信息主要来自那些跟自己较为疏远的人（弱关系），而不是那些日常生活中熟悉的人（强关系）。

四、结构洞理论

1992年，社会学家罗纳德·博特在《结构洞：竞争的社会结构》一书中提出了“结构洞”（Structural Hole）理论。该理论描述的是某个人与他多个朋友相联系，但这些跟他联系的朋友之间并不互相联系的现象。博特通过信息利益与控制利益来解释处在结构洞时个体所获得的优势。首先信息利益认为，当一个人从没有相互关系的多个人那里获取信息时，容易获得更多样更有用的信息。例如A从B、C、D那里收集信息，当B、C、D不具相互关系的时候，他们往往持不同的看法，因此A能够得到更多样的信息。但当B、C、D相互联系的时候，他们私下可能经常交流，因此A获得的信息差异性往往不大。另外，控制利益则可以将A看成与B、C、D顾客进行交易的商家，当顾客B、C、D不具相互关系时，他们无法进行交流，A卖给B一个低价，却卖给D一个高价，他们都不会察觉。但是当B、C、D具有相互关系时，A一旦给出的价格不一样，B、C、D一交流就会发现，因此A无法以差价牟利（见图2-13）。

关于结构洞最简单的解释是：人总是信任特定的人，并依赖于特定的人产生

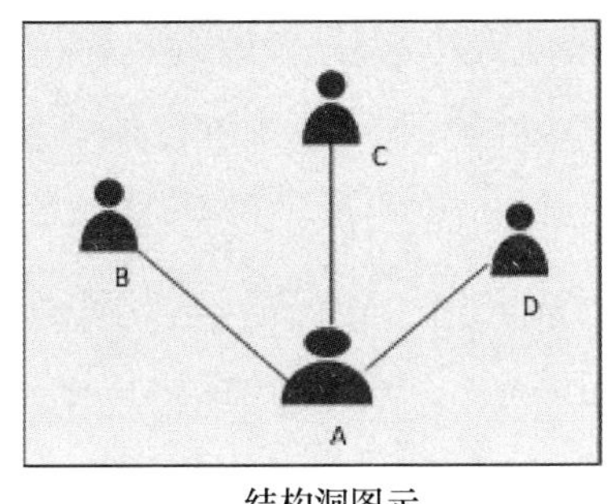

结构洞图示

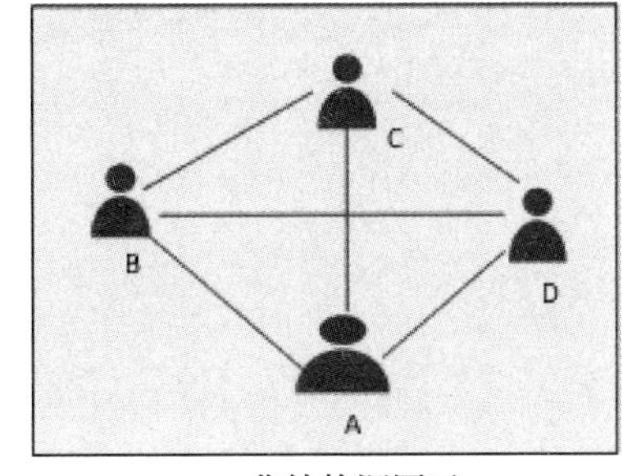

非结构洞图示

图 2－13　结构洞与非结构洞

交换。因此，当双方关系并不十分密切时，与双方关系都很密切的第三个人就占据了一个结构洞。而在类似于亲属关系的强关系中，或者具有相同人际关系的两个等位关系中，很难产生结构洞。

在博特的结构洞理论中，强调了两种关系原则。其一为效率原则。他认为，花时间和精力去开发一个能带你通向新领域的新关系人比结识同类人更好。你每认识一个陌生人，可以为你带来一个新的结构洞。当结构洞越多，你在每个关系上所用的时间和精力成本就越少。

其二为有效原则。博特认为，在设计自身关系网络时，应该区分初级人际关系人和次级人际关系人。集中资源发展与初级人际关系人的关系。每个关系人群体都是独立的信息源，一旦你拥有多个独立关系体，就意味着你可以同时从不同渠道了解信息，你成为给予他们机会的中间体，这样的网络能让你更有效地获得自己的利益。

第三章　信用及信用评价

你对新结交的朋友，基本要求是什么？绝大部分人会说“靠谱”，这就是说不管交友的目的是什么，但我们都希望对方是个靠谱的人。只有靠谱，才能成为朋友。

什么样的人才算是靠谱的人？对人的评价有很多不同的方式和标准，有英雄，有孬种，有伟人，有骗子，靠谱只是其中之一，而且是最平常的一种评价。对于朋友而言，靠谱其实只是最低要求。不靠谱的人，难以成为朋友。

靠谱到底是一种什么样的标准？不同的人可能会有不同的要求，但社会对于靠谱二字，基本的要求就是信守诺言，勇于担当，或者说就是诚实守信。

诚信是一种社会属性，是社会对组织或个体的社会行为所作出的某种判断或鉴别。这种判断应该尽量做到客观公正。但由于信息不畅、评价方式不科学等原因，诚信的评价很可能与客观现实存在差异。诚信的评价结果就是诚信度，是个体或组织真实的社会行为与其宣称或承诺的社会行为的对比关系，这两者越相似，则该个体或组织就越诚信；反之，则该个体或组织就不诚信。上述的社会行为应该是个体或组织全部的社会行为，而不应该仅仅包含部分社会行为。

现有社会信用评价体系基本上只考量个体的商业交易行为，很少涉及社交行为，而人的社会行为既包括商业交易行为，也包括社交行为，其中绝大部分社会行为是社交行为。因此，仅仅依据个人的商业交易行为得出的信用评价既不客观，也不全面。

其实，人与人交往，靠不靠谱，更多评价的是人的社交行为。本章将概要介绍社交行为的评价思路与方法。

第一节　诚信概述

一、诚信的概念

诚信在《汉语大辞典》中的解释是：真诚；真诚之心。

《名人名言》对“诚”的解释是：“诚即天道，天道酬诚”。这就是说，“诚”是上苍规定的法则，用来规范人的言行，遵循这一法则，就是遵循天道，就会得到奖励。这是从文化层面鼓励人们说真话，做实事，反对虚伪。

《说文解字》对“信”的解释是“人言为信”，北宋大学者程颐对“信”的解释是：“以实之谓信。”因此，“信”的内涵是信守诺言，言行一致，诚实不欺。

古人对“诚信”从天道和人道两个方面加以解释，“诚”主要是从天道而言的，“信”则是从人道而言的。

从当今社会的文化寓意来说，“诚”即诚实诚恳，主要指主体真诚的内在道德品质；“信”即信用信任，主要指主体内诚的外化。“诚”更多地指“内诚于心”，“信”则侧重于“外信于人”。“诚”与“信”一组合，就形成了一个内外兼备，具有丰富内涵的词汇，其基本含义是指诚实无欺，讲求信用。

诚信属于道德范畴，是以诚实和信用两个方面来表现的。诚实是指待人处事真诚、实在，信用就是讲信誉，就是会百分之百地兑现承诺。一个人是不是诚信，不在于他是不是狡诈，而在于他是不是拥有诚信的态度和理念，实在做人，信守诺言。

由于诚信是人内在的心理特质，很难用科学的方法来进行测量，常规下只能通过人的外在行为来判断。随着心理科学的发展，心理学家发明了很多科学的方法，来测量人们的心理特质，例如测谎仪，就是用来测量人是不是在说谎。但测谎仪只能用来测量人对某一特定事件的诚实度，并不能用来测量人是否诚信这样一种更具社会属性的心理特质。更为重要的是，人的诚信是一种普遍意义上的社会属性，不能用某一特定环境下的行为来判断人是不是诚信。例如，在战争时期，敌我双方斗智斗勇，往往会给对方抛出一些烟幕弹，以迷惑敌人，取得战争的胜利。社会不仅不会因为将军对对方施放了烟幕弹而评价他不诚信，反而会给将军冠以“智多星”的美誉。

二、诚信的意义与作用

诚信作为一种社会道德规范，对个人、组织和社会发挥着重大的作用。社会信用作为一种社会存在的必要基础，已经融入了社会生活的各个方面，离开诚信，人类将倒退到原始的动物世界，一切社会合作也无从谈起，今天我们习以为常的社会生活根本就无法维系。

1. 诚信是为人之道

诚信是立人之本。人之所以为人，诚信是基本要求之一。诚信是文明的一部分，所以一个人讲诚信，就代表他是一个讲文明的人。讲诚信的人，处处受欢迎；不讲诚信的人，人们会忽视他的存在。两千多年前，孔子就说过“人而无信，不知其可也”，他认为人若不讲信用，在社会上就无立足之地，也必然是一事无成。

诚信是友情之基。言而有信，是人与人之间建立和维系友情的基础，才能达到“朋友信之”，推心置腹、无私帮助的目的；否则，朋友之间充满虚伪、欺骗，就绝不会有真正的朋友。朋友是建立在诚信的基础上的。

诚信是齐家之道。家庭/家族要兴旺，成员之间必须以诚相待，诚实守信，在此基础上齐心协力，就能达到家和万事兴的目的。若家人彼此缺乏诚信、互不信任，家庭便会逐渐四分五裂。“上阵父子兵”所说的就是这个道理，战争中形势千变万化，危机重重，只有相互绝对的信任，通力协作，才有可能战胜敌人，取得战争的胜利。

诚信是心灵鸡汤。人生经历告诉我们，“问心无愧”的人才能心灵宁静，才能拥有精神快乐的状态，而在诚惶诚恐的心态下，心灵则难以得到安宁。

2. 诚信是为政之道

古代社会，社会主流文化思想非常重视诚信在治国中的重要作用，如《左传》中说：“信，国之宝也”，指出诚信是治国的法宝。而孔子认为“民无信不立”，如果人民不信任统治者，国家朝政就根本立不住脚。因此，统治者必须“取信于民”，正如王安石所言：“自古驱民在信诚，一言为重百金轻。”《吕氏春秋·贵信》篇中说，如果君臣不讲信用，则百姓诽谤朝廷，国家不得安宁；做官不讲信用，则少不怕长，贵贱相轻；赏罚无信，则人民轻易犯法，难以施令；交友不讲信用，则互相怨恨，不能相亲。

现代社会，政权的核心越来越依赖于统治者与被统治者之间的相互信任。首先，民主国家的统治者是通过选举产生的，要想成为统治者，首先要得到选民的信任；要维持统治者的地位，也必须得到选民的信任，否则，选民会选择其他统治者。其次，统治者的施政纲领要得到落实，也必须在社会的各个层面获得信任，否则，政令根本无法得到落实。最后，政治行为通过政令在统治者和被统治者之间得以贯彻落实，统治者和被统治者之间的信任也在这一过程中得以建立和检验，如果两者之间的信任随着施政过程得以强化，政权就能够长期维系；反之，如果两者之间的信任在施政过程中不断下降，这样的政权将难以为继。

3. 诚信是经商之道

在现代商业社会，诚实守信是基本要求。绝大多数的商家都会将诚信立为公司宗旨、经营理念或员工守则。商人在签订合约时，都会期望对方信守合约。诚信更是各种商业活动的最佳竞争手段，是市场经济的灵魂，是企业家的一张真正的“金质名片”。

三、影响个体诚信度的相关因素

社会个体的诚信度，受到内因与外因的影响。这里的内因是指与个体自身相关的因素，譬如信用观念、信用能力等等，而外因是指个体所生存的社会环境因素，例如乡俗文化、法律制度等等。内因是个体诚信度的决定性因素，同时个体的诚信度也受到外因的影响。社会现实也充分说明了这一点。同一时期同一地区相同年龄段的人，诚信度是不同的。另一方面，同一时期同一地区又常常发生具有区域特色的不诚信行为，例如假货问题、电信诈骗问题等等，带有明显的地区特色，一些地区成为这类问题的高发区。这就说明地域文化对个人的诚信度具有相当的影响力。

1. 个体的内部因素

我们知道，诚信是人的社会属性，根据心理学社会发展理论，这样的社会属性主要是个体在社会化发展过程中习得的，因此，影响个体社会化发展的因素都与个体的诚信度有一定的关联，一些因素可能影响力大一些，另一些因素可能影响力小一些。影响个体诚信的内部因素主要包括：

（1）家庭成长环境。

发展心理学家认为，个体人格的特质的形成，家庭环境是最重要的因素。家庭环境包括家庭结构、家庭教育与示范和家庭经济与社会地位的影响等等。诚信作为一种个体的社会心理特质，也深受家庭成长环境的影响。

家庭教育与示范对诚信人格具有极大的影响。诚信人格不是与生俱来的，而是通过个体的社会化发展而来的。个体社会化发展的摇篮是家庭，婴幼儿从出生开始，最早接触的是家庭成员，认为最可以信赖的人是父母或家庭其他成员，如果父母及其他家庭成员能够以诚信的行为与教育对少年儿童施加积极影响，少年儿童就容易形成诚信人格；反之，如果家庭成员之间尔虞我诈，钩心斗角，少年儿童就容易形成怀疑心理，对人产生不信任感，从而也难以形成健康的、符合社会道德规范的诚信人格。

家庭经济条件与诚信人格特征也有正相关关系。从本质上讲，诚信是一种利他利己的行为，但首先是利他。如果个体的经济条件比较差，家庭当前的生活压力比较大，就有可能对眼前利益看得较重，从而出现倾向选择不诚信行为的可能性。

（2）受教育程度。

教育是人的社会化进程中的重要历程，受到良好教育的人，容易形成健全和良好的世界观、人生观和价值观，能够更加理性地面对生活、面对社会，保持独立人格，坚守人格底线。

现有教育体系中，尽管没有专门的诚信教育课程，但诚信教育贯穿于道德教育、思想政治教育、文化教育中。因此，接受系统性教育的人，受到诚信教育的机会就会多于他人。同时，教育机构的氛围对于诚信意识的培养也远远好于社会，更容易帮助学生形成健全的诚信意识和生活态度。

（3）人生观、价值观。

人生观是人在社会实践中形成的对于人生目的和意义的根本看法，正如学者周国平所说："我的人生观若要用一句话概括，就是真性情。"我们在衡量人生中遇到的任何事物时，总是会思考它们对自己的意义，这种意义不一定是实际的利益，可能仅仅是自己喜欢，能够给自己带来快乐。

诚实守信作为一种美德，已经融入了人类的血液。诚实的人之所以诚实，是因为他认为问心无愧、内心安宁是一种最好的生活状态，也是他所追求的人生目标，他认为这种生活状态下的价值要远远超过通过不诚信而获得利益的价值。他做出诚信的选择，只是因为他觉得诚信本身非常美好，他被诚信的美好所吸引，从而坚持诚信的生活态度。

由于诚信行为的动机受到价值观的支配和制约，价值观对诚信动机模式有重要影响，所以在同样的客观条件下，具有不同价值观的人，其诚信动机模式不同，产生的行为也不相同。诚信动机的目的方向受价值观的支配，只有那些经过价值判断被认为是可取的，才能转换为诚信行为的动机，并以此为目标引导人们的诚信行为。

（4）经济条件及社会地位。

受社会文化的影响，社会一般不愿意承认个人的诚信人格特征与经济条件及社会地位相关，但这却是一个事实。从个体的角度出发，诚信是一种利他行为，如果没有得到及时的回报，个体为了自身的眼前利益，会倾向于选择不诚信行为。同时，社会存在道德规范，个体深知不诚信行为不符合社会道德规范，于是个体会在不诚信的成本与诚信的回报间衡量与选择，如果不诚信的成本高于诚信的回报，他会选择诚信行为；反之，就会选择不诚信行为。不同经济条件和社会地位的人对于不诚信的成本是不同的，经济条件好、社会地位高的人，对社会美誉度（名声）的需求和重视程度远远大于普通人，他们完全有能力支付诚信所需的成本，而难以承受不诚信的成本，所以他们选择诚信的概率更大。例如在超市，偷窃行为主要发生在社会底层人员，亿万富翁、企业高管、政府公务员家庭成员很少发生这类行为；做传销或从事电信诈骗的人，绝大部分人的经济条件较差，社会地位不高，他们将此类不诚信的事当作是人生的第一桶金。需要指出的是，诚信行为与经济条件和社会地位正相关，并不是说经济条件好或者社会地位高的人比普通人高贵，而是因为不同的人群对诚信的支付能力和不诚信的成本预期不同。经济条件好或社会地位高的人，对守信的支付能力强，对不诚信的成本预期高；经济条件差或社会地位低的人，对守信的支付能力弱，对不诚信的成本预期低。

（5）个性特质（恻隐之心）。

日常生活中常常用“德性”一词来评价一个人的品行，这里的“德”便是道德水平，“性”就是个性特质。尽管信用属于道德范畴，但个性对道德水平也有很大的影响作用。

人的性格有四个维度特征，即态度、意志、理智和情绪。这四个个性特征对个体的信用水平都会产生相关的影响：态度特征的影响体现在个体对外部社会的态度，主要表现在富于同情心、正直诚实、礼貌待人、责任心和勇于担当等；意志特征体现在个体自我调节心理活动的能力，主要表现在对诚信行为的目的性、自我控制水平、极端状态下的意志力和坚韧性等等；理智特征体现在对诚信观念感知、记忆、想象和思维等认识过程中表现出来的特点和风格，主要表现在对诚信观念和诚信行为感知、记忆、思维和想象四个方面；情绪特征体现在诚信情绪的强度、稳定性、持续性以及主导心境四个方面，主要表现为一个人的诚信行为受情绪感染和支配的程度以及情绪受意志控制的程度、诚信情绪波动幅度、诚信情绪活动持续时间的长短以及形成诚信心境的状态。

（6）信仰。

信仰是指对某种主张、主义、宗教或对某人、某物的信奉和尊敬，并把它奉为自己的行为准则。一个人是否有信仰，对个体的诚信水平有很大的影响。

世界三大宗教的教义中都有与诚信相关的内容，佛教戒妄语："无妄语，思念至诚，言不为诈，心口相应。"基督教的《圣经》，则要求基督徒做到三个诚实，即拜神要诚实、言语要诚实、为人要诚实；伊斯兰教在《古兰经》有三十多处提到"诚实"，要求信徒做诚实人、讲诚实话、办诚实事，例如《古兰经》中说："信道的人们啊！你们要敬畏真主，要和诚实的人在一起。"穆圣劝导穆斯林："你们要坚持诚实的美德，因为诚实会引导你们走向正义，正义会引导你们步入乐园；说谎话引导你们走向犯罪，犯罪会引导你们步入火狱。"

中国的儒家文化极为重视"诚信"，《论语》有云，"人而无信，不知其可也""主忠信，徙义，崇德也""言必行，行必果""与朋友交，言而有信""子以四教：文、行、忠、信"。孔子将"信"作为教学的重点内容，并把"信""恭""宽""敏"与"惠"一起并列为"五德"。孟子则说："诚者，天之道也；思诚者，人之道也。"

2. 外部因素

（1）文化因素。

人生活在社会中，无时不受社会文化的影响。"少不看《水浒》，老不看《三国》"，说的就是少年时代如果沉溺于《水浒》，青少年就容易滋生戾气，打打杀杀，不利于健康成长；而成年人如果钟爱《三国》，则容易变得老谋深算，奸诈作恶。

文化因素对人的诚信影响是渐进式的、长远的，诚信文化与不诚信文化都是如此。今天，我国已经充分认识到社会诚信建设的重要性，花大力气弘扬诚信文化，并颁布了一系列的法律法规来惩治不诚信行为，但由于文化影响的长远性，我们不能指望我国的社会诚信水平一天内就会产生质的变化，不能指望颁布了法律强制性措施，马上就会产生立竿见影的效果。产品造假就是一个典型的案例，历史上，一些商人从造假中获得了巨额利润，今天即使颁布了严惩造假的法律，但仍然有很多商人想方设法通过造假来牟取利益，甚至冒着坐牢的风险，铤而走险。

（2）政治因素。

政党要获得人民的支持，除了有正确的纲领，还必须得到人民的信任。人民群众不信任政党的政治宣言，再好的政治纲领也没有用武之地。所以，政党必须有非常好的诚信意识，大力倡导诚信文化，并通过政府实施政策，让人民大众切身体会到政党、政府和政策的可信性。一般而言，政治对社会诚信是一个很强的正向推动力，特别是社会民众参与政治的意识和热情越来越高涨，政治对诚信社会的推动力越来越大，并通过立法、行政等手段，推动社会诚信生态的建设。

（3）法律因素。

通常，人们将诚信列入道德的范畴，但诚信实际所影响的范围，已经远远超出了道德范畴，需要用法律手段来加以规范。特别是在经济生活中，不诚信行为给守信方带来巨大的经济损失，社会需要用法律手段来保护守信方的经济利益不受伤害；同时，法律手段也成为诚信文化建设的有效抓手。

法律是强制性的，它比文化手段来得更具体、更及时、更有效，容易产生立竿见影的效果。但法律也有一定的局限性，无法替代文化对诚信产生长远的、根本性的作用。

（4）利益因素。

人们的诚信行为还会受到利益因素的影响，如果失信成本过低，受利益驱动，人们难免会选择弄虚作假。人是理性动物，人的一切行为都会权衡利弊，这里的“利”，不仅仅包含经济利益，也包括其他利益。因此，社会应该建立一种机制，对守信行为给予奖励，对不诚信行为给予惩罚，这样的利益机制应该是文化和法律的融合，并创造出一种新的利益机制，使人们日常的诚信社会行为得到褒奖，不诚信行为受到惩处。

四、当前我国社会诚信问题的根源

当前中国社会对诚信的重视达到了空前的程度，但为什么社会诚信度还是处于比较低的状态？主要与以下几个方面的原因相关：

1. 中国传统文化在“善”与智慧方面的冲突

诚信是一种善，要求人们在社会活动中表现出绝对的诚实和担当，在中国传统文化中占有极其重要的地位。但是，中国传统文化中还存在另外一种极为经典的所谓“谋略学”，这些所谓的谋略，都是教人为了达到目的，可以不择手段：瞒天过海。最后骗术败露，“三十六计走为上”，跑路走人。在这样的文化背景下，人们难免会迷茫：要不要绝对诚信？如果不需要绝对诚信，前提条件是什么？这些都是很难回答的问题。

由此可以看出，我们传统文化中包含了与诚信社会建设背道而驰的文化力量，所倡导的诚信是带有选择性的诚信，而不是普遍意义上的诚信。这样的文化背景，如果不加以净化，建设诚信社会就是空中楼阁。

2. 唯目的论的恶果

从我们的传统文化和社会实践来看，我们所倡导的诚信实际上是目的导向下的诚信，而不关注行为过程中的诚信。在目的导向观念指导下，为了抓经济发展，不惜破坏我们赖以生存的自然环境；为了赚钱，可以生产销售毒奶粉；为了升职，论文、简历都不惜造假。不仅如此，在社会中还进一步演变成“不管采用什么方式、手段，赚钱就是好人（好企业）”，导致社会环境被严重损坏，社会文化被严重污染，假货充斥市场，假话充斥媒体。产生的后果，就是社会诚信出现危机。

3. 重视社会经济活动中的诚信问题，忽视社会文化中的诚信建设

今天，社会对诚信问题给予了极大的关注，国家从立法、司法、文化宣传等方面对诚信问题做出了前所未有的努力，取得了不少的成就。但我们应该看到，当前诚信建设的重点放在了经济领域，各种诚信评价体系也局限在商业交易行为上，而对其他社会行为的关注则较为滞后，缺乏深入的理论研究，几乎没有社会应用。

第二节 诚信评价方法

既然诚信是个人生活和社会发展的重要因素，那么我们就必须对诚信水平有明确的认知，也就是说我们要对诚信的历史、现状和未来的发展有一个量化的认知。要达到这样的要求，就必须对诚信进行评价。百度百科对信用评价定义的第一条是：信用评价是以一套相关指标体系为考量基础，标示出个人或企业偿付其债务能力和意愿的过程。

现行的信用评价是对个人或企业偿付债务的能力和意愿的评判，与我们普遍认为的信用在覆盖诚信所包含的范围上是大大缩减了，从人或企业的社会行为缩至为人或企业的偿付债务，而把非经济性行为如守时、信守承诺、家庭责任、社会义务等道德行为统统都排除在外。因此，现时生活中流行的信用评价体系是不科学的，也是不完整的，需要探究一套更为科学的信用评价体系，客观真实地反映个人或企业的综合信用水平。

在这一信用评价体系中，评价指标应该包含人（或者组织机构）的所有社会行为，而不仅仅包含人的偿付债务的能力和意愿。

一、诚信评价概述

诚信评价一般是指依据某种标准，通过对与某个人或某一组织机构相关联的客观事实进行分析后对其做出某种价值性判断。例如，我们常常会说某个人不靠

谱，或者说某个公司没信誉，“不靠谱”“没信誉”就是对人（或者组织机构）诚信度的评价。

首先，诚信评价要有标准。诚信是一种社会属性，属于道德范畴，尽管没有严格的客观标准，但还是存在相对的社会标准。譬如，社会要求个人信守诺言，对于自己承诺的事，一定要履行承诺。这些承诺不仅包含在商业活动中，也包含在人们日常的社会交往活动中。商业活动中严格按照合同履约是一种标准，社交活动中按时赴约、热心帮助、信守诺言也是一种标准。我们常说每个人心里有一杆秤，这杆秤就是一种标准，我们就是用这杆秤来衡量他人是不是诚信，是不是值得做朋友。

其次，诚信评价要以客观事实为基础，不能凭空臆断。诚信标准确立以后，就要观察、调查被评价者的社会行为，并将其与诚信标准进行对照分析，判断被评价者是否诚信。不经过认真的观察和调查，就难以得到被评价者真实的社会行为信息，就无法与标准进行比较分析，也就得不到评价结果。为此，在观察和调查过程中，一定要全面系统地收集真实信息，既不能道听途说，也不能妄加推断，一切都要以事实为依据。

再次，诚信评价要有科学的方法。诚信评价自古就有，但大多是属于主观的判断，没有科学系统的方法。到了近代，西方的心理学家和社会学家以心理学和社会学研究成果为基础，开始研究诚信，并获得了系列的成果。20 世纪，国际上逐步推出了 5C 要素、3F 要素、5P 要素分析方法，并推出了著名的 FICO 体系，中国人民银行在上世纪末推出的个人征信系统就是参考了 FICO 体系，结合中国特色的一套诚信评价体系。

最后，诚信评价是一种价值判断。

二、现行诚信度的评价或测量方法简介

国际上对形成和影响信用的因素有多种分析方法，如 5C 要素、3F 要素、5P 要素等等，主要是从个人的品行、偿付能力、资金、抵押担保及条件等多方面来

考察个人的信用状况。如美国信用报告协会要求美国个人征信机构的信用报告原则上必须遵循 Creditscope-2000 表格格式，其中包含人口统计资料、流水账信息、公共记录、就业资料和查询资料等；美国著名的 FICO 评分模型中所关注的关键因素主要有五类，包括客户的信用偿还历史、信用账户数、使用信用的年限、正在使用的信用类型和新开立的信用账户。中国人民银行在“个人信用信息基础数据库”中将个人信用信息指标体系分为基本信息、信用交易信息、公共信息、特别信息和其他信息五个大类；上海资信指标则包括个人基本信息、个人信贷信息、个人赊购与缴费信息、公共记录信息、查询信息等；深圳鹏远所征集的个人信用信息包括个人身份信息、商业信用记录、社会公共信息记录和特别记录等。

纵观全球信用评级系统，有关个体信用评级的方法，基本上都是基于 FICO 体系，三大信用评级机构 Equifax、TransUnion 和 Experian 也都采用了 FICO 系统。

FICO 体系的主要评级要素如下：

(1) 支付历史 (payment history)，权重 35%。涉及过去的支付违约记录，例如断供房产被拍卖；被催债（如拖欠信用卡被收账公司追讨）；罚款（法庭判的或者庭外和解都算）；个人破产（这个国内可能没有）；因欠税被税务局查封财产等。

(2) 债务负担 (debt burden)，权重 30%。是指个人的负债水平，欠债越多，评分越低。FICO 具体的算法没有公布。

(3) 信用历史 (length of credit history)，权重 15%。是指个人有信用记录的时间，时间越长越好。

(4) 信用种类 (types of credit used)，权重 10%。是指个体曾经使用过的信用种类，种类越多（信用卡、房贷、消费贷等等），得分越高。

(5) 近期信用查询次数 (recent searches for credit)，权重 10%。申请信用的过程，就是提高杠杆的过程，比如买房买车，要申请贷款，贷款的时候，需要对申请者的信用进行查询，即所谓 hard pull。申请一次，会扣一定的分数，对信用分数造成一次负面影响。(当然，FICO 也考虑到了你需要从几个不同银行分别申请，最后决定哪家贷款便宜，在短期连续 hard pull 的时候扣分不是每查一次扣一次，而是会合并。)

芝麻信用评价体系的指标系统如下：

(1) 身份特征（15%），包括个人的学历、职业、职位等等。

(2) 信用历史（35%），主要看支付宝账户历史和征信系统的数据。

(3) 履约能力（20%），主要看余额宝数据。

(4) 人脉关系（5%），包括支付宝钱包绑定、通讯录导入的人脉信息。

(5) 行为偏好（25%），主要是消费行为，即看淘宝系统的消费模式。

三、个人社交信用的评价方法

纵观当下流行的信用评价体系，包括国外 FICO 体系、我国人民银行征信体系以及芝麻信用体系，它们基本上只关注人们（机构）社会行为中商业交易活动中的支付行为，而忽略了人们（机构）的其他社会行为，特别是个体的社交行为。由于评价方法不能覆盖被评价对象与信用相关的各种要素信息，这样的信用评价显然是不客观的，也是不科学的。

现实生活中，我们说一个人是不是诚信（或者靠不靠谱），主要关注的是该人在日常社交活动中的行为是不是符合社会道德规范，是不是符合社会对该人所扮演的社会角色的期待，是不是能够积极履行对他人的承诺等等，商业行为中的支付行为只占很少的比重。另一方面，诚信度是一个长期的、全面的历史性指标，只有与之共同成长、朝夕相处的同学、同事和家人对主体最了解，个体在某次商业活动中支付行为违约可能是当期个体支付能力有限，或者是由于信息不及时等客观原因而造成的，个体主观上并没有不诚信的故意，因此，不能以个体某一次商业活动中的支付不及时行为就得出该人不诚信的结论。

综上所述，我们认为，评价个体的诚信度的基础应该针对个体的全部社会行为来评价，而不应该单单评价个体的商业行为中的支付行为。

由此可见，

个人的诚信度＝个体全部社会行为的诚信度

＝个体的社交行为诚信度＋商业交易行为的诚信度

这里的商业交易行为诚信度测量方法可以参考当前社会流行的诚信度测量方法，比如参考人民银行的个人征信指标。

1. 社交行为信用评价维度

社交行为诚信度是个体在社交活动中表现出来的与诚信相关的行为特征，主要包括坦诚度、热情度、社交习性、履约行为四个维度。

坦诚度。坦诚度主要表现在社交活动中是否能与朋友以诚相待，当有困难时是否愿意以恰当的方式让朋友共担，有资源时是否愿意与朋友分享等等。

热情度。当朋友有困难时，能否积极主动给予帮助，特别是有能力帮助朋友时，是否积极主动地伸出友谊之手。一般人认为，热情度与诚信度没有直接的关联，实质则不然。因为体现诚信的一个重要的心理动机就是主体是否能够积极主动履行责任，能够积极主动履行责任才能称得上是诚信，被动应付根本就称不上诚信。这是因为在社交活动中，求助者一般情况下并不能确定被求助者是否有能力去帮助自己，只有被求助者自己知道能不能帮助朋友，他可以选择帮或者不帮。如果他选择热情地帮助求助者，则说明他内心非常坦荡，愿意将自己的资源与朋友分享，帮助朋友解决问题。反之，如果是一个不诚信的人，极大的可能是他会告诉朋友“对不起，我没能力帮你”。

社交习性。是恪守本分还是喜欢夸夸其谈，是铁骨铮铮还是阿谀奉承，是有一说一还是东拉西扯，是在社交活动中判别一个人是否诚实的重要标准。诚实的人在社交活动中一定是恪守本分，实事求是，而不会夸夸其谈，吹牛拍马。而不诚实的人则相反，他们善于见风使舵，一切都是从自身的利益出发，无利绝不起早。

履约行为。履约行为即人们通常所说的“言必果”。社交中的履约行为包括是否按时赴约，口头承诺的事是否完全照办等等。社交活动中的履约行为不同于商业交易中的履约行为，具体表现在：

口头承诺。日常社交生活中，熟人朋友之间因为生活中的小事所做出的承诺不会像商业行为那样签署正式的协议，一般都是口头承诺，对违反承诺（违约）也不会有明确的惩罚。守信用的人对口头承诺也会非常认真，答应朋友的事，不管大小，都会信守诺言，按时保质保量履行承诺。而另一些人则不然，他们不会严肃对待社交中的承诺，所以经常信口开河，无所不能，遇到真有朋友请托时，只能尴尬面对，久而久之，在朋友圈内便留下“不靠谱”的印象。

无法律强制性。社交生活中承诺的事务，一般不具有法律强制性，例如，朋友约了晚上 6 点聚会，有人偏偏 7 点才到；同事请求帮忙填写一份报告却偏偏忘了，这样的不守约行为并不会带来法律上的惩罚，但长久下来，朋友对该人的诚信度肯定会有负面的看法。

琐碎小事。社交生活中涉及诚信的事务一般都是琐碎的小事，并不会涉及重大经济或社会责任。但即使是琐碎小事，对请托者可能非常重要，如不能守约，可能对请托者带来伤害。尽管这样的伤害涉及经济利益不大，但对感情伤害却很大。

频度高。社交生活贯穿于我们生活的各个方面，涉及诚信的行为融合在这些日常的社交生活中，发生的频度极高。

从上述表达式中可以看出，测量个人的诚信度，不仅要测量个人的商业交易行为的诚信度，还要测量个人的社交行为的诚信度，两者的结合才能客观真实地反映个体的诚信度。相比于个人的商业交易行为，个人的社交行为更广泛，更丰富，更能客观反映一个人的真实信用水平，所以，社交行为的信用指标在个体的综合信用指标体系中所占的比重应该比商业交易行为的信用指标更大。

社交行为诚信度的评价主要是定性化的评价，很难严格进行定量化评价。尽管是定性化评价，我们仍然可以采用定量化的指标体系来对个体的诚信程度进行评价。为了提高评价的精准度，我们可以将构成诚信度的各种社交行为特征因素分成十个等级，从一到十，一代表该特征因素的最低值，十代表最高值，例如：

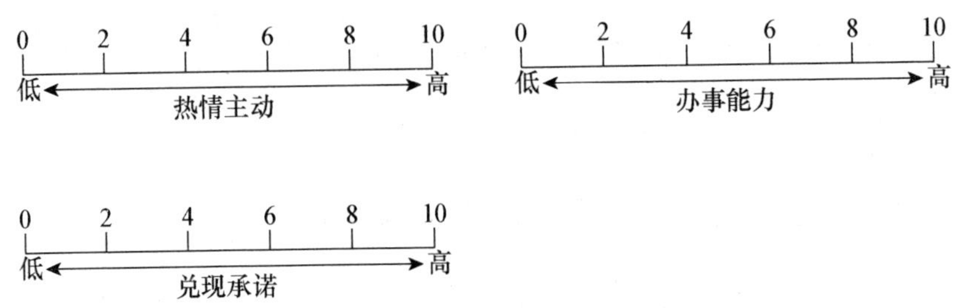

为提高社交行为信用评价的可信度，还可以增加不诚信社交行为发生的统计数据，这样，对某个个体的社交信用评价就变成了朋友圈朋友主观评价加不诚信行为客观评价，对评价的可信度将会有较大的提升。

2. 社交信用评价的置信度

社交圈中不同类别的朋友对特定对象的评价会带上感情色彩，对好朋友的评价会给高分，对一般朋友的评价打分会较低；利益关系也会影响打分，利益一致时打分会偏高，有利益冲突时打分会比较低；交往频次也会影响到信用评价，交往频次高的人，对被评价对象了解更全面，更深刻，社交信用评价值就更可信，而交往频次低的朋友，由于对对方并不完全了解，单凭一两次的交往，给出的评价的客观性就存在一定的疑问。所以，朋友圈内不同类别的朋友、存在利益关系或利益冲突的朋友、交往频度不同的朋友给出的社交信用评价的置信度是不同的，需要给出不同的置信度水平，以提高信用评价的科学性。

一般而言，家庭成员之间（具有血缘关系）交往最密切，了解最多，但由于家庭是一个利益共同体，真正能做到“大义灭亲”的人不多，故家庭成员之间的社交信用评价一般会偏高。同学、同事和部分邻里关系之间的交往频度尽管低于血缘关系，但由于相互之间的利益关系不像家庭成员之间那么紧密，故这三类人群之间的社交信用评价较为客观公正，其置信度也最高。一般的熟人之间，由于交往频度低，且大部分是事务性的交往，情感交往少，彼此之间了解也不深刻，故其社交信用评价置信度较低。

社交信用置信度取值范围在 0～1 之间，0 代表百分之百不可信，1 代表百分之百可信。具有较高置信度的人际关系给出的社交信用置信度取值在 0.6～1 之间；具有中等置信度的人际关系给出的社交信用置信度取值在 0.3～0.7 之间；具有较高置信度的人际关系给出的社交信用置信度取值在 0～0.4 之间。

3. 社交行为信用评价模型

一个人的社交行为信用评价，应该通过他的社交圈中的人来对该人在社交活动中的行为进行评价。

设定社交信用评价指标包括坦诚度评价指标、热情度评价指标、社交习性评价指标以及履约行为评价指标，设定待评估用户一共有 n 个人脉关系，其中第 i 个人脉关系对待评估对象的置信系数为 k_i（$0<k_i\leqslant 1$）。假如第 i 个关系用户对待评估对象的坦诚度评价指标为 C_{1i}，第 i 个关系用户对待评估对象的热情度评价指标为 C_{2i}，第 i 个关系用户对待评估对象的社交习性评价指标为 C_{3i}，第 i 个关系用户对待评估对象的履约行为评价指标为 C_{4i}，则该待评估对象的第 j 个维度的信用值为：

$$C_j=\frac{\sum_{i=1}^{n}k_iC_{ji}}{n}\quad(j=1\sim 4)$$

再对社交特性评价指标 C_j（$j=1\sim 4$）赋予权重，例如，C_1 的权重为 20，C_2 的权重为 35，C_3 的权重为 15，C_4 的权重为 30，最终便可以计算出 C 的社交信用值为：

$$C=20\times C_1+35\times C_2+15\times C_3+30\times C_4$$

第四章　多个朋友多条路

“多个朋友多条路”，这是中国人对人脉资源功能作用最直白、最简洁的表达。那么，多个朋友到底是多了一条什么路？为什么“多个朋友”就能多条路？这条路有什么用？

上世纪90年代，还有另一句关于“路”的口号，“要想富，先修路”，意思是讲，如果要实现本地区繁荣富强的目的，就必须先修通道路，使原本封闭的地区走上开放的道路，使本地的经济融入外部环境，实现经济发展、人民富裕的目标。

“道路”是由两个汉字组成的词组，在古代汉语中，“道”是“道”，更多的是代表形而上的概念，譬如《道德经》中的“道”；“路”的意思与当今的“道路”相当。现代语意下，物理上的“道路”是指供人或交通工具行走而修建的设施，形而上的“道路”是指为实现某种理想目标而实施的基础性、条件性的思想理论体系。

著名的六度理论告诉我们：最多通过六层关系，世界上任何两个人均可以取得联系。但遗憾的是，六度理论没有告诉我们如何去取得这样的联系。面对这样的挑战，通过深入研究人际关系传递性特点，运用互联网络和信息技术，将人与人之间的人际关系作为连接人与人之间的纽带，从而使得我们能够与朋友的朋友建立起联结，实现信息上的互通。这种中介机制在网络技术上被称为“路由”功能，即我们日常上网所用的路由器就是采用这样的网络技术。通过这种人际关系上的“路由”机制再加上网络信息技术，实际上我们就能够在多层的朋友之间建立起“有机联结”，实现六度理论的功能。在此我们之所以将之称为“有机联结”，是因为这样的联结并不是单纯的网络物理联结，而是朋友之间的情感与价值联结。我们将人际关系网络用互联网络的结构化数据库进行管理，使得我们能够与朋友的朋友（还可以再加上几层“的朋友”）之间沟通信息、传递友情、共享资源、互帮互助，真正实现“让世界充满爱”。

上述的这种人与人之间的“有机联结”，就是在朋友之间建立了友情的通道，我们将这样的通道称之为人脉通道。

第一节　人脉通道

人作为有感情的动物，与他人交往时，对熟人和陌生人的态度是不同的，这不是道德的问题，而是人的正常心理（人们喜欢自己熟悉的人）。这种特性在中国人身上表现得更为显著，受几千年“家文化”的熏陶，我们不自觉地按熟悉的程度对人产生远近之分，家人最亲近，其次是朋友，再次是熟人，最差的是陌生人。人们在日常的社会生活中，总是想方设法拉关系、找门路，根本的原因是“熟人好办事”。那么，如何将陌生人转变为熟人呢？方法挺简单，就是“托关系，找门路”。所谓“托关系，找门路”就是通过朋友的介绍或引荐，依赖于朋友的“面子”在陌生人之间修建一条情感通道，并通过这样的通道，使得两个原来陌生的人以双方共有的朋友这一纽带发展成为熟人，或者说是在两个陌生人之间建立起了以情感为依托的沟通交流渠道，这样便形成了人与人之间的关系通道，我们将之称为“人脉通道”。

一、人脉通道的基本概念

人与人之间的关系既可以看成是人与人之间的情感纽带，也可以看成是人与人之间信息传达的桥梁。人际关系之所以能够发挥桥梁作用，是因为人际关系具有传递性特点，人与人的感情与信息可以通过这一“桥梁”传递给其他朋友。如果A与B相识，B与C相识，则A可以通过B的介绍与C相识。在这里，B就是A与C之间的桥梁，我们用Ⓐ→Ⓑ→Ⓒ代表一条由A通过B向C的人脉通道。同理，C也可以为A和B提供人际关系桥梁功能，将自己的朋友D介绍给A和B，从而在A和D之间、B和D之间形成两条人脉通道：Ⓐ→Ⓑ→Ⓒ→Ⓓ和Ⓑ→Ⓒ→Ⓓ。

另一方面，人际关系具有方向性，即A与B的关系和B与A的关系是不同的，这不仅是因为两人的观念不同，还因为各自对对方的认识和态度不同。A可能将B当作好友，而B有可能仅仅将A看作是普通朋友。所以，人脉通道Ⓐ→Ⓑ→Ⓒ→Ⓓ与人脉通道Ⓓ→Ⓒ→Ⓑ→Ⓐ是不同的。

根据上述分析，我们可以为人脉通道下一个简明的定义：人脉通道是在两个陌生人之间通过一个或多个相互熟悉的朋友的桥梁作用而建立起来的具有情感联结的沟通交流渠道。

二、人脉通道的类别

依据网络理论，按网络节点在网络中发挥的功能作用，可以分为路由功能节点和终节点两种。路由功能节点具有桥梁作用，通过这一点可以自动与其他节点相连，家用的网络路由器就是这样的功能。终节点是指最终的节点，与其他节点不再相通。

考虑到人际关系的方向性，在人际关系网络通道中，依据这一网络功能定义，并考虑由不同功能人际网络节点构成的人脉通道有两种：全功能通道、单向通道。

全功能通道。所谓全功能通道，是指类似于网络路由功能节点，即为该节点两边的人均提供双向的、全透明的路由功能。仍以人脉通道A、B、C为例进行说明，如果节点B是全功能路由节点，则B不仅介绍A与C相识，而且任何从

Ⓐ→Ⓒ或Ⓒ→Ⓐ的信息在 B 节点都将无损益通过，B 为两个方向的信息通过提供全透明的桥梁作用（见图 4－1）。

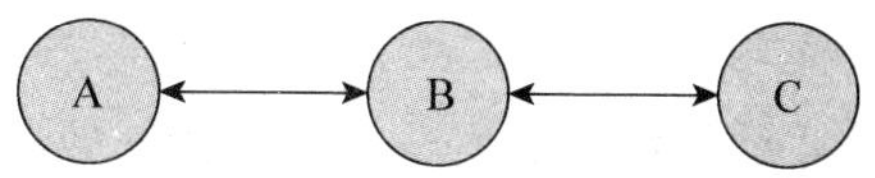

图 4－1　全功能通道示意图

在一条人脉通道中，只有当该通道上所有节点均为全功能路由节点时，该人脉通道才是全功能通道。如果这一通道中有一个或多个节点不是路由节点，则该通道就不是全功能通道。

单向通道。在人脉通道中发挥桥梁作用的中介人为了保护其中某一人际关系的私密性，仅仅为人脉通道提供单向透明的服务，而向另一方提供中转服务。仍以人脉通道 A、B、C 为例，B 作为人际关系中介人为保护 C 的隐私，任何从 A 方向到 C 的联系及信息均需通过 B 中转，无法与 C 取得直接透明的沟通与交流，而 C 却可以透明地通过 B 取得与 A 及 A 方向的复合人际关系的沟通与信息（见图 4－2）。

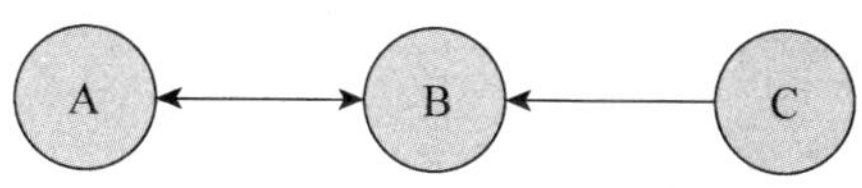

图 4－2　单向通道示意图

只要人脉通道中有一个或多个节点是单向通道，则该通道就是单向通道。

从以上介绍的两种不同类型的人脉通道不难看出，之所以形成不同类型的人脉通道，完全是由于人们对于人际关系私密性要求不同所致。一般情况下，如果 B 认为 A 和 C 均是较好的朋友，且没有特殊身份，那么 B 会为 A 和 C 提供全透明的全功能人脉通道服务；如果 B 认为 C 是一个具有特殊身份的人，其关系不希望被外界所了解，那么他就会在 B 和 C 之间设成为单向通道，而 C 是可以透明地通过 B 进入 B 的复合人际关系网络的。当然，社会上也有人根本不愿意为他的任何朋友提供人脉通道服务，但这样的人应该是极少数，绝大部分人会根据其朋友身份及关系的不同而在两者之间选择其一，并且对大部分朋友会设置全功能通道。

在此需要强调的是，提供人脉通道服务，并非不保护人际关系的私密性，而是在充分尊重和保护人际关系私密性的基础上，通过采用相应的管理手段和技术手段，使人际关系信息得到有效保护。特别是在当前的互联网络环境下，对人脉资源信息的保护的重要性和迫切性就更加凸显出来。如果对人脉资源信息不能有效保护，就不可能很好地分享人脉资源，也就不可能充分发挥人脉通道的功能作用，最终必将降低人脉资源价值。

三、人脉通道的特点

和普通的物理通道相比，人脉通道有许多独特的特性，需要我们正确认识和把握。应该认识到，也正是由于人脉通道的这些特性，使得人脉通道可以产生令人意想不到的效果，对个体的生活和社会的发展产生难以预料的影响。人脉通道的特点包括无形性、网络化、价值性、广泛性、自由与平等性、共享性等。

1. 无形性

人际关系是一种非物质性的社会关系。一个人的人际关系既不刻在脸上，也没有其他明显的标识，只有交往双方或亲友朋友圈内的人知道。一个人的社会关系（特别是非血缘性的社会关系）除非是主体自己向外透露，否则，社会上其他人很难知晓。所以我们说人际关系是隐形的、无形的。既然人际关系是隐形的、无形的，那么由人的社会关系构成的人脉通道就是无形的。

人脉通道不是物质性的通道，而是看不见、摸不着的无形通道。尽管我们看不见它，但它却具有传递信息和情感的功能。在哲学上，人们早就认识到人与人之间存在必然的联系，或政治的、或经济的、或社会的联系。直到上个世纪，社会学家开始深入研究人与人之间的社会关系，形成了独特的一个社会学学派——社会互动学派，并吸引越来越多的社会学家研究社会网络，著名的“六度理论”“弱关系理论”就是社会学家在研究社会互动过程中收获的成果。即使如此，人与人之间的关系通道仍旧是神秘莫测的，谁也搞不清世界上的两个人之间到底存在什么样的人脉通道，有多少条这样的通道，以及通道中间需要通过哪些人。

2. 网络化

人际关系是一种十分复杂的社会网络，每个人都是这一网络中的一个节点，并通过自己认识的朋友，向外扩张。

人脉通道是依赖于网络信息技术而建立起来的一种人与人之间传递信息和情感的通道，只有在信息化的条件下才能构建起来，发挥作用。故网络化既是构建人脉通道的基础条件，也是人脉通道的表现形式。

假设我有100个互不相识的朋友，这100个又各有100个互不相识的朋友的朋友，以此类推，则我的第一层人脉是100人，第二层人脉是$100\times100=100^2=10\,000$人，第三层人脉是$100\times100\times100=100^3=1\,000\,000$人，第四层人脉是$100\times100\times100\times100=100^4=100\,000\,000$人……如此庞大的人脉资源信息和相互关系的信息，如果没有网络信息平台，根本无法建立，更谈不上管理。

3. 价值性

人脉通道无论对通道节点上的个人还是社会都具有巨大的价值。对通道节点上的个人而言，由于人脉通道的存在，个体通过人脉通道上的人脉就能更好地满足个人的需要，获得更多的机会和条件创造社会价值；对社会而言，在不同群体、不同民族、不同文化的人民群众之间，沟通交流更加便捷，从而能极大地增进人与人之间的认识和理解，消除偏见，扩大合作，促进社会的和谐和发展。这样的价值既体现在交往过程中享受到的快乐，也包括获得的帮助，还包括通过这样的通道所能实现的社会价值。

4. 广泛性

人脉通道需要大众的参与才能建立起来，同时为大众服务。如果只是小部分人的参与，人脉通道是很难建立起来的，特别是跨地区和跨行业的人脉通道，依赖于大众的广泛参与，才能够建立起来。

另一方面，由于人际关系网络是一个十分复杂的社会网络，需要利用网络信息技术手段，才能够描述和构建起这样的人脉通道，离开网络信息技术，即使通过繁杂的手段可以将这样的网络描述出来，但在实际生活中也难以发挥作用。故网络信息化既是构建人脉通道的基础条件，也是人脉通道的表现形式。

5. 自由与平等性

在人际关系网络中，每个人都是自由的。这种自由表现在以下几个方面：一是个人完全可以自主决定是否参与这样的社交网络；二是个人自主决定与谁交往；三是个人自主决定为他人（朋友）提供何种等级的人脉通道服务。

首先，在人际关系网络中，每个人之间的关系是平等的。人际关系网络是一个网状的个体对个体的平等关系（P2P 形式），而不是任何形式的金字塔式的网络，每个人都可以按照自己的兴趣爱好和精力来编织自己的人际关系网络。在这一网络体系中，个体都可以将自我作为网络的中心，在该网络中开展人际交往活动，满足自我需求，为他人和社会提供服务和帮助，充分把握一切机会，最大限度地创造价值。其次，在人际关系网络内的人际交往活动中每个人的地位是平等的。甲可以邀请乙参加自己组织的活动，乙也可以邀请甲参加自己组织的活动。最后，在人际关系网络内，各项管理制度对每个人是平等的，每一项制度对网络内的每一个人具有同样的效力。

6. 共享性

人脉通道的建立，需要参与者共同将各自的人脉资源拿出来，与朋友们开展有条件的分享。在这一体系内，参与者提供的共享人脉资源越多，所能获得的共享人脉通道也就越丰富。多共享一份人脉资源，就有可能多获得一条人脉通道；不与他人分享人脉资源，就不会有自己的人脉通道。

四、人脉通道的功能作用

从表面来看，人脉通道就是发挥人际关系传递性和分享性的特点，通过建立人际关系网络来分享人脉资源。在传统社会，由于信息传递的局限性，人脉通道从理论上讲是客观存在的，但在现实生活中，这一理论无论对于个人还是社会并没有太大的影响，更没有发挥什么社会价值。但从互联网出现以后，信息网络技术正在彻底改变这个世界，特别是在社交网络出现以后，人际关系价值从传统功利性价值体系中分离出来，使以娱乐和信息分享为核心功能的社交网络受到人们的极大欢迎，也创造出了巨大的社会影响和社会价值，目前，具有代表意义的社交网络 Facebook 和中国的腾讯不仅成为网络经济中的佼佼者，更是社会的宠儿，受到舆论的极大关注。尽管目前的社交网络风生水起，但毕竟还处于幼儿期，其功能和价值还没有得到有效的开发。这一方面是由于目前人际关系理论尚不完备，社交网络公司作为开拓者，尚没有坚实的科学理论去指导公司的发展，只能是“摸着石头过河”，尝试着去开发人脉资源这一无价的宝藏。另一方面，社会对社交网络的认识也不全面，使得社交网络的用户在网络上主要以娱乐为主，且由于诚信问题，使得人脉资源的其他重要功能如相互帮助、资源共享等重要功能难以真正实现。

那么，人脉通道到底能够发挥什么样的作用呢？或者说，人们通过人脉通道，能够带来什么样的便利，解决什么样的问题呢？

人脉通道通过人际关系纽带将直接人脉资源和复合人脉资源联结到了一起，通过网络信息技术，人脉通道上的任何一个经由授权的人均可以在此人际关系网络内对人脉资源信息进行搜索，寻求朋友的帮助与合作。简言之，人脉通道能够发挥如下作用：

1. 传递友情，发展人脉资源

人际关系具有传递性特点，传递的是信任和友谊，核心是信任。在人与人之间的关系上，信任是最重要的核心基石。人们也正是基于对朋友的信任而对朋友介绍的陌生人建立起基本的信任，并以此为基础，开展社会性活动，从而为主体创造个体价值和社会价值。而这样的价值创造过程反过来又促进交往双方（原本是陌生人）之间的信任。于是，交往双方就建立起了友谊，人际关系也就实现了传递。故人脉通道能够传递友谊。

通过这样的传递，使个体的人脉资源得到成倍的增长，特别是增长复合型人脉资源（即朋友的朋友的资源）得到指数级的增长。所以，通过人脉通道，可以将友谊通过这一通道传递给第一层复合人脉资源，第二层复合人脉资源……直至第六层复合人脉资源。在这样的人脉通道中，我们既可以是传递友谊的发起者，也可以是传递友谊的中间人，还可以是传递友谊的接收者。

通过人脉通道发展的人脉资源是复合人脉资源，当然，复合人脉资源也可以发展成为直接人脉资源。这样的复合人脉资源的倍增是非常显著的：如果 A 的直接人脉资源是 100，这 100 人的直接人脉资源也是 100，那么 A 的第一层复合人脉资源就是 100×100=10 000 人！同理，A 的第二层复合人脉资源将达到 100 万人，第三层复合人脉资源将达到 1 亿人！多么惊人的数量。当然，我们知道，复合人脉资源是通过人际关系的传递而来的，并没有直接人脉资源那么亲密可信，所以其质量也要逊色于直接人脉资源，但由于人脉通道的功能，使得复合人脉资源达到惊人的倍增，不仅能够弥补质量上的差异，更能增添人脉资源的丰富多样性，以满足人们对人脉资源的需要。特别是从地域和行业覆盖的全面性角度来看，复合人脉资源可以极大地弥补直接人脉资源的不足。

2. 分享信息，分享资源，分享快乐

人脉资源是一种无形资产，具有很高的分享性。另一方面，人脉资源作为一种私有财产，又具有私密性。这样，在分享性和私密性方面就形成了一对矛盾：分享性要求公开人脉资源，以方便他人进行分享，而私密性又要求不能公开人脉资源信息，且这样的私密性要求不仅仅是道德要求，也是相关法律规定。

所以，要实现分享人脉资源的目标，就必须妥善解决好上述矛盾。社会生活中，朋友之间相互介绍推荐朋友相识是常见且普遍的现象，遇到困难，也经常会通过朋友向朋友的朋友求助，这样的行为，实际上就是在分享人脉资源。通过朋友作为桥梁，将朋友之间的人脉资源共同分享，不仅成为人脉资源具有分享性最大的特色，而且也是分享人脉资源的必由之路，人们与社会其他人之间根本不存在这样的分享。而朋友作为桥梁，正是形成人脉通道的基本构成要素，因此，人脉通道能够充分发挥人脉资源的功能作用。同时，人脉通道赋予个体根据人脉资源具体情况创设不同类型通道（全功能通道、单向通道）的权利，从而充分保护人脉资源的私密性要求。

基于互联网络信息平台的人脉通道的建立，为准确定位“弱关系”提供了手段，也为分享人脉资源提供了最为广阔的天地。“弱关系理论”告诉我们，现实社会生活中真正为我们提供帮助的人常常是与我们关系较为疏远的人，即所谓的“弱关系”关联人，而不是与我们有强关系（或者说是直接关系）的人。因此，对“弱关系”的准确定位和如何联系上与我们有“弱关系”的人，是人脉资源功能作用中的一个重大课题。人脉通道理论的提出，使我们可以快捷、准确定位“弱关系”，并通过人脉通道直接与“弱关系”取得联系。

传统条件下，可分享的人脉资源仅仅局限在第一层复合人脉资源方面，而且，由于时间、精力和通信条件的限制，即使是第一层的人脉资源也难以做到较好的分享。例如，王先生患病后希望找一位心血管方面的专家进行诊治，直接去三甲医院找一名专家，要排上 2 个月的队，但他自己的人脉圈子中并没有这样的专家，他便给几个可能有医院专家的朋友打电话寻求帮助，但这几个朋友没有这样的资源。实际上，他确实有一个朋友认识这样的专家，但是恰巧他没给这位朋友打电话。平常生活中当我们需要帮助时，我们只会按照自己的估计去找最有可能帮助我们的朋友，但由于我们掌握的信息有限，往往不能及时掌握全面有价值的人脉资源信息，又不可能一一打电话去问讯，结果是有帮助的人脉资源被浪费了。我们不能逐个向朋友问讯相关信息的原因不仅仅是时间和精力的问题，有时候还有面子的问题、隐私的问题等等。

人脉通道的建立，使得人脉资源信息（关键的信息，但不属于隐私的信息）在人脉通道上可以分享，使得原先存在的分享性和私密性的矛盾迎刃而解。像上例中的王先生，如果他的朋友圈建立了人脉通道，他可以通过两种方法来解决他的需求问题。一是将自己的需求公布在人脉通道上，使得自己的需求通过人脉通道而为朋友们所获悉（包括直接朋友和间接朋友），当拥有王先生所需求的资源的朋友获悉主要信息后，就会与王先生联系，帮助王先生找到这样的心血管专家。二是王先生可以通过人脉通道搜索功能，在自己的人脉通道上搜索所需的专家资源，如果他的朋友圈（包括直接朋友和间接朋友）存在这样的资源，他就能够找到这样的资源，并通过朋友（或朋友的朋友），与该专家取得联系，满足需求。需要明确的是，由于存在复合型人脉资源，按照六度理论，通过人脉通道王先生一定可以找到这样的专家资源。

3. 相互帮助，创造价值

人脉通道本质上是以人际关系为纽带的信息通道，使得原本相互孤立的个体通过人际关系桥梁，将朋友和友情发展到全地区、全国乃至全世界，同时分享与这一通道内相联结的所有人的资源。从理论上讲，人脉通道为个体走向世界建立了所需的（也仅需的）六座桥梁，而从实际来看，这一人脉通道由于桥梁的性质和质量的不同，使得每个人通向世界的道路不同。

尽管通向世界的道路不同，但人脉通道毕竟为每一个人提供了这样的一条道路，也正是由于存在这样的道路，使得个体人生的意义和价值与原来的生活发生了天翻地覆的变化：

(1) 因为存在这样一条通向世界的道路，使得他能够通过与他人的接触与交流来亲身感知这个世界、认识这个世界，享受与不同民族、不同国家、不同文化人民之间的沟通和交流。单凭这一点，对个体而言，就是无上之价值。在此之前，世界上绝大多数人从出生到死亡，根本没有机会接触外部世界，只能坐井观天，难以想象外面的世界是多么精彩。

(2) 为个体最大限度满足需求提供了基础条件。通过人脉通道，个体能够从联结的人脉网络上得到各种各样的帮助，满足工作和生活中的需求。

(3) 为个体最大限度创造价值提供了有效手段。

- 获取众多的创业就业机会；
- 可以利用业余时间创造价值；
- 利用自己的兴趣爱好创造价值；
- 通过爱心活动创造价值；
- 运用创新机制创造价值。

社会交换理论认为，人的社会行为受交换观念所支配，我付出，就希望有回报。这样的回报既包括物质性的回报，也包括精神性的回报，如荣誉、受人尊重、内心安宁等等。因此，要鼓励利他行为，社会就应该创造一种机制，使得受助人不会因为贫穷而无力回报施助者，从而极大地促进善举的普遍实施，促进社会精神文明建设。

人脉通道是建立在亲朋好友之间的渠道，朋友之间的互助行为一方面是基于友谊，认为对朋友的困难理应伸出援手，对回报（特别是短期回报）的企求会比对陌生人的少得多；另一方面，这样的互助是基于信任和长远的共同利益。因此，在朋友（哪怕是弱关系下的）之间产生的互助行为的概率要比陌生人多得多。所以，在人脉通道上的朋友之间能够产生更多的互助行为，从而创造更多的价值。

人脉通道能够提供精准的需求信息，便于联结在该人脉通道上的产品/服务提供方（个人或机构）研发和生产适销对路的产品和服务，以满足该人脉通道上人们的需求。实际上，在此人脉通道扮演了信息沟通的角色，有效地克服了供需双方在信息方面的不对称问题，同时又为生产方提供了研究生产的方向，避免生产方在研究生产方面的盲目投入，再者，通过朋友之间的合作，有效降低竞争的程度，减少社会资源的浪费。

五、构建人脉通道需要的条件

1. 完善的人脉通道理论

人脉通道理论作为一种开创性的思想理论在当前尚处于初创阶段，基于这一理论而研究设计的网络信息平台也刚刚问世，目前尚处于试运行阶段。因此，在未来相当长的时间内，人脉通道理论和实践都将处于初创期向发展期的转换，特别是在应用方面，人脉通道理论还需要接受社会习俗、道德和法律等不同层次社会文化的考验，并在这样的实践中不断完善和发展，从而为人脉资源体系的建设和发展打下坚实的理论基础。

人脉通道理论是构建人脉通道的基础保障，这一理论的保障作用主要体现在以下两个方面：

● 为构建网络化的人脉资源应用系统提供理论依据。网络化的人脉通道应用的开发，离不开相关的理论基础。如果没有较为完善的理论体系，应用系统的开发也就缺乏理论根基，既难以满足需要，也很难保障其符合社会文化特性。例如，如果对人脉通道的节点没有严格的定义和多样化的选择，就难以满足人们对人脉资源的分享性和私密性的双重要求，如果对人脉资源的质量没有评价标准，那么在存在多条人脉通道的前提下，人们也就无法做出科学的选择，以保证人脉资源价值的有效发挥。

● 人脉通道理论也是帮助人们认识人脉通道价值的有效手段，并在此基础上，积极参与人脉通道的建设和使用，从而促进人脉通道理论体系的建设和实践活动的开展。对于一个新生事物，健全的理论体系可以帮助人们正确地认识它、相信它和应用它，并通过这样的不断循环，促进事物的健康发展。人脉通道是一个全新的概念，与之相连的人脉通道理论也是一种崭新的思想，随着这一思想的深入人心，人脉通道建设必将获得快速的发展，而这样的发展反过来又会促进人脉通道理论的完善和发展。与此同时，人脉通道具有很强的规模效应，当人脉通道建设达到一定的规模时，通道的效能将以几何级数的速度递增，其巨大的经济和社会价值就能显著地表现出来。

2. 社会大众的广泛参与

从理论而言，全球性的人脉通道的建立，需要全世界人民的共同参与。部分人的缺席，就有可能导致与这部分人相关联的人脉通道的断裂。例如，在某些偏远山区的少数民族，他们与外界的接触是非常有限的，而且主要通过一两个人，譬如部落的首领。如果这些部落首领与外界的沟通不畅，那么整个部落就与外界失去了联络。即使部落首领与外界沟通顺畅，但如果他不愿意将自己的人脉资源信息与部落的民众分享，则部落内部民众就无法与外部世界取得联系。由此可见，如果该部落的首领没有参与人脉资源体系，那么外界同该部落的人脉通道就处于断裂状态。因此，一个有效的社会网络，必须要有全体社会成员的广泛参与。同样，要构建全球化的人脉通道，也必须要有全世界人民的共同参与。

那么，如何才能吸引社会大众的广泛参与呢？首先，要使社会大众广泛理解人脉通道的重要性及其功能作用，充分认识到人脉通道的价值。其次，要构建便捷的手段，使社会大众可以很方便地参与到人脉通道的建设中。例如，既可以通过电脑，也可以通过手机，社会民众就可以参与到人脉资源网络体系之中。最后，社会大众参与到其中之后，真正能够通过有效使用人脉通道满足生活和事业发展的需要，从而推动社会大众广泛持续地参与到人脉通道的建设和维护发展之中。当然，社会大众的广泛参与不可能一蹴而就，而是要通过广泛持续的宣传教育，并树立起有效的榜样，给社会大众起到很好的引领示范作用，从而不断地吸引社会大众积极参与其中，并使参与的群众从人脉通道中真正得到实惠，乐于使用和传播人脉通道，人脉通道建设事业才能不断兴旺发展。

3. 构建有效的人脉资源网络信息系统平台

人脉资源通道的构建，要以必备的网络信息技术手段为基础。离开网络化的信息平台，退回到传统意义上的通信手段，即使具备了完备的人脉资源通道理论体系，其实用价值也根本无法体现。只有网络信息技术的发展和普及达到今天的程度，才使人脉资源通道理论有了用武之地。

假设有 100 个朋友，如果你想请其中之一帮助你解决一个棘手的问题，在传统条件下，比较极端的情况下需要打 100 个电话才能得知哪一个朋友能够帮助你，假设每个电话需要 3 分钟，则需要 300 分钟才能落实一件这样的事，也就是说需要花整整 5 个小时你才能够了解清楚众多的朋友中谁能帮助你。现实生活中，你能这样做吗？当你打了十几个电话，没有取得预期效果，你就会放弃这样的努力。而成功的可能恰恰就出现在其后持续不断的尝试中。当拥有了人脉资源网络，如果这 100 个朋友都聚合在人脉通道中，利用人脉搜索功能，3 秒钟就能解决问题！

上面的例证还没有考虑复合人脉资源，如果考虑复合人脉资源，第一层的复合人脉资源就达到 1 万人，同样上述的需求，假设这 100 个朋友在得知你的请求后马不停蹄地立即分头去询问他们的朋友，每个人又需要花 5 个小时，100 个朋友要花 500 个小时，这里就不仅仅是花费你的时间了，还有承受 500 小时的人情。这样高额的成本，除非特殊的生死攸关的大事，一般人都不会去尝试。但如果你拥有了人脉通道则完全不同，利用人脉搜索功能，仍然仅需 3 秒钟！由此可见，网络信息技术真正能够使人脉通道理论造福于千千万万的普通人。当然，在这一网络体系中，考虑到人脉资源的私密性要求，对信息的安全要有规范化的控制，既保证人脉资源信息在该网络内的自由和高效运转，又能确保信息安全。

4. 道德水平的重构（诚信、助人）

人脉资源信息不仅包含人际关系信息，且包含人脉资源个体的需求和技能服务能力信息及其他相关信息。其中的需求信息是个体为满足自我的生存和发展的需求（即实现个体的自我价值）而向其人脉资源发出的求助信息；技能服务能力信息就是个体为实现其社会价值而向其人脉资源和社会发出的助人信息；其他信息则包括人际交往活动信息、社群信息、交易/置换信息等等，且上述所有信心都是动态的、变化的、发展的，具有较强的时效性。

由于人脉通道中的主客体都是人，所以构建人脉通道，不仅仅是构建一个信息通道，更是构建人与人之间交往的通道。处于人脉通道中的人，需要有相当的道德水准，才能够担当起朋友之间的桥梁，才能够保证人脉通道的畅通。在传统条件下，要担当朋友之间的桥梁，需要投入相当的时间和精力，甚至还有部分的活动开销，如果没有回报，那么这样的行为就是纯粹的利他主义。我们都希望我们所交往的朋友能够富有利他主义精神，但我们自己到底能够做到什么程度呢？所谓“己所不欲，勿施于人”，自己都做不到，为什么希望朋友能够做到呢？反过来，我们非常希望朋友们能够做到的，为什么我们自己不先去践行呢？事实上，无私地帮助朋友一两次，很多人都能够做得到，但是否能够持之以恒呢？

即使有纯粹的利他主义观念，我们在介绍一个朋友与另一个朋友相识时，还会担心该朋友的诚信，因为如果将一个不诚信的朋友介绍给另一个朋友，等于自己也在该朋友那里失去了部分诚信，所以，我们不愿意轻易将一个朋友介绍给另一个朋友，这并不是我们不够仗义，也不是我们不想帮助朋友，而是对该朋友的诚信没有十足的把握。由此可见，诚信是构建人脉通道的另一个关键要素。由于人脉通道的无形，人们对朋友的诚信的担忧也并非过分，事实上，当前互联网络环境下最大的问题就是诚信问题，诚信问题得不到根本的解决，互联网络对社会的发展作用就不可能得到充分发挥。

人际交往中有一条黄金规则，“像你所希望他人对待你那样去对待别人”，这也正是“己所不欲，勿施于人”的最佳诠释。任何人在人际交往中违背了这样的原则，必然会在朋友圈中毁掉自己的形象和声誉，本来为你开启的人脉通道或许也会被关闭，由此造成的损失将远远超过你不诚信所获得的小利，这样的惩罚不仅仅是人脉通道理论的具体要求，更是保障一个人脉通道体系健康发展的必要条件。也就是说，人脉通道理论强调了诚信的重要性，而人际关系网络在实践中对不诚信行为必须严惩，绝不姑息，只有这样，人脉资源才能健康发展，人脉资源价值才能充分发挥。

有人利用微信朋友圈兜售伪劣产品，就是误用人脉资源的典型案例。在一个相对封闭的朋友圈内，一个人的不道德行为（包括售假、随意骚扰他人等等）都会在朋友圈内很快流传，谁也不能容忍不道德的行为在朋友圈内蔓延，所以在朋友圈内，个人的不道德行为不仅会毁掉自己在朋友圈内的信誉，甚至会毁掉一个朋友圈，使得该朋友圈内的人个个自危，争相逃脱，这样，人脉资源的价值也就会灰飞烟灭。

第二节　联通世界之路

依据六度理论，世界上任何两个人之间最多只需要通过六个人，就一定能够建立起联系。这也就是说，世界上的任何两个人，通过其人际关系网络，一定能够建立起至少一条通道，使得这两人取得联系。

每条人脉通道至少存在一个桥节点，最多六个桥节点。当存在多条人脉通道时，评判通道质量的依据包括通道内两两关系的质量和节点的数量。

一、通过互联网技术，可以将这样的人脉通道构建起来

依据六度理论，世界上的两个人 A 和 H，A 最多通过中间的六个人 B、C、D、E、F 和 G，就能取得与 H 的联系，即通过 B、C、D、E、F 和 G，A 和 H 之间必然能够建立起一条人脉通道。在这里，B、C、D、E、F 和 G 在 A 和 H 之间起到了桥梁作用，也正是他们的作用，使得“天堑”变成了“通途”。

然而，六度理论仅仅告诉我们存在人脉通道的可能性，并没有论证存在这样通道的必然性，更没有告诉我们具体的人脉通道在哪里。换句话说，这个世界如此之大，尽管我们知道 A 和 H 之间存在人脉通道，但我们并不知道 B、C、D、E、F 和 G 是谁。而且，这样的通道可能不止一条，或许还有其他的通道。如果这样，还存在通道优劣的问题，即为了找到 H，我们该选择哪一条通道。关于通道选择问题，在此我们暂不探讨，在后面我们将对此进行深入讨论。

二、每条人脉通道至少存在一个桥节点，最多六个桥节点

在前面我们已经知道任何两人最多经过六个人，便可以建立起人脉通道，这六个人中的每个人都起到了桥梁作用，使得原本不认识的人通过自己作为人际关系的桥梁，建立起了联系，实现了沟通。也就是说，两人之间实现这样的沟通和联系最少需要通过一个中间人，最多需要通过六个中间人。那么，哪些因素会影响人脉通道中桥节点的数量呢？一般而言，下列因素对桥节点的数量影响较大：

（1）A 和 H 所处的地理位置。地理上的距离会影响人们之间的交往，特别是在交通和通信不发达的地区，这样的影响是非常显著的。所以，A 和 H 相距越近，中间所需的桥节点就越少；反之，A 和 H 相距越远，中间所需的桥节点就越多。这一因素不难理解，例如 A 和 H 如果同处在一个地区/街道，那么他们

通过一两个中间人就可能建立起联系。但如果 A 是云南人，H 是黑龙江人，他们要建立起联系就肯定比前者需要的中间人多，A 可能要通过一个广东朋友、一个北京朋友，才能取得与黑龙江人 H 的联系。

（2）A 和 H 的社会地位。社会学理论告诉我们，社会是分层的，处于同一层级的人之间的沟通交流要比不同层级的人之间的沟通交流便捷得多，故 A 和 H 的社会地位越相近，中间所需的桥节点就越少；反之，如果他们的社会地位越悬殊，则中间所需的桥节点就会较多。人在社会交往中，总是与自己社会地位相似的人交往，即较多与自己社会地位高一层、相同层和低一层的人交往，社会地位悬殊的人之间很少交往，故一个社会地位较低的人要和社会地位很高的人取得联络，中间就会需要较多的层级，以弥补这样的层级差异。如一个普通群众要和省长取得联系，中间要通过科长（正副）、县处长、市长、省长等四级，如果每层人际关系上升一级的话，就需要四层人际关系，一个普通的市民才可能与省长取得联系。这是普通情况下的结果，当然还存在捷径。

（3）工作的性质。俗话说，隔行如隔山。同行之间容易通过熟人而相识，而不同行业的人要认识就需要通过较多的中间人才能做到。

（4）对人际交往的兴趣爱好。爱好人际交往的人认识的朋友较多，且善于同不同地区、不同领域的人交朋友，所以他们的朋友覆盖的地域广、行业多，简直可以用“朋友遍天下”来形容。而对不喜欢或不善于人际交往的人来说，他们认识的朋友往往局限在很小的范围、很窄的领域。由此可见，喜欢交往的人比不喜欢交往的人更容易与他人相识。

三、每一条人脉通道的质量，不仅取决于通道路径的长短，而且取决于通道中每一桥节点之间两两关系的亲密度

前面我们讨论了存在人脉通道的必然性及其中间桥节点的数量，对于人脉通道而言，重要的问题是在存在人脉通道的前提下，如何来判断人脉通道质量的优

劣。在第一节，依据人脉通道的不同功能，我们将人脉通道分成两大类型，即全功能通道、单向通道。现在我们依据这些概念来分析人脉通道的质量问题。假设在 A 与 E 之间存在三条人脉通道，即：

人脉通道Ⅰ：ABCDE

人脉通道Ⅱ：AB′C′D′E

人脉通道Ⅲ：AB" C" E

其中前两条通道有三个桥节点，第三条通道有两个桥节点，如何判断这三条人脉通道的优劣呢？

这三条人脉通道的路径不一样长，那么路径短的人脉通道就一定比路径长的人脉通道质量高吗？日常生活的经验告诉我们，不一定。假如上述人脉通道Ⅰ中 A 和 B 是很好的大学同学关系，B 和 C 是中学同学，C 是 D 的姐夫，D 是 E 的领导；而人脉通道Ⅲ中 A 和 B" 是一般的同事关系，B" 和 C" 是一般的同乡关系，C" 和 E 是“驴友”关系。显然，尽管人脉通道Ⅰ的中间人（3 个）多于人脉通道Ⅲ的中间人（2 个），但由于人脉通道Ⅰ的中间人两两之间的关系亲密度显然要高于人脉通道Ⅲ，故我们认为人脉通道Ⅰ的质量优于人脉通道Ⅲ。由此可见，一般情况下人们在选取人脉通道时会选择通道路径较短的，但要知道人脉通道路径的长短并不是人脉通道质量的唯一标准，在一定条件下，关系的亲密度可能要比路径的长短更重要。

于是，为了在众多的人脉通道中找到一条最优的通道，就必须兼顾通道路径的长短和关系亲密度指标。A 和 B 的关系亲密度我们用 R_{AB} 来表示，由于关系亲密度是一个双向的概念，所以，R_{AB} 不一定和 R_{BA} 相等。所以，运用数学原理，我们采用如下公式来选择最优人脉通道路径：

$$\text{最优人脉通道} = \mathrm{Max}\{R_{xy} * R_{(x+1)(y+1)} * \cdots * R_{(x+n)(y+n)}\}\ (n \leqslant 6)$$

人脉通道中桥节点的特性对人脉通道质量也有很大影响，但这种影响与通道路径长短及关系亲密度的影响不同，我们可以通过表 4－1 来看这三个因素对人脉通道质量的影响关系：

表 4-1　　　　人脉通道质量的影响因素

<table>
<tr><th>序号</th><th colspan="2">影响因素</th><th>说明</th></tr>
<tr><td>1</td><td colspan="2">通道路径的长短</td><td>其他条件不变的情况下，路径越短，通道质量越高</td></tr>
<tr><td>2</td><td colspan="2">关系亲密度</td><td>每一层关系质量越高，通道质量越高</td></tr>
<tr><td rowspan="2">3</td><td rowspan="2">桥节点特性</td><td>全透明节点</td><td>全透明节点说明该通道是一个双向全透明的沟通交流渠道</td></tr>
<tr><td>单向节点</td><td>单向节点说明该通道中至少有一个节点的沟通是单向的，从而会影响到整个通道中其他节点之间的沟通交流质量</td></tr>
</table>

第三节　创造财富之路

广泛的人脉资源不仅可以让我们快乐地生活，而且能帮助我们极大地创造财富。

无论是工作，还是创业，创造价值的条件一是获取有价值的信息，二是在市场上有竞争力。有价值的信息让你获得更多的机会，竞争力使你能够把握好机会，如果没有这样的基础，想要获得更多的财富就是空话。

一、有价值的信息就是财富

今天是个信息爆炸的时代，传媒技术高度发达，各种信息通过 APP、网站、电视、报纸、户外媒体等媒介传递，令人应接不暇。

你在超市购物用了支付宝，超市的各种商品推广信息就会接踵而至；你在百度搜索了租房信息，你的新闻 APP、网站会充斥各种楼盘信息；你在工商中介留了一个联系电话，各种注册公司、代开发票、办公服务的会打爆你的手机……

信息正以排山倒海之势，冲击我们生活的每时每刻。为什么会这样？一是因为互联网让信息传播变得太过廉价，二是我国没有针对骚扰信息的法律法规，任何人都可以用廉价的信息来骚扰你，以获取不法、不道德的利益。诈骗犯说得好，我发一千条信息，有一个人上当我就赚了。

真正有价值的信息在哪里？从前，我们都会向朋友打听，现在，我们会在官网上查一查，再向朋友咨询。换句话说，我们更相信朋友，朋友提供的信息更高可靠、更有价值。

一本好书，是同学推荐的；

一个好餐馆，是同事推荐的；

一款时装，是闺蜜推荐的；

一次旅行，是老朋友组织的；

一只赚钱的股票，是亲戚推荐的；

新的工作，是从前的老领导举荐的；

…………

如此等等，工作生活中有价值的信息，绝大部分来自我们的亲朋好友。这些信息，或者帮助我们找到更好的工作，或者帮助我们找到更价廉物美的商品，或者给我们提供客户和市场。

二、提升竞争力以创造更多的财富

市场经济是一个竞争的社会，竞争力强才能发展快。一个人、一个组织的竞争力，不仅取决于该人或该机构本身的能力，而且与其能调配的资源相关。

尽管每个人的能力还有提升的空间，但相对已经固化，所以扩大你的资源是提升竞争力最有效的手段。其中，你的人脉资源是提升你竞争力的最大宝藏。人脉资源主要是通过互助合作的方式帮助个体提升竞争力。

1. 朋友的帮助能提升你的竞争力

俗话说，三个臭皮匠顶个诸葛亮。

今天的社会，单打独斗已经很难生存，没有朋友相助，就只能孤军奋斗，很难获得成功。今天你所看到的成功者，背后都曾经得到过贵人相助，只是大众不知道而已。

我们自己其实也有很深刻的体会，无论做什么事，有朋友相助，基本上就是事半功倍，有一群人帮你，你基本上就是无所不能。马云如果没有当初的十八罗汉鼎力相助，不可能有今天的阿里巴巴。

2. 资源对接提升竞争力

现在社会上有句高大上的流行语叫作“资源对接”，实际上，资源对接就是合作，就是几个朋友把各自的资源放在一起，创造出单个资源无法比拟的价值。

大学生与家教公司对接能为大学生创造价值；人力资源经理和猎头公司对接能够发现更优秀的人才；市场经理和广告公司对接能快速开拓市场；有创造力的技术专家和营销专家对接能迅速打开一片市场；投资经理和创业者对接有可能孵化出黑马。

人脉资源的对接除了一般社会资源对接的价值外，由于其传递性和非消耗性的特点，还能比其他资源的对接创造更大的价值。从实例中可以非常清晰地看到这一点，例如，我有一批高端的朋友，他们有孩子接受高端教育的需求，有健康的需求，有投资的需求，有旅行的需求等等，我就可以将我的高端人脉分别与教育、健康、投资和旅行服务机构进行对接，从而为朋友、为自己创造多种价值。

三、人脉资源价值的数学表达

因为人脉资源的价值是通过人际交往活动来实现的，且等于人际交往活动所实现的价值，故人脉资源价值可以用人际交往活动所实现的价值来表示。

假设人脉资源主体是 A，他的人际关系包括 B_1，B_2，…，B_n（n 是自然数），主体 A 和客体 B_i（$i=1$，…，n）的第 k 次交往活动用 AB_{ik}（$i=1$，…，n；$k=1$，…，m，k 为自然数）来表示，主体 A 和朋友 B_i 的第 k 次交往活动的价值用 $V_k(AB_i)$ 来表示，该次交往活动满足主体 A 的需求的价值用 $V_{dk}(AB_i)$ 来表示，该次交往活动实现主体 A 的社会价值用 $V_{sk}(AB_i)$ 来表示，我们可以用以下算式来表示主体 A 与朋友 B_i 第 k 次社交活动的价值：

$$V_k(AB_i)=V_{dk}(AB_i)+V_{sk}(AB_i)$$

主体 A 的人脉资源 B_i（对主体 A）的价值为主体 A 与 B_i 的所有人际交往活

动的价值之和，即：

$$V(AB_i)=\sum_{k=1} V_k(AB_i)=\sum_{k=1}(V_{dk}(AB_i)+V_{sk}(AB_i))(k=1,\cdots,m;k\text{ 为自然数})$$

主体 A 的人脉资源价值用 V（A）来表示，则 V（A）等于主体 A 与其所有人脉资源 B_1，B_2，…，B_n的所有人际交往活动的价值之和，即：

$$V(A)=\sum_{i=1}\sum_{k=1} V_k(AB_i)=\sum_{i=1}\sum_{k=1}(V_{dk}(AB_i)+V_{sk}(AB_i))$$

$$(i=1,\cdots,n;k=1,\cdots,m;i、k\text{ 为自然数})$$

数学公式看起来很复杂，其实可以用一个简单的算式计算出来，假设我有 100 个朋友，我为每个朋友提供过 10 次帮助，每个朋友也帮过我 10 次，每次帮助的价值是 100 元，则我的人脉资源的价值就是：帮助我的价值（100×10×100）+我帮助朋友的价值（100×10×100）=200 000 元。

上面的算式中没有包括弱关系人脉资源（即朋友的朋友）的价值。按照弱关系理论，朋友间的帮助弱关系占了大部分，特别是当构建成功人脉通道后，弱关系资源会呈 100 的指数增长，其人脉资源价值将达到巨量级。假设我们的直接朋友有 100 人，每个朋友也有 100 个朋友，则我的二级人脉就有 1 万人（100×100），三级人脉就有 100 万人（100×100×100），四级人脉就有 1 亿人！如果你的四级人脉中的 10%能为你创造 100 元的价值，你的人脉资源就能给你带来 10 亿元的价值！

或许你觉得不可能，本书第三篇将告诉你如何将可能变成现实。

第四节　快乐生活之路

人生除了追寻生命的意义，就是享受快乐幸福的生活。生活不幸福，金钱、名誉、地位就没有意义。生活阅历越丰富，对此感受就越深刻。

因此，快乐幸福的生活，是我们人生最重要的目标。怎么才能快乐生活呢？很多人可能会说是金钱、名誉和地位，但人脉资源可能比金钱、名誉和地位更重要，一方面是因为人脉资源可以创造财富，赢取好名声，或是受朋友提携而青云直上；另一方面人脉资源能够直接带来快乐和幸福。

哈佛大学最近发表了一篇研究报告，该研究起始于1938年，历时75年，跟踪研究了724位男性的一生，其中包括大名鼎鼎的约翰·肯尼迪。现在还有60人在世，子孙超过2 000人。报告的结论是：决定人生快乐幸福的不是金钱，也不是名誉和地位，而是和谐的人际关系。

1. 让生活丰富多彩

人除了工作，还需要生活，人人都追求多彩的生活。绝大部分精彩的生活方式，都与社交有关，没有朋友的生活，会让人感到枯燥乏味，会让人恐惧。

你去运动健身，希望有朋友共同参与，过程才会有意思，也更容易达到运动健身的目的。即使是你一人独往，你也会找一起运动健身的人聊聊，会请教练给予相关指导。

你去旅游，希望目的地有相识的朋友，为你推荐最佳的景点，安排最好的行程，带你品尝当地最著名的美食，带你到一家网上找不到的有趣的夜店。本地的朋友，会让你安心，免去被骗的担心。

即使是独处生活如读书，本身并不需要朋友陪伴，但读完书是不是还希望与朋友探讨书中的观点？是不是还希望与朋友分享知识的快乐？

广泛的人脉还能帮你提升生活品位。探知未知的世界是人类的本能，但我们每个人都只能擅长一个或某几个领域，同时对其他领域也抱有很大的好奇心，如果有这方面的朋友，就能很好地满足我们这样的好奇心。做IT的人或许对艺术有兴趣，但IT人的圈子基本上还是IT，通过人脉通道，则可以方便地联结到艺术圈，结识艺术圈的朋友，满足他对艺术的好奇心，或许还会收藏一些艺术品。

生活品位的追求，很大程度上受结交的人脉圈子影响。当我儿子十几岁的时候，公司春游带儿子去北京延庆的野鸭湖，其中有骑马的项目。从那以后，儿子经常要去骑马，过程中便结识了不少孩子的家长。有的家长自己就爱好马术，并且自己养了马，受他们影响，没马的家长也一起买了马，并寄养在大兴区的骑士乐园。从此，养马、骑马、看赛马便成了自己很大的兴趣爱好。

2. 使生活无忧无虑

人无远虑，必有近忧。每天的工作和生活，都会遇到各种各样的困难和疑惑，需要寻求帮助。

愿意帮你的是什么人？一定是你的亲朋好友。但你的亲朋好友不一定就能帮到你，他们可能会动用朋友关系来帮你，人脉通道可以帮你联结到你朋友的朋友、朋友的朋友的朋友……也就是说，如果有 100 个直接的朋友帮你，他们有可能带来他们的朋友（1 万人）来帮你，进而是他们朋友的朋友（100 万人）来帮你，能不能解决你的问题？

工作生活中的困难有办法解决，就不会有烦恼和忧虑打扰你，就可以过上轻松惬意的生活。

3. 享受和谐生活

什么是和谐生活，不同的人会有不同的答案，年轻人与老年人要求的和谐不同，但只要是他们能平和共同做的事情就是和谐，只有“和谐”才是一种美好的生活旋律。

生活中，一对青年男女的和谐也许是浪漫中的激情，一对中年男女的和谐也许是默契中的满足，一对老年男女的和谐便是关爱中的体贴。

工作中的和谐就是同事之间能相互支持，相互补位，上下级之间有充分的信任和担当，与客户之间是信守承诺，履行合同。

和谐是美好的，但不会从天上掉下来。生活中的和谐需要找到正确的对象，茫茫人海，交到知心朋友不易，更何况找到你人生的另一半！现有条件下，你能认识的人也就数千，所以你所交的朋友（甚至包括你的另一半）也只能从这几千人中选择，但如果可选的人扩大到几十万人或几百万人，是不是更容易找到适合你的朋友与爱人呢？

原本不可能的事，人脉通道却能为你打开一扇门。

第二篇

提升联结力

每个人都有自己的人脉联结力，但绝大部分人不满足现状，认为需要认识更多的朋友，丰富人脉资源，提升自己的联结力。

那么如何提升联结力呢？基于社会学、心理学理论，建议主要从以下三个方面入手：

1. 做好自己，提升关系的质量。
2. 选择好的朋友交往，构建良好的朋友圈生态。
3. 有效管理人脉资源，快速提升联结力。

第五章　会做人，提升你的吸引力

做事先做人，这是社会法则。做人到位了，做事一定成功。

己所不欲，勿施于人，这是社交法则。说话办事前，先想想如果你的朋友以这样的态度和方式对你，你是不是喜欢，能不能接受。做人的本质在于说话、办事能让对方舒服，开心地与你交往、愉快地为你服务。怎么能让与你交往的人开心、舒服？换位思考一下，想一想你自己希望朋友如何对你，就找到了答案。

有三条简单的标准可作为参考，那就是：说话让人喜欢、做事让人感动、做人让人思念。这三条做到了，你就会像一块磁铁，吸引一大批朋友在你身边，并在社会上拥有良好的口碑。

会做人不容易，做个让大家都喜欢的人更难。但不容易不等于不可能，做人实际上也就是三部曲：认识自己，积极参与社交，真诚帮助朋友。只要在对自己的兴趣、爱好、个性、行为习惯以及生活目标了解比较清晰的前提下，掌握一些基本的社交技巧，积极主动地参与社交，热情真诚地对待朋友，帮助朋友，在你的身边就一定能够聚集起一批志同道合的朋友。

社交能力不仅影响事业发展，而且对生活幸福产生重大影响。但如此重要的能力，当下社会并不提供系统化的科学教育，只能模仿父母、家人和朋友，由此导致很多人存在社交技能缺失的问题。这些问题，轻则导致社会不和谐，重则影响个人的命运和社会的安定！

第一节　认识自己

扁鹊是中国古代著名的医生，有一次扁鹊去见魏王，魏王说："我听说你们家兄弟三人都擅长医术，你跟我说说，你们三人中，谁的医术最高明啊?"扁鹊老老实实地回答："我大哥医术是最高明的，我二哥其次，我的医术最差。"魏王惊讶地问道："那为什么你天下闻名，而他们两个却默默无闻呢?"扁鹊说："因为我大哥给人治病总能做到防患于未然。这个人得病，但还没有显出征兆，他手到病除把病根给消除了。这个病人就像没得病一样，所以所有的人都不知道他是在给别人去除潜在的病。我二哥治病是在病兆初起之时，他一用药就把病给除去了。大家总认为他能治的是小病，不知道这个病如果发展下去那就是要命的大病啊。我的技术最差，因为我只能在人已经生命垂危的时候才出手治病，往往能够起死回生，妙手回春，所以我的名声就传遍天下。行医治病，防患于未然者最高，但天下无名；病初起而手到病除者次之，但被人认为是治小病，只能传名乡里；病人垂死时才挽救人，虽保住了生命，但早已元气大伤，还会留有后遗症，这个人已经受损了，但是我却能名传天下。"

从这个故事我们可以看到，社会对人的评判，未必真的能评价一个人的真正品质，只有我们自己的内心能做出准确的回答。只有真正清醒地认识了自己，才能明确自己的发展方向，并通过努力去争取成功的人生。而认识自己，却是一件非常难做到的事。希腊阿波罗神庙的门楣上的石板上用古希腊文刻着一行字"认识你自己"（见图 5－1），这是古希腊人心中神赐予的箴言，也是古希腊哲学家苏格拉底最著名的哲理思想。

认识自己对我们来说包含三重意义，首先要知道"我是谁"，也就是给自己定位。"我是谁"的问题包含我的性格、我的能力、我的知识结构、我的社会资

图 5-1　希腊文“认识你自己”

源和我的社交风格等等方面，这是认识自己的基础。认清“我是谁”非常重要，既不能夸大自己，也不要妄自菲薄。对于性格、能力等方面的特质，可以通过心理测试测出比较客观的结果，而对于像“我的资源”这样的问题，则需要自己花点时间来做统计分析，在此基础上，做一个自我画像，就能比较清晰地看出“我是谁”。

其次，要知道“我要什么”。人天生对金钱、名誉、权力、健康、美色等等有欲望，但这些欲望如果得不到有效控制，就会迷失方向。“我要什么”，实际上是一个度的问题。如果“我要什么”的度和“我是谁”相匹配，那么欲望就会变成动力；反之，如果我要的大大超过了我的基础，我所要的就变成了一种空想。另一方面，要善于控制自己的物质欲望，多追求精神方面的享受。物欲对人的满足是短暂的、无休止的、边际效用递减的，而精神上的满足是持久的、可升华的。

最后，如何用自己的能力和资源去实现自己的目标。如何做的问题不仅是能力和资源的问题，更是态度和方法的问题。如果你老是想着学习他人的方法做事，就难以超越他人；如果没有持之以恒的态度聚焦在关键点上，困难很容易把你吓倒；如果你不懂得善用自己的人脉资源以团队的方式做事，而是单打独斗，就很难杀出一条血路。所以，如何做的出路一定是团队加创新。想想马云和马化腾的成功，你就能找出自己的路。

“自知者英，自制者雄。此为‘英雄’耳。”我们都希望自己成为英雄，但成为英雄的前提是要有自知之明，即先“英”而后“雄”。要成为英雄，光有“自知”还不够，还要有能力“自制”。当今社会诱惑太多，如果在诱惑面前不能克制自己的欲望，就会迷失方向。这也是我们的祖先总结出来的一个处世经验。

认识自己，不仅要通过自我反省的方法来了解自己，而且也需要听听朋友是如何评价自己的。人都有夸大自己优点、缩小自己缺点的特点，很难做到客观公正评价自己。这时候就需要从外部来获取评价信息，作为自我评价的参考。

在人际交往中，知道你自己是个什么样的人，才能去选择合适的朋友。“道不同，不相为谋”，如果你的交往对象与你格格不入，你们就难以成为真正的朋友。

认清自己的交往风格，才能在与他人的人际交往中成为受欢迎的人。不同的人，接受不同的交往风格，有人喜欢热情奔放，有人喜欢婉约淡雅。用错了交往风格，常常使你失去珍贵的朋友。

知道自己的能力和资源，才能为朋友提供及时有效的帮助。生活中我们经常会遇到一些所谓的社交达人，无论朋友提出什么样的求助，他们都是大包大揽，“没问题，你放心吧”是他们的口头禅。几天过去，当你追问时，他们的答复永远是“您放心，我问问”。几次下来，这样的朋友便被列入了“不靠谱”之列。

善于控制自己的情绪，才能营造和谐的交往环境。喜怒哀乐，人皆有之。独处时，随意发泄情绪都没问题。当与人交往时，就要把控自己的情绪。朋友聚会，常常有人为一点鸡毛蒜皮的小事而大发雷霆，或骂服务人员，或指责聚会的朋友，这样的人，谁也不愿意与之交往。

第二节　会交往，让朋友喜欢你

能否拥有丰富人脉资源的核心是人际交往。为什么这么说呢？首先，人脉资源是通过人际交往而建立起来的社会关系的资源，这些社会关系的对象是人，而人的资源，没有人际交往活动就不可能存在。可以设想一下，即使是有血缘关系的人，如果在生活中没有人际交往，他们之间就不可能建立起情感。其次，人脉资源的使用也要通过人际交往活动来实现。对于一般的资源而言，其价值的实现既可以通过使用这一资源，也可以通过市场交往，但人脉资源价值的实现不能通过市场交往，只能通过使用。最后，人脉资源的维护和发展也必须通过人际交往活动来实现。人与人之间友谊的建立、维护和发展，不仅离不开人际交往，而且只能通过人际交往活动来实现。

人际交往不仅仅是一门行为科学，更是一门行为艺术。人既是理性动物，也是感性动物。人的行为既受理性的支配，同时又受情感情绪的影响。故人们在日常交往中的行为，既有理性的一面，也有情绪化的一面；既受个体特质的驱使，也受环境的影响。所以，人际交往既需要科学（如心理学、社会学）的指导，又要依据当时的外部环境和个体的情绪状态做出恰当的调整，唯有如此，才能取得较好的交往效果。因此，对于人际交往实践，我们不能偏执于某一僵化的理论，更不能幻想找到一种放之四海而皆准的方法和程序，在人际交往中取得奇效。现实社会生活中，即使是对于同一个朋友，也需要依据不同的场景、不同的心理状态，采取不同的交往方法，才能取得良好的交往效果。例如，老王和老李原来是中学同学，后来老王考上了大学，毕业后在一著名的国有电信公司任职，多年后，升任国有电信公司总裁，而老李却一直在老家的一基层单位任职。老李现在还能用当初的交往方式和老王交往吗？答案显然是否定的。因此，我们认为，人际交往需要科学的指导，也需要艺术，并通过这样的人际交往艺术，构建良好的人际关系网络，积累高质量、丰富的人脉资源，并最大限度发挥人脉资源的功能作用。

一、人际交往的基本要求

由于兴趣爱好、成长的环境、交往能力等诸多方面的不同，每个人都有自己独特的交往方式和交往习惯，并由此而结交不同的朋友，形成不同的人脉资源。绝大部分人的人际交往是率性而为的，缺乏明确的目标和计划，也很少对自己的交往行为习惯进行反思。这样的交往结果导致个人的人脉资源严重同质化，即自己人脉圈内的朋友在性格、兴趣爱好、社会阶层等诸多方面的相同或近似。这样的人脉资源结构使得人际关系的情感需求得到较好的满足，但在信息分享和互相帮助这两个方面的需求难以得到充分满足。

人际交往可以率性而为，但不能长期率性，否则，就难以达成人脉资源的多元化目标，就容易造成人脉资源的结构不合理和品质低下。不同地区、不同年龄和不同层面的人的交往习惯和交友标准会有较大的差异，例如南方人和北方人的交往习惯就存在明显的差异；90 后与 70 后的交往习惯也大不相同；普通百姓和社会精英的交往特点也明显不同。如果一味依据自己的兴趣爱好及习惯与他人交往，就很难交到不同地区、不同年龄、不同层面的朋友，其结果就是朋友类型单一（与自己属于同一类型）、地域狭窄（趋于本地化）、层面同质，从而造成人脉资源品质低下。

尽管人们的交往目的各式各样，交往行为千姿百态，交往方式不胜枚举，但仍有一些基本的规范或要求值得在社会交往活动中遵循。

人际交往活动中到底应有什么样的态度和行为？其实很简单，你所期望朋友做到的就是在人际交往中遵守基本的规范。例如，“以诚相待”是每个人都希望自己的朋友所应该保有的品德，谁也不愿意去结交一个不讲信用的朋友；又例如，人们常常懊悔在某次聚会中没有大胆积极地走上前去结识某位嘉宾，从而失去了与“贵人”相识的好机会，如此等等。

具体来说，人际交往活动中到底有哪些基本的规范和要求呢？从影响人际交往行为、交往活动开展、加深交往双方（多方）的认识和理解、促进交往双方情感发展等因素出发，我们认为“积极主动”“真诚友善”“宽容豁达”“乐于助人”“己所不欲勿施于人”是促进人际交往、增进感情和友谊中最重要、也是最基本的五个要求。

1. 积极主动

相识是缘分，但从相识到成为朋友就不能单单依靠缘分，还需要有明确的态度，积极的行动，才能从“相聚”发展到“相识”，再从“相识”发展成为“相知”。

只有积极主动才能为交友创造机会、把握机会。相识需要有人跨出第一步，很多人在这方面存在障碍，怕被对方拒绝而丢面子。实际上，只要你有礼貌地与对方打招呼，绝大部分人都会给予正面的回应，即使被对方拒绝，你也没有失去什么。不信你可以试一试，在电梯里、在公交上主动向对方问个好，看看对方会有什么反应。

既要积极主动地发展友谊，也要积极主动地克服交往中的困难，还要积极主动地帮助朋友解决问题。这三个方面都能做到积极主动，你就是个受欢迎的人。

当然，积极主动也要避免鲁莽行为，要根据交往对象、交往环境的不同，选择适当的语言和适当的行为。

2. 真诚友善

朋友之间需要情感的联结。心与心的交融才能碰撞出火花，才能建立友谊。你奉献出一颗火热赤诚的心，就算对方是一块冰，也能被融化。

善是一种德性，人人都愿意与善良的人做朋友。因为选择善良的人做朋友，你至少不会被欺骗，被利用，当你有困难的时候，他一定会伸出援助之手。

3. 宽容豁达

俗话说：人非圣贤，孰能无过？小孩子犯了错，希望得到父母的谅解；成年人自己犯了错，也希望获得他人的理解。宽容他人，是对自己的奖赏。

斤斤计较的人难以交到真正的朋友，只有宽容豁达、求同存异，才能广交朋友，广积人脉。

4. 乐于助人

朋友是用来互相帮助的。爱帮助朋友的人，也容易得到朋友的帮助。

助人能够带来快乐。今天帮助朋友解决了一个问题，晚上躺在床上想一想自己白天的助人行为，即使朋友没有立即感谢你，也没得到什么奖赏，你也会感到美滋滋的，并在愉悦的心情中进入梦乡。

5. 己所不欲勿施于人

这是从反面来说的一个人际交往的基本要求。

上述五项基本要求，是我们在日常人际交往中必须做到的基础性要求，并应将此逐步养成习惯。能够做到并维持好这样的习惯，就为人际交往活动的有效开展打下了坚实的基础，人脉资源的大厦就可以在此基础上建立起来。但仅仅做到这五项基本要求是远远不够的，还需要在其他方面完善和发展，并通过持续不断的人际交往实践，不断提升自己人际交往的艺术水平。

二、人际交往艺术

1. 交际的一般艺术

我们的朋友圈中，总有一些人广受大家的喜爱，有很好的人缘，而另一些人则没那么幸运，或多或少会受到非议。仔细想想，受大伙喜欢的人并没有为大家做出什么惊天动地的义举，而那些饱受非议的人也没有做过伤天害理的事情。这是为什么呢?

通俗地讲，前者具有较高的情商，他们懂得人性和人情，理解人的内心需求，在社交活动中既能在满足别人欲望时实现自己的目标，又能在双赢的基础上不伤害别人的自尊。这就是人际交往的技巧。

在日常交往中，如果能做到以下这些方面，你一定是一个受朋友欢迎的人。

(1) 始终面带笑容，营造快乐的氛围；

(2) 真诚地赞美和鼓励，不求全责备；

(3) 乐于关心和帮助朋友，让对方认为你是值得交往的人；

(4) 宽容待人，以坦诚的态度正确地表达分歧；

(5) 不争论，不揭短，不背后议论人；

(6) 注意言行举止和风度仪表，做一个有魅力的人；

(7) 换位思考，及时满足对方的合理诉求；

(8) 找到志趣的共同点，增进合作。

2. 说话的艺术

在我的家乡苏南地区有这样一句谚语：“一句话可以让人笑，也可以让人跳！”

由此可以看出说话是人际交往中最重要的工具之一。会说话的人，夸人的时候，能让你特别受用；批评你的时候，能让你心服口服，还要感谢他对你的关心和帮助。而一句不受用的话有可能毁掉两人多年积累的感情。

(1) 赞美是人际交往中最重要的武器。

生活中，我们经常需要去称赞别人。真诚的赞美，于人于己都有重要的意义。对别人来说，他的优点和长处，因你的赞美显得更加有光彩；对自己来说，表明你已经被别人的优点和长处所吸引。

美国心理学家威廉·詹姆士说：“人类本性上最深的企图之一是期望被赞美、钦佩、尊重。”渴望赞扬是每一个人内心中的基本愿望。

在现代人际交往中，赞扬他人已成为一门独立的学问，能否掌握和运用这门学问，使之符合时代的要求，是衡量现代人素质的一个标准，也是衡量一个人交际水平高低的标志之一。

当教师的人都明白这样一个道理：对落后的学生，过多的处罚和批评是无济于事的。这些学生乍看简直一无是处，但你只要找到一件值得赞扬的事，对他予以赞扬，他就会好上一阵子，好像变成了另一个人。

赞扬虽不是包治百病的灵丹妙药，但往往对人产生深刻的影响，有的赞扬甚至能改变人的一生。英国文豪狄更斯年轻时潦倒不堪，写稿不断被退稿。有一天，一名编辑承认了他的价值，写信夸奖了他。这个赞扬改变了狄更斯的一生，从此世界上多了一个大文学家。

由于小小的误会或久未接触，人与人之间难免产生一些隔阂，消除隔阂很有效的方法就是恰到好处地赞扬对方，这样，可以融洽双方的关系和感情。

赞美是件好事情，但并不是一件简单的事。若在赞美别人时不审时度势，不掌握一定的技巧，即使你是真诚的赞美，也会使好事变为坏事。

所以，赞美也要注意正确的方法。

实事求是，措词适当。当你的赞语没说出口时，先要掂量一下，这种赞美有没有事实依据，对方听了是否相信，第三者听了是否不以为然。一旦出现异议，你就无足够的证据来证明自己的赞美是站得住脚的。所以赞美只能在事实基础上进行。措词也要适当。一位母亲赞美孩子：“你是一个好孩子，有了你，我感到很欣慰。”这句话就很有分寸，不会使孩子骄傲。但如果这位母亲说“你真是一个天才，在我看到的小孩子中，没有一个比得上你”，那就会把孩子引入歧途。

借用第三者的口吻赞美他人。有时，我们为了博得他人好感，往往会赞美对方一番，若由自己说出“你看来还那么年轻”这类的话，不免有恭维、奉承之嫌。如果换个方法来说：“你真是漂亮，难怪××一直说你看上去总是那么年轻！”可想而知，对方必然会认为你不是在奉承她。以“第三者”的口吻来赞美，更能得到对方的好感和信任。

间接地赞美他人。如果当面赞扬一个人，有时反而会使他感到虚假，或者疑心你不是诚心的。一般来说，间接赞扬无论在大众场合，还是在个别场合，都能传达到本人，除了起到赞扬的鼓舞作用外，还能使对方感到你对他的赞扬是真诚的。

赞扬须热情具体。我们经常看到有人在称赞别人时所表现出来的漫不经心：“你这篇文章写得蛮好的。”“你这件衣服很好看。”“你的歌唱得不错。”这种缺乏热诚的空洞的称赞并不能使对方感到高兴，有时甚至会由于你的敷衍而引起反感和不满。称赞别人，要尽可能热情些具体些。比如，上述三句称赞的话可以分别改成：“这篇文章写得好，特别是后面一个问题有新意。”“你这件衣服很好看，这种款式很减龄，很符合你的气质。”“你的歌唱得不错，像专业歌唱演员一样。”

比较性地赞美。两个学生各拿着自己画的一幅画请老师评价。老师说：“你画的不如他。”乙也许比较得意，而甲心中一定不悦，不如对乙说：“你画的比他还要好。”对甲说：“你还可以画得更好。”乙固然很高兴，甲也不至于太扫兴。

把赞美用于鼓励。用赞美来鼓励，能树立人的自信心。要一个人经常努力把事情干好，首要的是激起他的自信心。有些人因第一次干某种事情干得不好，你应当怎样说他呢？不管他有多大的毛病，你应该说：“第一次有这样的成绩已经很不错了。”对第一次登台、第一次比赛、第一次写文章、第一次……的人，你这种赞扬会让人深刻地记一辈子。

赞扬要适度。适度的赞扬，会使人心情舒畅；否则，使人难堪、反感，或觉得你在拍马屁。因此，合理地把握赞扬的“度”，是一个必须重视的问题。

一般来说，必须做到：

- 赞扬他人实事求是，恰如其分。
- 赞扬的方式要适宜，即针对不同的对象，采取不同的赞扬方式和口吻。如对年轻人，语气上可稍夸张些；对德高望重长者，语气上应带有尊重的口吻；对思维机敏的人要直截了当；对有疑虑心理的人，要尽量明显，把话说透。
- 赞扬的频率要适当。在一定时间内赞扬他人的次数越多，赞扬的作用就越小，对同一个人尤其如此。

不能赞美他人的心理主要有两点：一是看不到对方的优点，认为赞美他人是虚伪；二是好胜逞能，总觉得自己比别人强。

（2）幽默是人际交往的润滑剂。

作家冯骥才在美国访问时，一位美国朋友带儿子去看他。说话间，那位壮得像牛犊的孩子，爬上了冯骥才的床，站在上面拼命蹦跳。如果直接请他下来，势必会使其产生歉意，也显得自己不够热情。于是，冯骥才说了一句幽默的话：“请你的儿子到地球上来吧！”那位朋友说：“好，我和他商量。”结果既达到了目的，又显得风趣。

（3）从不道歉的人交不到朋友。

如果你错了，就及时承认，与其等别人提出批评、指责，还不如主动认错、道歉，更易于获得谅解和宽恕。

凡是坚信自己一贯正确，从不认错、道歉的人，根本交不到朋友，或很难交到知心朋友。

真心实意地认错、道歉，就不必推给客观原因，做过多的辩解。确有非解释不可的客观原因，也须在诚恳地道歉之后再解释，而不宜一开口就辩解不休。否则，这种道歉，不但不利于弥合裂痕，反而会扩大裂痕，加深隔阂。

对方正在火头上，好话歹话都听不进时，最好先通过第三者致歉意，待对方火气平息之后，再当面道歉。如双方僵持，势必两败俱伤。如一方先主动表示歉意，就有可能打破僵局，化紧张为和谐，乃至化“敌”为友。

诚心的道歉，应语气温和，坦诚而不谦卑，目光友好地凝视对方，并多用如“包涵”“得罪”“打扰”“指教”等礼貌词语。道歉的语言，简洁为佳，只要基本态度表明，对方也已通情达理地表示谅解，就切忌啰唆、重复。

三、与不同类别的人交往的艺术

人际交往，就是如图 5-2 所示的一种人际互动过程，学习和掌握人际交往艺术，也就是在理解和认识人际互动过程中交往双方的心理需求以及互动过程中各个环节之间的内在要求与联系的基础上，不断加深对人际交往活动的理解，不断提高对人际交往活动的把控，并通过这样的交往活动，加深双方之间的理解和认识，不断强化双方的情感和友谊，从而满足交往双方对人际交往的社会性需求，促进双方的发展，为双方带来更多的快乐和幸福。

1. 不同等级人际关系的交往艺术

在第一章，我们对人际关系的类别进行过研究，并根据不同的分类标准划分出不同的类别。现在，我们就根据人际关系等级分类方法，即将人际关系分成熟人、朋友、好友和知己四类，从交往实践的角度出发，指引读者通过人际交往实践活动，建立和发展人际关系，丰富和完善自己的人脉资源。

这四类不同的人际关系之间到底有什么样的联系和区别呢？表 5-1 给出了答案。

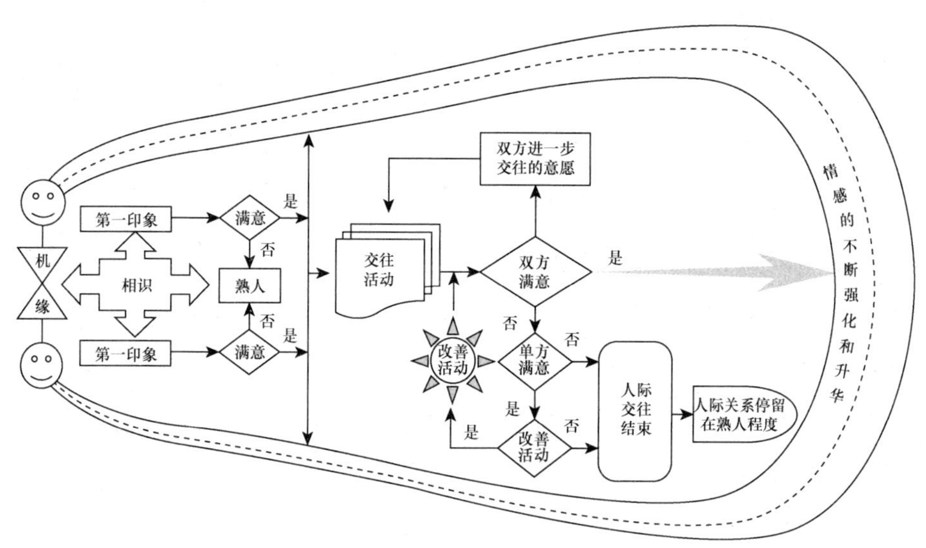

图 5－2　人际关系发展图

表 5－1　　　　不同等级人际关系特性表

	特点					发展趋势	
	重要性	自我表露度	交往频度	信任度	依恋度	向上发展	向下发展
熟人	低	很低	低	很低	无所谓	朋友	路人
朋友	中	中	中—高	一般	中	好友	路人、熟人
好友	高	较高	中—高	较高	较高	知己	路人、熟人、朋友
知己	高	高	中—高	高	极高		路人、熟人、朋友、好友

（1）从“熟人”发展为“朋友”。

人与人之间的友情，并不能从天上掉下来，而是人们在生活、学习和工作中通过形式多样的人际交往活动而逐步建立起来的。即使是血缘关系的亲情，主要也是通过后天生活中父母对子女的无私奉献而建立起来的。亲生子女，如果幼时没有亲自抚养，待子女长大成人后才相认，这样的子女与亲生父母也不会有太深的感情，远不如与他们与养父母那么亲密。这些都说明人与人之间的亲密感情需要通过人际交往活动和无私的奉献来培养。

一个人从童年到上学求知，再到参加工作，踏入社会，会认识成千上万各种各样的人，有家庭成员、亲戚、邻居、同学、老师、同事、领导、客户等等，每个人经历不同、兴趣爱好不同，认识的人也不同，认识人的数量也不同。尽管人们常说“相识是缘”，但并不是所有认识的人都能成为朋友。实际上，在我们认识的人中，会发展成为三类关系：我们喜欢的人、没什么感觉的人和我们不喜欢的人。只有前者才有可能发展成为我们的朋友。

建立朋友关系，需要交往双方都认可对方，并愿意进一步发展友谊。因为朋友是双向的，如果A是B的朋友，则B也必然是A的朋友，否则，A和B中必然有一方误解了对方，错把对方认为朋友，而对方却并没有想与其发展友谊的愿望。有些时候，为了不失礼貌，人们会礼节性地接受对方的邀请或对方的某种交友意愿的表达，从而误导了对方在友情上的认识。

当交往双方均对对方有一较好的第一印象，双方均会产生进一步交往的意愿，以加深对对方的认识，发展与对方的友情。通过进一步的交往活动（这样的交往活动可能是一次，也可能是多次），交往双方都获得了自己所需要的交往对象的信息，并将这样的信息与自我内在朋友标准进行比较分析，会产生三种结果：双方满意、单方满意、双方不满意。

如果双方满意，此时实际上交往双方就建立起了基本的友谊，双方的关系也从熟人发展成为了初级的朋友。

如果只有一方满意，会导致两种情况出现：一种是满意的一方为了与另一方建立友谊，在得知对方对自己的认识不太满意时采取进一步的补救性交往措施（这样的补救性交往措施可能实施一次，也可能实施多次），力图使对方改变对自己的认识。如果通过实施这样的补救性措施改变了对方的认识，双方的关系实际上就回到了上一种情形，即双方发展成为了初步的朋友。如果当一方采取补救措施后仍未能改变对方对自己的认识，且放弃了进一步采取补救措施的意愿，双方的关系就成为了下一种情形。

如果双方对对方都不满意，且均不愿意采取补救性措施，双方的关系就停留在熟人（相识）的阶段。当然，如果交往双方对对方的不满意达到了厌恶的程度，交往双方的关系不但不能发展成为朋友，而且连一般的熟人都不如，很可能会将对方视为“敌人”。这是交往双方均不愿意看到的结果，也是在人际交往活动中最应该避免出现的双败结局。

从熟人发展成为朋友，每个人之间的交往历程千差万别，很难给出一个固定的、明确的人际交往活动方式或次数，以保证可以从熟人发展成为朋友。有人是“一见如故，相见恨晚”，有人是“一见钟情”，而另一些人则可能需要经过三五次的交往活动后，方能够建立起初步的友谊，实现从“熟人”到“朋友”的发展。

一般而言，在从“熟人”到“朋友”的发展历程中，人们通过人际交往活动主要了解对方的一些基本的价值观、个人品质和行为方式。如果双方的这些基本的价值观、个人品质和行为方式符合各自的择友标准，就能发展成为朋友。从这个意义上说，从“熟人”到“朋友”的发展过程就是一个相互探究的过程。

（2）从“朋友”发展为“好友”。

“朋友”是一个非常宽泛的概念，每个人对此都有自己的解读。有的人按照对自己的重要程度来划分朋友的类别（特别是那些功利心较强的人），有的人按照交往的频度来划分朋友的类别（酒肉朋友较多的人），也有人按照依恋程度来划分朋友的类别（情感比较脆弱的人），这样的划分都存在较大的片面性，我们是按照重要性、自我表露度、交往频度、信任度、依恋度等五个因素来划分朋友类别的，从表 5－1 中可以看出，朋友与好友在这五个维度上存在一定的差异。

当然，我们也并不需要将所有的“朋友”都发展成为“好友”，也不可能将所有的“朋友”都发展成“好友”。我们应该按照人脉资源规划中确定的目标来发展人脉资源，并通过实施人脉资源发展战略，达到人脉资源规划中的发展目标。发展人脉资源的过程，实际上也是一个取舍的过程，有一些朋友要从“好友”等级中降下来，成为“朋友”等级的人脉资源；同时要从“朋友”等级的人脉资源中选择出一部分潜在的、具有发展前景的人脉资源，使得在实施人脉资源发展策略后，这一部分人脉资源能够达到“好友”等级。

（3）从“好友”发展为“知己”。

“好友”和“知己”都是人脉资源中最精华、最珍贵的资源，且有许多相似之处。例如，他们都是可以值得信赖的朋友，当我们处于危难时刻，他们都会伸出援手。但“好友”和“知己”毕竟有所不同，其主要的差异表现在人际交往的频度和自我暴露度两个方面，“知己”之间的交往频度和暴露度都远大于“好友”。如果两个人关系非常紧密，但事实上又不常在一起，那么就可以判定这两个人之间的关系是“好友”而不是“知己”；如果两个人常常相伴在一起，但又不是同一家庭成员，那么他们就属于“知己”关系。

“知己”是从“好友”发展而来的，从“好友”发展成为“知己”，最主要的推动力是相互之间的情感依恋，即交往双方之间都有一种强烈的、非性爱式的无形的人际吸引力，将双方吸引到一起。如果不存在这样强烈的吸引力，交往双方就不可能超越“好友”关系，达到“知己”关系模式。由此，在人际交往中必须考虑交往双方的情感需求，切莫单凭自己的愿望固执己见，盲目地希望将“好友”关系升级至“知己”关系，这样的结果不仅浪费自己的精力和感情，而且会给交往对方带来很大的精神压力，从而损害双方业已存在的友谊。

2. 不对等关系下的人际交往

人际交往中尽管都在追求关系上的对等，但在现实生活中，常常存在不对等的关系。例如，甲将乙看作好友，而乙却仅仅将甲看作为一般的朋友。当然，这样的不对等是心理性的，交往中的双方都不会直白地告诉对方，但双方其实都心知肚明。

出现这样关系等级上的不对等，主要是由两方面的原因所致。一是由于人们的择友标准不同。甲、乙两人原来都把对方当成好友，但经过多年的发展，甲的人际交往圈子基本没有太大的变化，而乙的交往能力和交往圈子都有很大的变化，故现在按照甲的标准，乙仍然是甲的好友；但按照乙目前的标准，甲却只能作为乙的普通朋友，达不到好友的标准。二是从交往开始阶段起，由于交往双方的社会地位不同（如上下级关系或师生关系），各方视对方的关系等级是不同的。

社会地位低的人会将与社会地位高的人的关系等级看高，而社会地位高的人一般只会将新认识的社会地位较低的人放在普通朋友关系等级上。

对于这种关系上的不对等，我们应该正确对待。首先，在人际关系上，选择谁做朋友，做什么样的朋友，每个人都有自己的判断，有自己选择的自由，其他人无法干涉，也无权干涉。其次，社会是客观分层的，所谓平等主要是指政治上的平等和人格上的平等，而在其他方面都是不平等的。最后，在人际关系中处于高位的人往往是我们的“贵人”，所以作为低位的人一定要认清自己，以谦虚、诚恳的姿态与处于高位的人进行交往，并通过这样的交往来加深双方间的认识和理解，从而增进友谊，最终提高人际关系的等级，真正实现关系上的平等。也只有这样，处于低位的我们在危难之时、面临巨大机会之时才会得到“贵人”的相助，克服困难，消除危机，把握住人生中难得的几次良机。

在不对等的关系面前，最容易出现的问题就是心理失衡，进而产生怨气。其实，当你处于不对等交往关系时，心理失衡或抱怨是没有任何作用的，弄不好还会使关系变得更糟，甚至毁了一个重要的人际关系。要转变关系的不对等，唯有改变自己。一是通过自我发展，提升自己的素质、形象和能力，使自己的品格、社会地位得到提升，达到与对方近似的程度。二是要增进交往，通过持续的、真诚的、有意义的交往活动，让对方感知到自己的真诚、友善和价值，从“认可”发展到“欣赏”，从“欣赏”发展为“尊重”。只有通过两方面的努力，才能改善相互间关系的质量，消除原先存在的不平等。需要注意的是，上述两方面的工作，并不是一朝一夕就能完成的，而是需要五年十年，甚至更长久的时间。个体在这一漫长的过程中必须坚持不懈地发展自己、完善自己，即使与某一特定的对象的不平等没有消除，经过如此持续的努力，相信自己也可以交到更多更优秀的朋友，从而丰富和发展自己的人脉资源。

另一种不对等关系的交往是与比自己地位低的人之间的交往。在这样的交往中，尊重他人是第一重要的。尊重他人是一种美德，也是人际交往中的基本要求，但在现实的人际交往中，地位较高的人由于这样或那样的原因，往往容易表现出对地位较低的人的不重视。或许这并不是他故意所为，但却会让地位较低的人产生这样的感受，并由此产生怨恨。另外，俗话说“三十年河东，三十年河西”，今天地位比你低的人经过几十年的发展，很可能在未来超越你。时间就像是一面镜子，你今天的所作所为就是他明天如何对待你的镜像，这也就是所谓的“报应”。所以，如果你希望今天地位比你高的人欣赏你，尊重你，那么就请你一定要尊重和爱护比你当前地位低的人。

在人际交往中，相互之间的关系处于对等时（即双方对友谊的等级看法相同时，比如都将对方认为是朋友，或者都将对方认为是好友），相互间的友谊就处在较为稳定的状态，这样的友谊也就会比较稳固，即图 5－3 中所示的“稳定关系”。当相互之间的关系处于不对等时（即双方对友谊的等级看法不同时，比如我将对方看作“朋友”，而对方却将我看作“好友”；或者我将对方视为“好友”，而对方仅将我看作“熟人”），相互间的友谊就处于不稳定状态，就会产生变化，变化的方向是朝着“稳定关系”发展，如图 5－3 所示。

		对方看待我			
		熟人	朋友	好友	知己
我看待对方	熟人	稳定关系	←	←←	←←←
	朋友	→	稳定关系	←	←←
	好友	→→	→	稳定关系	←
	知己	→→→	→→	→	稳定关系

图 5－3　稳定关系

当处于不稳定关系时，关系的发展取决于交往双方的态度和行为。这时会有两种可能情形发生：一种情形是交往双方中的一方（无论是交往主体还是客体一方）积极主动来推动关系的发展；另一种情形是交往双方都积极主动来推动双方之间友谊的发展。以下分别加以分析研究。

第一种情形，交往一方对相互间的友谊看法确定、且不主动积极推动关系发展的条件下，如果主体（我）抱有积极心态，希望推动人际关系从低级向高级发展，并主动开展人际交往活动，增进相互间的认识、理解和友谊，也能促使相互间的关系从低级向高级发展，但是所能达到关系的最高层级就是对友谊看法确定方预先所认定的关系层级。譬如，某个朋友将我视为“好友”，如果我将其确定为是“知己”层级的关系，则我们之间对关系的认知就处于不稳定状态（知己—好友）。由于对方不愿将双方的关系升级为“知己”层级的关系，故主体只能将关系层级也降格为“好友”，从而达成稳定状态（好友—好友），如图 5 - 4 所示。

		对方看待我			
		熟人	朋友	好友	知己
我看待对方	熟人				
	朋友				
	好友			稳定关系	
	知己				

图 5 - 4　第一种情形

但如果某个朋友将我视为“好友”，而我仅将其确定为是“熟人”层级的关系，我们之间对关系的认知也处于不稳定状态（熟人—好友）。此时，交往主体（我）通过积极主动的交往，就能将双方的关系升级到“好友”层级的关系（好友—好友），但最高也只能维持在此等级，如图 5 - 5 所示。

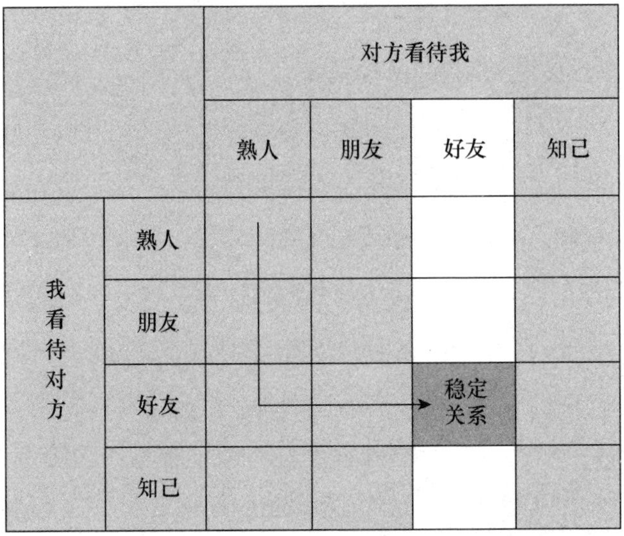

		对方看待我			
		熟人	朋友	好友	知己
我看待对方	熟人				
	朋友				
	好友			稳定关系	
	知己				

图 5－5　第二种情形

只有当交往双方都有发展友谊的愿望，且双方均会为发展友谊做出努力时，双方的关系层级才有可能不断发展，最终达到双方愿意的最高级。譬如，朋友将我定为“朋友”层级的关系，而我仅将其确定为是“熟人”层级的关系，交往双方对关系的期望处于不稳定状态（熟人—朋友）。此时，如果交往双方都愿意通过积极主动的交往，就能将双方的关系升级到“朋友”“好友”，甚至更高层级的关系——“知己”层级，如图 5－6 所示。

反过来，如果在人际交往中一方实施了伤害另一方的行为（欺骗、损人利己等等），且这样的行为被对方发现，受伤害方会迅速做出反应，立即降低双方的关系等级，甚至将对方列为不可交往的人（仇人或敌人）。

综上所述，在人际交往中，交往双方由于某种机缘而相识，相识后交往双方根据对对方的认识和初步判断会采取一定的策略和措施开展人际交往活动，并在交往一段时间后，使双方的关系达成一种相对稳定的状态。在这一相对稳定状态以后人际关系的发展，完全取决于交往双方对这一友谊的期待及采取的相应行为。

（1）在一定时期内，交往双方的友谊会维持在一个相对稳定的状态，这样的

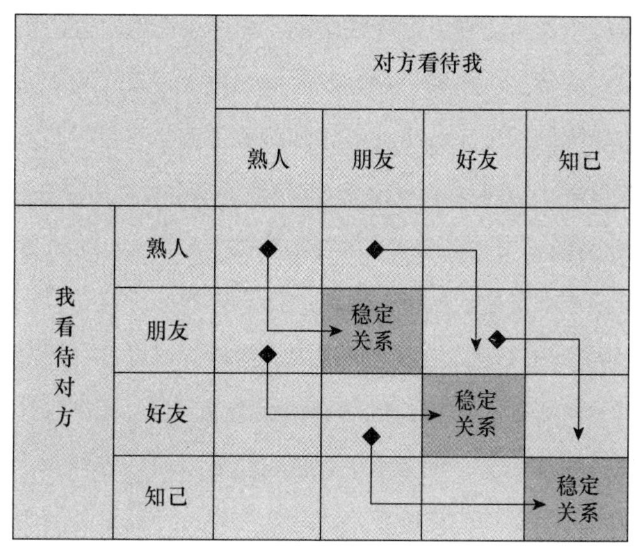

图 5-6　双方关系的发展

“稳定状态”既可能是“熟人”“朋友”“好友”，也可能是“知己”；

（2）如果交往双方都愿意不断发展友谊，这样的友谊可能达到最高等级“知己”；

（3）如果交往中一方事先确定了双方的关系等级，且不会随意改变，则无论另一方怎样努力，双方的关系层级最高只能达到一方事先确定的关系等级；

（4）交往中如果一方伤害了另一方，双方业已建立的关系会迅速崩溃。

3. 维护友谊

友谊需要维护，否则就会变质，就像是逆水行舟，不进则退。漫漫人生路上，许多朋友间的友谊会维持在一个较为稳定的水平。要维持这样的友谊，人们不仅要投入必要的精力和财力，也需要运用一定的交往技能和恰当的交往方式。这是我们在日常的人际交往中都容易体会到的，也是非常浅显的道理。那么，到底应该如何来维护业已存在的友谊呢？

首先，需要以平等的态度对我们的朋友。人人平等是我们社会的政治基础，也应该是人际交往中的落脚点和出发点。离开平等的人际交往，就会变成政治上的投机、社会生活中的趋利和人际关系上的欺诈。造成这样的后果与维系和发展友谊是背道而驰的。所以，在人际交往中，我们一定要以平等的姿态来参与，对高贵者不亢不卑，对普通人不骄不躁，发展友谊。

其次，需要为我们的朋友付出真情。友谊就是人与人之间的情感联结，而维系这样的情感最重要的要素就是“真”和“善”，实际上，情的本质就是“真”和“善”。如果没有真情实意，而是虚情假意，人与人之间的情感就不可能获得联结，更不要奢谈建立友情。所以，对于人与人之间的感情而言，“真”是前提，“善”是基础，如果没有“真”，即使你想表达善意，对方也会怀疑你的动机和用意，使得你的“善”无处可施。在人际交往中光有“真”而没有“善”，也很难建立起感情，即使建立起了一定的感情，也无法令人留恋和怀念。由此可见，付出真情是建立友谊的基础，也是维护友谊的必要条件。那么，何为真情呢？真情就是表达真想法而不虚伪，表现真行为而不矫饰，表露真态度而不应付。进入网络信息时代，人与人之间的沟通交流变得越来越便捷，人们本来应该充分利用这一技术优势，进一步加强人际交往，享受友谊带给人们的快乐。但现实却并非如此，很多人特别是中老年人明显感觉到现在的人际交往非但没有明显的增加，反而在质量上存在显著的滑坡：原本面对面、家庭与家庭之间的亲密交往变成了空泛的网聊，原本富有质感的带有个人气息的书信变成了较为简短的电子邮件或短信，原本充满热情、富有真挚情感的问候和帮助变成了千篇一律的“点赞”。由此可见，有效维护友谊，不能仅仅依靠技术，而是要倾注更多的情感，并采用有效的媒介，使得这样的真情实意被亲人和朋友所感知到。技术只能提供这样的一种高效的传送媒介，其本身并不能有效保护情感的真实表达，实际上，技术可能会让情感在传输过程中减弱。

再次，要有计划地维护人际关系。我们大多数人的人脉资源包括上百个不同的朋友，要维护好这么多的人际关系，确实不是一件容易的事，如果不是有计划、按步骤地开展维护工作，肯定会遗漏掉与部分朋友的交往。

最后，要定期开展有效的人际交往活动。从心理学的角度来看，人的情绪情感是一种心理现象，需要经常性的刺激和强化，这样的情绪情感才能得以维系和发展。所以，朋友间需要定期开展沟通和交流活动，通过这样的沟通交流获得倾诉的机会，感知朋友间的关怀和爱护、理解与支持，使友谊这样的情感得到刺激和强化，从而使相互间的情感得以维系和发展。朋友间如果长期缺乏必要的交流，情感这一心理现象就会不断弱化并最终消失，友情也就变得越来越淡漠。人际交往是促使情感得到刺激和强化的最重要来源，所以，必须保持经常性的人际交往，以维系双方的情感在内心中的记忆，从而保证友谊的延续。

四、助人、求助的艺术

使用人脉资源，存在两种完全不同的使用性质，一种是“求助”，另一种是“助人”。从字面上就可以看出这两者的不同，求助是从个体的自我需要出发，为满足自我需求而向朋友提出帮助的请求。而助人则是站在朋友的立场上，想朋友所想，急朋友所急，尽自己所能为朋友提供帮助。“求助”与“助人”是对立统一的关系，从表面来看，“求助”与“助人”是对立的，“求助”是让他人帮助自己，而“助人”是自己帮助他人。然而，“求助”与“助人”又是统一的，一方面，你向朋友求助，如果朋友帮助你，对你的朋友而言，他就是“助人”；另一方面，你不可能只向朋友求助，而不帮助朋友。

尽管如此，“求助”与“助人”仍然是两种不同的使用人脉资源的方法，需要有不同的策略，才能最大限度地发挥人脉资源的价值。

每个人都有求人的经历和体会，只是求助的内容和形式不同罢了。我们也都追求以最佳的方法来向朋友提出请求，以实现我们求助的目的。遗憾的是，这样最佳的、统一的求助方法其实并不存在。这是因为我们个人秉性不同，求助的内容不同，被求助者的人格不同，所以难以找到一种统一的、标准的方法，适用于每个人的“求助”。但我们人类又有许多的共性，有许多相似的思想与行为习惯，心理学就揭示了许多人际交往行为的特点和规律。所以，运用心理学原理、社会学理论，结合人际交往社会实践经验，我们总结出具有一定科学依据，并要结合实际的人际交往方法。这样的方法并不能保证放之四海而皆准，但确实又具有相当的有效性，所以我们称之为人际交往“艺术”，而不是技巧，也不是科学。人际交往艺术最显著的特点是要在保持住交往双方的“面子”的前提下，各尽所能，各取所需，实现人际交往的目的，最大限度实现人脉资源的价值。

1.“求助”的艺术

“求助”就是向朋友请求帮助。所以，求助不是一个人的事，而是两个人，甚至更多人之间的事。“求助”要获得成功，需要由求助人提出，被求助人获知求助信息，且有能力、有意愿提供相应的帮助。这样看来，“求助”的艺术就在于求助人如何提出求助信息，使得这样的求助信息最有效地到达被求助人，为被求助人正确理解，并能激发起被求助人的助人热情，快速响应求助人的请求，有效提供帮助，达到求助人的求助目的。所以，“求助”的艺术包括三个方面：

（1）提出的求助信息清晰明了，能够及时、有效地传递到被求助者，且为被求助者完全理解，对被求助者能激发起帮助求助者的热情与欲望；

（2）对被求助者的帮助能力做出理性评价，求助行为和方式能刺激并促进被求助者的助人意愿；

（3）被求助者的帮助能够最有效地实现求助者的求助目的。

实现上述三个方面的要求，求助人就应该采用如下的求助艺术：

（1）求助内容非常清晰明了，没有歧义，不会引起他人的误解。例如，请朋友帮助推荐一名医生，就要明确告诉对方患者当前的具体情况，如患的是什么病，到什么程度，希望找一个什么等级的专家等等，而不是只告诉被求助人：“给我推荐个好医生。”

（2）求助信息传递方法有效便捷，能有效、快捷地将求助信息传达到被求助者。信息通过不同的媒介传播有不同的衰减度，如果信息衰减严重，信息就会失真，从而导致信息失灵。故请求信息应该通过有效的传输渠道送达被求助者，最好的传输渠道就是面对面交互式沟通交流，其次是电话/微信（交互式沟通），再次是（电子）邮件。

（3）求助内容（事项）必须合情、合理、合法。只有合情、合理、合法的求助内容（事项）才会被被求助者接受，其他的请求都有可能被被求助者拒绝，且是否合情、合理、合法的判断是由被求助者做出的，而不是按照求助者的判断来决定的。例如，某人参加了一个直销组织，向他的朋友推荐某种产品（服务），在求助者看来，他的请求合乎情理，也符合法律规定，但被求助者对直销有偏见，他认为这样的求助不合情理，所以他就会拒绝求助请求。

（4）求助内容（事项）的表达方式容易被被求者接受，不会给被求助者带来麻烦，使被求助者能快速决定。如求异性朋友代购私密物品就不是个明智的选择，容易引起误会，所以，这样的求助应该向同性朋友提出。

（5）求助事项应尽量减少需第三方介入的可能性，以免耽误决策时机或者影响决策。这里涉及的艺术主要在于选择被求助者。我们知道，每个人的能力和资源是不同的，有的朋友能力强，资源多，你的求助他自己就能决定。而其他朋友尽管也很热情，关系也很紧密，但他自己的能力和资源并不能单独满足你的求助需要。在这样的情况下，选择前者作为被求助者，你的求助就比较容易成功。

（6）选择的被求助者有公知的能力或资源去帮助你解决困难。因为受惰性、自私等人的本性的影响，有一些人善于用冠冕堂皇的理由搪塞朋友的求助，所以，在请求这样的朋友帮助时，你的求助事项应该在被求助者公知的能力或者资源范围内，使他无法推脱。因为如果他推脱这样的求助请求，就会在朋友圈内丢掉面子，这样的压力在某种程度上会促使他去帮助朋友。千万不要认为这样的朋友不是好朋友，其实扪心自问，我们每个人都会或多或少有这样的心态，也是人之常情。

（7）让被求助人有成就感和被需要的感觉，并能从助人中收获快乐。

2.“助人”的艺术

“助人”就是为有需要的朋友提供帮助。同样，求助也不是一个人的事，而是两个人，甚至更多人之间的事。或许有人会说："助人"谁不会，还有什么"艺术"不"艺术"的！确实，"助人"不是什么难事，而且我们每个人也或多或少帮助过他人，但"助人"确实是一门艺术。

这是为什么呢？一方面，不同的"助人"行为产生的效果不同，有时甚至是天壤之别。例如，朋友求你帮他的孩子推荐一个工作，你可以非常简单地给某个熟人打一个电话，让其给朋友的孩子安排一个工作，就此了事。你也可以仔细询问求职的孩子的具体情况，包括学历、工作经历、志向等等，然后据此推荐一个合适的工作，并在就职前仔细向求职者交代就职公司的详细情况和应该注意的事项，使求助者在求职前对未来的工作有一个基本的了解。从上述两种"助人"行为来看，都是为朋友的孩子推荐一份工作，但为此而付出的心血却大不相同，可以预料的结果也会大不相同。

另一方面，"助人"的最高境界是"助人为乐"，或者说"助人"的结果能够导致求助者和被求助者都收获快乐。有些人的"助人"行为确实帮助了求助者，使求助者克服了困难，解决了问题，但被求助者本身并没有从"助人"行为中得到收获。而另一些人在"助人"的同时自己也从这样的助人行为中得到了收获，创造了双赢，这就需要智慧，所以我们说"助人"是一门艺术。要使助人行为至善至诚，就需要做好如下几点：

（1）全面了解"求助"事项。

（2）"拉一把"，加上"送一程"。

（3）不能让求助者感到尴尬或丢面子。

（4）不求回报，从"助人"的过程中品味成就感和自我满足感。

（5）在"助人"中充分表达诚意，促进友谊的发展。

（6）实事求是，坦诚说"不"。

第三节　别踩人际交往中的雷

社交活动的对象是人，不是物，很难给出一套严格意义上的唯一方法来指导人们的社交活动，而是需要人们在不同的社交场合、不同的社交对象之间摸索出适合自己的交往方式。

1. 人际交往目的的误区

（1）交往就是吃喝玩乐，是浪费时间。

（2）交往就是请客送礼。

（3）只参加有用的人际交往活动。

2. 人际交往对象的误区

（1）只与比自己强（或弱）的人交往。

（2）只与熟悉的人交往。

（3）只与有用的人交往。

（4）只重视与亲密朋友交往，忽视与重要朋友交往。

3. 交往活动的误区

（1）只参加对自己有用的社交活动。

（2）只参加某一类社交活动。

（3）喜欢低俗的社交活动。

4. 交往行为方面的误区

交往行为方面的误区，最大莫过于“二真”，即“率真”和“较真”。这里所指的“率真”，并不是“真善美”中的真，而是指傻气的“真”。很多人喜欢用“正直”来给自己贴标签，觉得“正直”是自己人格中最重要的特色，并以此为荣，沾沾自喜。这样的观念导致他们在社交活动中别人不爱听什么他们说什么，还以“率真”自居，经常搞得朋友之间不欢而散，长此以往，逐渐成为朋友圈中不受欢迎的人，可悲的是他们自己还不知道为什么。

中国有句古语：“做人要圆，做事要方”，为什么“做人要圆”，而不是像做事一样也要“方”呢？这与社交的功能作用有很大的关系。社交的重要功能作用之一就是满足人类的情感依恋需求，除了工作性质的会议，一般的社交活动都是熟人朋友之间为了满足情感依恋需求而聚到一起，或者说为了大家高兴而聚到一起，那么你的“率真”或者“较真”到底是能让你的朋友高兴还是不愉快？如果你的“率真”让朋友不愉快，那么这样的“率真”有什么意义呢？这样的社交行为习惯，说明这类人的情商较低。

除此之外，下列交往行为也属于社交误区：

● 嫉妒心理引起的社交错误：好出风头，喜欢贬低别人、抬高自己等等。

● 情绪问题引起的社交误区：爱较真，容易激动，交往情绪化等等。

● 态度问题引起的社交误区：交往不积极，惰性大，老是等待他人主动；或者是表面应付，缺乏责任感；从自我出发，不照顾他人感受；低三下四，唯唯诺诺等等。

● 价值观问题引起的社交误区：纯粹利益交换，缺乏情感交流；自私自利，损人利己；斤斤计较；假仗义或者死要面子活受罪；忘恩负义；谎话连篇等等。

第六章　会识人，构建朋友圈好生态

社会生活中，常听人说："知人知面不知心"。《增广贤文》也说："相识满天下，知心能几人?"古训中有"六不合""七不交""四深交"的说法（见图6－1）。

六不合

1.不与私欲太重的人合作
2.不与没有使命感的人合作
3.不与没有人情味的人合作
4.不与负能量的人合作
5.不与没有人生原则的人合作
6.不与无感恩之心的人合作

七不交

1.对父母不孝者不可交
2.为人刻薄者不可交
3.斤斤计较之人不可交
4.不知敬重之人不可交
5.善于阿谀奉承者不可交
6.对权贵无原则者不可交
7.没有同情心的人不可交

四深交

1.交一个欣赏你的朋友，在你穷困潦倒的时候安慰你帮助你
2.交一个有正能量的朋友，在你情绪低落的时候陪伴你鼓励你
3.交一个为你领路的朋友，自愿做你的垫脚石，带你走过泥泞和迷雾
4.交一个肯批评你的朋友，时刻提醒你、监督你，让你发现不足

图6－1　六不合、七不交、四深交古训的具体内涵

这些言辞，都道出了识人之难。

识人为什么如此之难呢？我们选择朋友，一般会从德、才和社会地位三个方面来考量。德就是道德品质，包括公平正义、宽容友爱、勤劳勇敢、遵纪守法、文明礼貌等一系列要素。才就是知识、技能和智慧，包括知识、经验、能

力等因素。社会地位就是他所从属的社会阶层以及职位，社会地位实际上代表的是社会影响力和资源调配力。德和才是隐性的，社会地位是显性的，但社会地位受到德、才的影响，变化性较大。隐性的德和才，再加上易变的社会地位，使得识人的难度大大增强。

另一方面，人的思想观念和行为方式，不仅仅受内在的德和才影响，而且还受到社会环境的影响。近年来，经常听到某地区或某部门的官员集体塌陷，难道这些官员都是道德沦丧？恐怕不是这么简单。在当时当地的环境下，个体如果不顺应这样的环境，恐怕难以立足，可见环境因素的影响有多大！更进一步来说，我们自己在不同时期、不同环境下的行为方式也不尽相同，这就更进一步增大了识人的难度。

识人难，是一个普遍性的问题。但凡是问题，总有解决之道。实际上，识人的本质就是对其德行的鉴别。由于德是隐性的，需要通过一个由外向内、顺藤摸瓜、寻流探源的过程，通过外在的情态和行为举止，了解其内在的精神气质和他的心灵深处真实的观念和动机。

中国有句古语，叫作“推己及人”。意思是说要从自己的想法、要求去推断他人的想法和要求。也就是说，要了解别人的想法，可以以你自己的想法作为出发点，以自己的想法为基础，就可以了解到他人的一些相关的想法和要求。要做到“推己及人”，就要先了解自己。其次，心理学中的认知理论告诉我们，我们对他人的认知和态度，很大部分都是依据自己的观念、习惯和偏好为基础的，例如，我是一个喜好交往的人，那么我就会认为爱交往是我选择朋友的重要依据，对不喜欢交往的人就会产生偏见。最后，无论是交什么人、开展什么样的人际交往活动，必须了解清楚自己到底想要什么。所以，识人也包括了解自己，且认识自己是认识他人的基础和前提。

人人都希望交到好朋友，但我们最担心的不是交不到好朋友，而是交上“小人”朋友。特别是受到过重大挫折的人，无论这样的挫折是婚姻方面的还是事业上的，都有刻骨铭心的体会：问题的出现，不是没有朋友帮助，而是遇到了“小人”，懊悔自己交友不慎。所以，在交往中识别“小人”也是识人的重大任务之一。

第一节　识人概说

人际交往中识人的核心是通过外在的行为表现来判断该人属于什么类型，判断的标准是外貌、德和才三大要素。人的外貌对于“第一印象”很重要，随着交往的深入，外貌因素影响力逐步降低。到了成为很熟的朋友后，外貌因素基本上成为了中性因素。德和才是内隐性因素，无法直接观察到，需要通过其他媒介如行为习惯来加以判断。相对于才能/才干，德的因素更难观察，因为人的才能会通过做事的方式和效率反映出来，而涉及德的因素时，由于人们普遍会在他人面前披上伪装的外衣，所以即使通过一般的做事方式，也难以真实反映该人的德行。

中国有句俗话：“人心隔肚皮”，谁也不知道对方在想什么。也正因为如此，识人成为交友中的第一大难题。反过来，人们天天都在交朋友，很少有人因为识人难而退却不交朋友，只是所交的朋友良莠不齐，不能全部称心如意。

那么如何去判断一个人是否值得成为朋友呢？不同的人对朋友有不同的偏好、不同的标准、不同的要求，即使同一个人在不同时期也会有不同的要求，那岂不是没有明确的标准呢？确实很难定出一个符合所有人找朋友的标准，但人际关系作为一种客观的社会现象，必然还是存在一种内在的规律，这样的规律就是我们识人的基本原则。

一、你想选择什么样的人做朋友

选择朋友，当需要在才能和德性方面权衡和取舍时，人们往往会毫不犹豫地选择德性好的人做朋友。因此，在人际交往中的识人方面，判断人的德性最为重要。

我们以德性为纵轴，以才能为横轴，可以将德才组合出四类现实生活中的人（见图 6－2）：

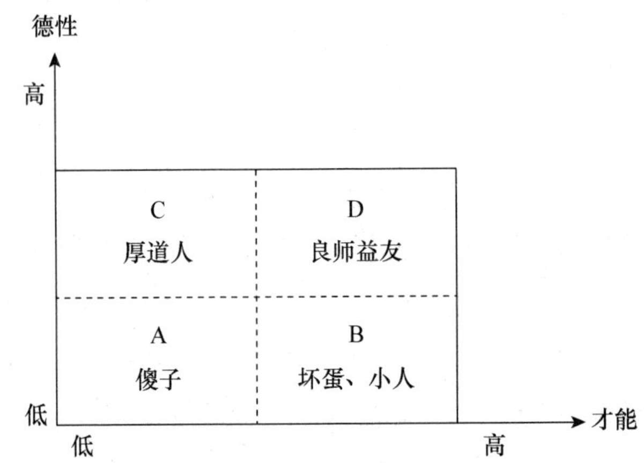

图 6－2　以德才组合出的四类现实生活中的人

（1）德、才均比较低下的人（在图 6－2 中区域 A 部分），我们俗称这类人为“傻子”；

（2）有相当的才能，但德性较差的人（在图 6－2 中区域 B 部分），我们俗称这类人为“坏蛋”或“小人”；

（3）才华一般，但特别重情义、讲诚信的人（在图 6－2 中区域 C 部分），我们称这类人为“厚道人”；

（4）才华较高，且特别重情义、讲诚信的人（在图 6－2 中区域 D 部分），我们称这类人为“良师益友”。

在上述四类人中，我们希望找的朋友是 C 类或 D 类人，但在现实生活中，受功利思想的影响，人们愿意结交的朋友却是“我们喜欢的人”和“能够帮助我们的人”，这是一对矛盾。

结论是：

（1）人人都想找 C 类或 D 类人做朋友。

（2）现实是我们的朋友中一定包含 A、B、C 和 D 这四类人。

（3）好友或知己应该是德才兼备，特别是寻找或发展知己朋友，应该将德的因素放在第一位。对于好友或知己，由于需将大量的隐私与他们分享，对于德性一般或较差的人，人们很难有这样的信心去做如此开放的人际交往。

（4）对于一般的朋友，对德的要求可以稍微放松一些，不必太求全责备。一般性的朋友之间依恋程度和隐私的开放程度都处在中等甚至中等偏下的水平，对方道德水准的高低对主体的影响能够被控制在较低的水平上，故人们对普通朋友的道德要求也不会过分苛刻。当然，经过一段时间的交往后对方的道德水准较高，如果对方也认同主体的道德水准，双方的友谊就会向更高级的层次发展，成为好友，甚至发展成为知己。

二、识人中常常出现的问题

1．寻找完美的朋友

寻找朋友、发展友谊时，人们都会期望对方是优秀的人、完美的人。这样的期望本身无可非议，但却非常不现实，非常天真。首先，人无完人，这个世界上就没有完美无瑕的人。即使是英雄、模范或者偶像，真实的他们肯定也存在这样那样的缺陷或不足，只是他们的光环掩盖了瑕疵，我们只看到了、听到了他们光鲜的一面。其次，即使有完美无缺的人，请扪心自问，你是不是一个完美无缺的人？如果不是，你凭什么去和一个完美的人交朋友？

由此可见，世上没有完美的人，千万不要试图去找完美的人做朋友。如果你固执己见，现实会让你失望，也会让你失去很多的朋友。也许你会说“我就是要高标准交友，宁缺毋滥”“人生有一知己足矣”，这样片面的识人思路，不仅会极大地损害你的人脉资源，更会让你的人生充满坎坷和泥泞。

2．以高标准找同一类人做朋友

在择友过程中与上面的情况类似的另一个问题是只选择某一类人做朋友。心理学家指出，大部分人在交友中喜欢找与自己相似的或喜欢我们的人成为朋友。与自己相似的或喜欢我们的人肯定具有某一种特别相似的品质，这就极大地影响了人脉资源的多样性要求。

人脉资源的功能作用是多方面的，同一类型的人难以实现这样的功能作用。人脉资源具有情感依恋、信息分享和互惠互助三大功能，单一类型的朋友很难全面满足人在这三个方面的要求，特别是在互惠互助这方面。朋友类型的单一意味着朋友圈子社会功能的单一，但人的社会性需求是多方面的，单一功能显然难以满足多方面的需求。举例来说，如果某人只与大学同学交往，那么，当他遇到与之不同专业如健康、法律、理财等方面的需求时，他就会感慨自己人脉资源的不足。实际上，此时不是人脉资源不足的问题，而是人脉资源太过单一的问题。如果他在平常的生活中还积极与不同专业人士进行交往，那么，即使朋友的数量相同，他遇到上述问题时由于能够得到相关领域朋友的帮助，他也就不会有缺少人脉资源的感慨。

朋友圈子的局限也不利于个人的全面发展。个人的发展既包括专业性的发展，也包括全面的发展。人除了工作，还需要生活，需要家庭，需要休闲娱乐活动，需要一定的兴趣爱好，否则，人生就太枯燥、太乏味了。朋友圈子是人获得全面发展的重要保障。人的大部分兴趣爱好是从朋友圈子中习得并发展起来的，人的工作和生活也与朋友圈子存在非常紧密的关系，所以，朋友圈子的广泛性决定了人的社会生活的广泛性，为个人的全面性发展提供了有效的保障。

3. 一叶障目

好朋友在一起交往，难免会产生一些误解和冲突，但只要交往双方珍惜相互之间存在的友谊，这样的误解和冲突都可以化解。但现实中也有一些人，往往对对方在某次交往活动中的言行主观臆断，根本不考虑对方的现实困难，并加以无限放大，最终否定对方的人格，损害双方之间的友谊，最终失去一份宝贵的人脉资源。国内某一著名学者在电影、电视专访等媒体中曾经多次宣扬所谓的判断是否为“真朋友”的标准：在你需要的时候对方是否会借给你钱。乍一听，确实对呀！谁能在自己需要的时候借钱，确实就是好朋友、铁哥们啊！但深思起来，并不见得！首先，朋友借不借钱给你不仅取决于双方的感情和友谊，还取决于朋友的财力，如果朋友的财力达不到你的要求，即使他十分想帮助你，也力不从心。例如，你向一个工薪阶层的朋友一次性借 10 万元人民币现金，绝大多数情形就会是超过了朋友的财力而遭到朋友的拒绝。其次，朋友是否能够借钱不仅取决于他的财力条件，还取决于他的财产性质和资金运作的方式。例如，一个与他人合伙开公司做生意的朋友，财富值可能高达数千万元，朋友向他借 10 万元应该没有问题。但实际上做生意的人一般都会将资金周密调配，属于个人所有的现金会做各种理财或投资，很少存放大量现金；属于公司的资金是股东的财产，个人无权将公司财产调拨给私人朋友使用，公司的高管人员如果未经其他股东同意私自将公司的资金用于私人用途，超过三个月没有归还的，就触犯了刑法，会按“挪用资金罪”受到刑事处罚！这样的状况下如果有朋友向他借钱，他也十分为难，而且如果马上要拿到现金，他很有可能会拒绝朋友的请求。我们难道就仅仅凭他这次没有借钱而抛弃这样的朋友吗？

所以，碰到朋友拒绝我们的求助时，一定要设身处地地为他人想一想，我们的请求是否恰当，是不是强人所难？千万不可一叶障目，因为偶发的一件事而损毁长期交往建立起来的感情与友谊。

4. 偏见

偏见是对某一个人所持有的一种不公平、不合理的消极否定的态度。偏见有三种，第一种是“无根据的揣测”，是指一个人在欠缺实证、调查，掌握充分论据之前，就预先说出自己的喜好、倾向或看法，例如认为女孩的数学没有男孩好；第二种是“渲染主观看法”，指通过极为浅薄的经验，或者不具有足够代表性的事实，就做出对群体以偏概全的解释，例如认为某某地方的人不好；第三种偏见称为“选择性接受”，指当有了一个看法，即使知道自己的看法过于片面，仍选择性地接受对我们有利的解释，而忽略、排除那些反对我们的证据。

在人际交往中，很多人极为主观，缺乏客观实证的个人见解，并且将这种见解扩大解释为普遍事实，作为交友的标准。

5. 盲目攀高枝

希望交比自己层次高的人做朋友是人之常情，无可非议。但过分强调攀高枝，会得不偿失。

社会是分阶层的，不同的阶层有不同的思想观念和生活方式，差距悬殊，难以成为真正的朋友。

第二节　心理科学的识人方法

一、依据心理学理论来识人

在第二章中我们介绍了一些与人际交往相关的心理学理论知识，依据这些理论，通过观察他人在人际交往活动中表现出来的行为习惯，就能够较为科学地预测出他人的内在心理特质和思想观念。

相对于以经验为依据的识人方法和玄学的识人方法，以心理学为理论基础的识人方法是科学的识人方法。之所以说它是科学的方法，是因为我们认同心理学是一门科学，以这样的科学理论建立起来的认识方法，应该具有与其理论基础相一致的科学性。尽管如此，仍不能保证用这样的方法来识别人百分之百的准确。

1. 用性格理论来识人

性格是指人对现实中客观事物持有的稳定态度，以及与之相应的习惯化了的行为方式。比如说，有的人小心谨慎，有的人敢拼敢闯，小心谨慎与敢拼敢闯就是两种截然不同的习惯化了的行为方式，人们根据他们外显出来的习惯化了的特征来判别这两种人的性格差别。

性格的形成固然会受到遗传因素的影响，但主要是在后天环境中磨炼出来的，而且定型之后，有很强的稳定性。一夜之间判若两人的情况多半属短期行为，是因为受到莫大刺激突变的结果；一段时间以后，固有性格又会重现，这就是因为习惯化了的行为方式的缘故。性格成型不容易改变，对人的行为会产生极大的支配作用。逆来顺受惯了的人，如果不经历大波折、大痛苦，很难迅速转变成一个坚决果断的人。即便由于这样或那样的机缘，这种人坐上了第一把交椅，时间一长，他多半还是会下来的。多年来的逆来顺受已使他对权力没有多大的欲望，而且他也习惯了受人支配（或自己动手），不用支配别人的行为方式。像金庸笔下的张无忌，身上就带有这种特征。他的武功智慧都是一流的，却没有强烈的权力欲望，学成盖世神功纯属巧合，当上明教教主是因为形势所迫，最终他还是携佳人归隐山林去了。

但是性格定型后并不是一成不变的。阅历丰富后，鲁莽的人可能学会了适当的谨慎，有勇无谋的人可能学会了相时而动，这都是习惯化了的行为方式发生若干变化的结果。从性格上来识别人才，应充分把握其恒定不变的特征和后天环境造成的变化。准确把握人才的个性，是事情成败的重要前提。

2. 用气质理论来识人

心理学中的气质和我们日常生活中说的气质不是同一个概念。心理学中的所说的气质是指人的典型的、稳定的心理特点，包括心理活动的速度（如语言、感知及思维的速度等）、强度（如情绪体验的强弱、意志的强弱等）、稳定性（如注意力集中时间的长短等）和指向性（如内向性、外向性）。这些特征的不同组合，便构成了个人的气质类型，它使人的全部心理活动都染上了个性化的色彩，属于人的性格特征之一。

刚刚出生的婴儿，就能看出气质差异，有的孩子爱哭好动，有的孩子平稳安静。人成年后，这样的气质就变得较为稳定，从而使得我们有可能从人的外在行为表现去判断他的气质。

气质类型分为胆汁质、粘液质、多血质、抑郁质四种，四种气质各有特点。

胆汁质：又称兴奋型，属于兴奋而热情的类型。这一类型的人感受性低而耐受性、敏捷性、可塑性均较强；不随意的反应高，反应不随意性占优势；反应速度快但不灵活；情绪兴奋性高，抑制能力差；外倾性明显。在日常生活中，胆汁质的人常有精力旺盛，不易疲倦，但易冲动，自制力差，性情急躁，办事粗心等行为表现。

优点：积极进取，不怕困难，热情高涨，直率豪爽，有魄力。

缺点：急躁，行事鲁莽，易因小事而大发脾气，产生对立情绪，萌生报复心理，办事不考虑后果，事后又后悔，但“虚心接受，坚决不改”。

粘液质：又称安静型，在生活中是一个坚持而稳健的辛勤工作者。由于这类人具有与兴奋过程相均衡的强的抑制，所以行动缓慢而沉着，严格恪守既定的生活秩序和工作制度，不为无所谓的动因而分心。粘液质的人态度持重，交际适度，不作空泛的清谈，情感上不易激动，不易发脾气，也不易流露情感。这种人长时间坚持不懈、有条不紊地从事自己的工作。其不足是有些事情不够灵活，不善于转移自己的注意力，惰性使他因循守旧。

优点：稳重，考虑问题全面；安静、沉默，善于克制自己；善于忍耐。

缺点：在面临压力时，不但不会主动应付，反而容易采取回避态度；喜欢把事情拖到最后才去做。

多血质：又称活泼型，敏捷好动，善于交际，在新的环境里不感到拘束。在工作学习上富有精力而效率高，表现出机敏的工作能力，善于适应环境变化；在集体中精神愉快，愿意从事合乎实际的事业，能对事业心向神往，能迅速地把握新事物，在有充分自制能力和纪律性的情况下，会表现出巨大的积极性；兴趣广泛，但情感易变。

优点：具有朝气、热情、活泼、爱交际、有同情心、思想灵活等品质。敏感、反应迅速，喜欢与人交际。

缺点：容易变化无常、粗枝大叶、浮躁，缺乏一贯性等。

抑郁质：这一类型的人一般表现为行为孤僻、不太合群、非常敏感、表情腼腆、多愁善感、优柔寡断，具有明显的内倾性；柔弱易倦、情绪发生慢而强、体验深沉、言行迟缓无力、胆小、忸怩，善于觉察到别人不易觉察到的细小事情，容易变得孤僻。

3. 用行为动机理论来识人

行为动机理论是一个庞大的理论体系，包括精神分析的动机理论、认知失调理论、需求理论、自我决定论和自我效能理论等等，每一种理论都是从一个独特的视角来分析产生特定行为的内在心理动机。

人是一个复杂的有机体，一种行为的出现可能是由不同的动机所致，所以用某一种动机理论往往难以揭示一个人外在行为的内在真实动机。以诚信为例，一个人的信用卡透支，未及时支付，导致信用问题。对此我们加以分析说明：

（1）从动机理论来看，该人一定存在不想还款的愿望（不管什么理由），导致该人不还款。

（2）从认知失调理论来看，该人明明知道不还款会导致信用问题，所以他只能通过改变不一致的认知（即信用问题无所谓，大不了以后不用这张信用卡），使他的行为合理化。

（3）从需求理论来看，如果该人的基本生活需求还没有得到满足，他不会去追求高一级的需求（即受人尊重的需求）。

用这三种理论来解释个人行为的内在动机，每一种解释都有道理，但都不全面。

思考一下，两个人都没偿还信用卡到期账单，一个是在城里打工的农民工，因为拖欠工资而无法偿还到期债务；另一个是白领，因为大量透支消费而无法偿还到期债务。如果用单一行为动机理论来解释，两个人都会被认为是信用不好的人。如果综合运用行为动机理论来解释，结果完全不同，农民工不存在不还款的主观动机，而是外部条件造成他无能力去还款；白领则不同，大量透支消费是他主观的意愿和自觉的行动，到期账单不能支付也是他能够预期的结果，所以他不按期偿还贷款完全是由主观原因所致。

4. 用认知行为理论来识人

认知行为理论认为，在认知、情绪和行为三者中，认知扮演着中介与协调的作用。认知对个人的行为进行解读，这种解读直接影响着个体是否最终采取行动。认知的形成受到“自动化思考”（automatic thinking）机制的影响。所谓自动化思考是经过长时间的积累形成了某种相对固定的思考和行为模式，行动发出已经不需要经过大脑的思考，而是按照既有的模式发出。或者说在某种意义上思考与行动自动地结合在一起，而不假思索地行动。正因为行动是不假思索的，个人的许多错误的想法、不理性的思考、荒谬的信念、零散或错置的认知等，可能存在于个人的意识或察觉之外。

将认知行为理论用于识人上，会改变我们对他人的某些偏见。例如，90 后从小接受的就是现代消费观念，他们习惯于刷信用卡消费，这对他们的父辈来说，简直就是“败家子”。如果用认知理论来分析，得出的结论就完全不同。他们的认知基础是：生活要活在当下，要及时享受生活；货币在不断贬值，存钱没有意义；社会有保障，未来的生活不需要靠储蓄来维系。从这样的认知来看，他们确实不是“败家子”，而是会生活的人。

5. 对用心理学理论识人的评价

用心理学理论来识人，具有较高的科学性，但心理学所揭示的是一种普遍规律，并不能保证对每个个体都百分之百的准确。另一方面，由于人的表里不一和善于伪装的特性，有时单单依据心理学理论来识人仍然会出现较大的偏差，需要在运用心理学来识人时特别加以注意。

第三节　中国传统文化的识人方法

一、孔子识人

孔子是我国古代伟大的思想家，被尊为圣人。孔子对于识人，有许多精辟的文字流传。

《论语》曰：“益者三友，损者三友。友直，友谅，友多闻，益矣；友便辟，友善柔，友便佞，损矣。”

这段文字用白话来说就是：“有益的朋友有三种，有害的朋友也有三种。结交正直的人，结交诚实的人，结交见闻广博的人，是有益的；结交逢迎谄媚的人，结交两面三刀的人，结交花言巧语的人，是有害的。”

> 《五仪解篇》：哀公问于孔子曰：“请问取人之法。”孔子对曰：“事任于官，无取捷捷，无取钳钳，无取啍啍。捷捷，贪也；钳钳，乱也；啍啍，诞也。故弓调而后求劲焉，马服而后求良焉，士必悫而后求能智者焉。不悫而多能，譬之豺狼不可迩。”

翻译成白话就是：鲁哀公问孔子：“请教一下选拔人才的原则。”孔子回答说：“各取所能而任命以相应的官职，不要选拔花言巧语的人，不要选拔狂言妄语的人，不要选拔多言多语的人。花言巧语的人贪婪无比，狂言妄语的人扰乱是非，多言多语的人喜欢欺诈。所以弓调顺了以后再求它的强劲，马驯服了以后再求它的精良，士人一定要诚实，然后才可以要求他具有才能。如果为人不诚实却有很多才能，那就像豺狼一样不可接近。”

> 《六本篇》：子夏问于孔子曰：“颜回之为人奚若？”子曰：“回之信，贤于丘。”曰：“子贡之为人奚若？”子曰：“赐之敏，贤于丘。”曰：“子路之为人奚若？”子曰：“由之勇，贤于丘。”曰：“子张之为人奚若？”子曰：“师之庄，贤于丘。”子夏避席而问曰：“然则四子何为事先生？”子曰：“居，吾语汝。夫回能信而不能反，赐能敏而不能诎，由能勇而不能怯，师能庄而不能同。兼四子者之有以易吾，弗与也。此其所以事吾而弗贰也。”

翻译成白话就是：子夏问孔子说：“颜回的为人怎么样？”孔子说：“颜回在诚信这方面比我强。”子夏问：“子贡的为人怎么样？”孔子说：“端木赐在机敏这方面比我强。”子夏问：“子路的为人怎么样？”孔子说：“仲由在勇敢这方面比我强。”子夏问：“子张的为人怎么样？”孔子说：“颛孙师在庄重这方面比我强。”子夏离开座席，起身问道：“既然这样，他们四人为什么跟先生您学习呢？”孔子说：“坐下，我告诉你，颜回诚信却不会变通；端木赐机敏却不能屈抑；仲由勇敢却不知退避；颛孙师庄重却不能合群。即使同时兼有这四个人的长处以改变我的言行，我也不会同意。这就是他们跟我学习而且坚定不移的原因。”

孔子论识人的文章很多，不一一列举。

二、诸葛亮的识人思想

诸葛亮不仅是一位伟大的战略家，而且是伟大的思想家。诸葛亮在识人方面也有非常独特的见解，他认为人“美恶既殊，情貌不一；有温良而为诈者，有外恭而内欺者，有外勇而内怯者，有尽力而不忠者”。就是说，人的真善美与假恶丑，并不都是表现在情绪和脸上的，也不能从一般的表现上看出来。有的看似温良而实际狡诈，有的外表谦恭而内心虚假，有的给人的印象勇不可挡实则临事而惧，怯懦得很，有的在顺境时可以尽力，到处于逆境、环境变化时就不能忠于事业和信仰。因此他提出领导者应该亲自考察自己直属的下级，以知其意志、应变、知识、勇敢、性格、廉德、信用，而绝不可仅凭感情和印象用人。诸葛亮的“知人”方法对于领导者在用人上是有很大帮助的。其方法为：

“问之以是非，而观其志”。就是要亲自与下级讨论对各类事物是非对错的看法，来观察他的立场、观点、信仰、志向是否明确坚定。

“穷之以辞辩，而观其变”。就是要求领导者就工作中某些现实问题的处理意见同下级不断地进行辩论，提出质疑，以此来考察他的智慧与应变能力。

“咨之以计谋，而观其识”。就是不断地向下级提出咨询，请他们对一些重大问题提出谋略和决策方案，以考察他是否有能力和见识。

“告之以祸难，而观其勇”。即告诉下级可能面临的灾祸和困难，来识别他是否能临难而出，勇往争先，义无反顾，救国救民。

“醉之以酒，而观其性”。就是领导在与下级同宴时可以劝他饮酒，以观察他是否贪杯，酒后能否自制以及表露出来的本性如何，是否表里如一，等等。

“临之以利，而观其廉”。就是把下级放在有利可图或者可以得到非分利益的工作岗位上，看他是否廉洁奉公，以人民利益为重，还是贪图私利或者只顾小集团的利益，见利忘义。

“期之以事，而观其信”。就是委托下级独立自主地去完成某项工作，看他是否恪尽职责，克服困难，想办法去把事情办好，还是欺上瞒下，应付了事，来考察下级是否忠于职守，恪守信用。

三、李悝识人五法

李悝是战国初期魏国的丞相。魏文侯请李悝为他挑选的两位候选人提出裁决意见，李悝提出了“识人五法”供魏文侯参考：

第一，居，视其所亲。看一个人平常都与谁在一起，如与贤人亲，则可重用；若与小人为伍，就要当心。

第二，富，视其所与。看一个人如何支配自己的财富，如只满足自己的私欲，贪图享乐，则不能重用；如接济穷人，或培植有为之士，则可重用。

第三，达，视其所举。一个人处于显赫之时，就要看他如何选拔部属，若任人唯贤，则是良士真人，反之，则不可重用。

第四，窘，视其所不为。当一个人处于困境时，就要看其操守如何，若不做苟且之事，不出卖良心，则可重用，反之，则不可重用。

第五，贫，视其所不取。人在贫困潦倒之际也不取不义之财，则可重用，反之，不可重用。

四、曾国藩识人

一代国学大师梁启超认为，在中国五千年灿烂历史上立德、立言、立功者只有寥寥两人——范仲淹和曾国藩，而事业得以传衣钵者只有一人——曾国藩。曾氏何以得此殊荣，可以写出一篇数十万言的论文来论证这一事实。单单在识人方面，曾氏即以《冰鉴》一书而流芳千古。该书由表及里、揽故纳新，从容貌、气度、仪态、声音、气色等七个方面系统总结了识人术（见图 6－3），堪称我国传统文化中一颗璀璨的明珠。

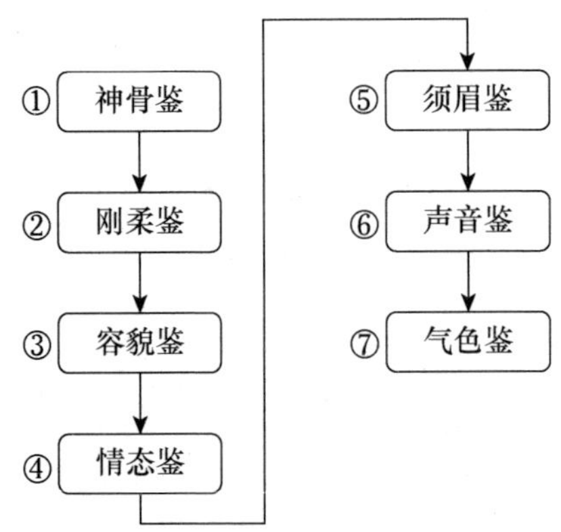

图 6－3　《冰鉴》总结的识人术

后人从《冰鉴》中总结出以下识人口诀：

主意看指爪，风波看脚筋；
若要看条例，全在语音中。

五、五行八卦

中国人算命极为风行，解放后曾经被列为迷信而饱受打击，改革开放后随着思想的开放而又逐渐重整旗鼓，很多人对此坚信不疑，甚至到了崇拜的地步。算命背后的基本思想就是五行八卦。上述曾国藩的识人术中就大量应用了五行八卦的思想。

五行八卦是一种玄学，用现有的科学知识难以解释，或许是属于灵念性的范畴。五行八卦内容非常丰富，介绍这方面知识的书籍也非常多，限于篇幅，在此就不再详细介绍。

由此可见，中国传统文化的识人智慧非常丰富，也非常实用，只要能够做到潜心研究、用心体会、勇于实践，你的识人能力就会大幅提升。

六、其他识人方法

1. 物以类聚，人以群分

西方有句谚语："要了解一个人，只需看看他所交的朋友。"英国作家丘尔契曾说过："世界上没有比交友不慎危害更深的东西了，因为它种下的是疯狂，收获的是死亡。"中国古人则云："审其所好恶，则其长短可知也；观其交游，则其贤不肖可察也。"孔子也说过，与那些正直的人、能体谅人的人、见闻广博的人交朋友，受益匪浅。而那些谄媚奉承、心术不正、华而不实的人，千万不可与之为伍。通过对一个人交什么样的朋友，以及对朋友的态度如何的观察，也就能够判断其人的好坏了。物以类聚，人以群分，古人的这种识人方法，对我们今天仍有借鉴意义。

人与人之间总是因情绪、兴趣、爱好、性格的相互融洽而成为朋友的，有的是志同道合，有的则是臭味相投。有的以友情为重结为朋友，有的以事业为重结为朋友，有的是为了一个共同的革命目标，从五湖四海走到了一起来，也有人为了达到不可告人的目的而内外勾结，狼狈为奸。近朱者赤，近墨者黑，我们可以根据一个人结交的是什么样的朋友，来考察这个人是怎样的人。看一看与他经常往来的朋友的品性怎样，也就清楚他的人品如何了。

物以类聚，鱼找鱼，虾找虾，蛤蟆找的是蛙亲家；人以群分，跟好人学好人，跟端公跳大神。1973 年 8 月，中国共产党第十次全国代表大会召开，许世友和张春桥分别坐在江青的两侧。新闻记者拍了许多照片，后送到江青处审查。江青把她和许世友在一起的照片全撕了，只发表了她和张春桥坐在一起的照片。许世友知道后，在心里骂道："这才叫'物以类聚，人以群分'，老子还不愿和你坐在一起呢!"

2. 讲信用是基础

许多人都有过这样的经验：与好友约定相见，经常迟到；但和客户谈生意时，却一定比对方提前到。这样的人总认为彼此既然是好友，守不守时没有关系，殊不知，这种想法和做法大错特错。我国自古以来强调守“信”。“一言既出，驷马难追”的训导古已有之，而且，古人早把能够守信的人叫丈夫，不能守信的人自然就被视为小人。

为了判断对方是否是一个表里如一的人，我们应仔细考察他平常的言行举止。例如，秘书录入文件时出了差错，上司提醒她认真一点，她诚恳接受，但很快她又犯相同的错误。此时上司很可能会把秘书看成一个言行不一致的人，因为她只在口头上道歉，实际行为却不加改正。

不按自己所说的话去行事，往往会被视为一个交往中连最起码的规则都不遵守的人。对于那些平时负责任的人，他们认为对方也该如此，所以会拒绝与那些言行不一致的人交朋友。

做人之道，大概没有什么比诚笃守信、取信于人更为重要的了。我们看一个人与人交往时，只要他能做到诚实守信，其他方面的缺陷可能会宽容忍让。反之，若失去了这个根本，我们便不会相信他，不愿与他共事，不愿与他打交道。

3. 患难中奋进者有前途

人在患难之时，往往情绪低落、不思进取，而平时身上的那些劣根性的东西也都自然地表现了出来。有时看人，其富贵时一个样，衰落时又一个样。而在患难之中能保持自己的优秀品质，做到有所不为有所不取、顽强拼搏、积极奋进，这样的人确实难得。

4. 如何识别小人

中国古语云“以小人之心度君子之腹”，又说“谨防小人”。可见小人的声誉很差，很不得人心，按理应该人人鄙夷才对。但费解的还有一句“无毒不丈夫”。小人的反义词应该是大丈夫，按理小人和大丈夫的行为应该完全不同才对，但这里小人和丈夫的行为特征都是“毒”，可见两者的行为很难区分。在人际交往中识别对方是不是小人非常重要。

小人有许多特点，可以用“八喜”来归纳：喜欢造谣生事，喜欢挑拨离间，喜欢拍马奉承，喜欢阳奉阴违，喜欢依傍大树，喜欢踩人上位，喜欢落井下石，喜欢找替死鬼。

生活中，常见的小人有六种：深不可测型、暗箭伤人型、歇斯底里型、装疯卖傻型、恃才傲物型和煽风点火型，遇到这六类人，我们最好敬而远之。

归纳起来，如何识别一个人，要从整体上看人，就是要从德、识、才、学、体这五个基本方面，也就是按人才所构成的基本要素来评定。五者是相辅相成的一个整体，它们之间互相影响，互相制约，不能只见一点而忽略了其他几点。这就需要用整体性的综合思维方式，把事物经分析之后的各个方面、各个层次联系起来，形成一个整体去认识，从而得出正确的结论。“横看成岭侧成峰，远近高低各不同”，这句诗告诉人们，识人知人时，采取不同的认识角度会产生不同的结果。如果从上往下看，会把人看矮了；如果从下往上看，会把人看高了；如果从近往远看，会把人看小了；至于门缝里看人，会把人看扁了。只有以全面、发展的眼光，并在工作生活实践中观察人，才能看清一个人的本质。

人无完人，世上既无绝善之人，也无绝恶之人。择友的核心是选择与自己“三观”相似的人。

第四节　人生必备的人脉资源

人要活得有意义、有价值，就必须通过自身的努力，实现人生的理想与目标。但要实现这样的理想和目标，离不开朋友的支持与帮助。俗话说：“一个篱笆三个桩，一个好人三个帮。”人生活在社会中，离不开与他人的交往，更离不开朋友的帮助。人脉资源中，有一类特殊的资源，或许他们不是我们最亲密的知己，也不是我们交往最频繁的好友，甚至他们与我们之间还存在较大的差距，但他们却是我们最重要的人脉资源，他们的一番教诲，会让我们改变对世界的看法；他们的一封推荐信，会让我们获得人生中最宝贵的机会；他们的一句忠告，会帮助我们远离巨大的灾难……总之，他们是能够影响我们命运的人，我们将他们称之为人生的“导师”。

人生中，导师的作用毋庸置疑，且中国人有尊师的传统，“一日为师，终身为父”。老师不仅仅是知识的传授者，更是人生道路的指引者、事业的促进者、生命的启迪者。导师的重要性不仅仅体现在工作中，人生中其他方面也都需要导师，需要用导师的智慧和经验来引领我们，让我们少走弯路，少摔跤，从而使身体更加健康、家庭更加美满幸福、事业更加发达、人生更加精彩。

由于人的经验和智慧都存在较强的专业性，很少有人既是心灵方面的智者，又是健康方面的专家，还拥有专业的法律知识和较高的社会地位。因此，人生导师不止需要一个，而是在不同的人生阶段需要不同的导师，在不同的领域需要不同的导师。

既然导师如此重要，那么我们去哪里寻找我们所需要的导师呢？相信能够成为我们导师的资源肯定存在，但是，他们不会坐在那里等我们去发现，而且即使某人完全有资格担当我们的导师，但对方未必愿意担当导师的角色。

一、什么样的人才有资格成为我们的导师

“师者，所以传道授业解惑也。”师者，天地君亲师五伦中之一伦也。师道，在中国语境中就是君子大学之道，这种大学之道，就是要把人从“子民”“百姓”“小人”的状态中解放出来，使其知道自己光明的品德，更新自己的生存或生命意义，达到至善至美的境地。即朱熹一再称道的《大学》“三纲领”：“大学之道，在明明德，在亲民，在止于至善。”

在传统中国，师者何以具有崇高的地位？按中国人的理解，天佑我们，以君，以亲，以师来加持我们。在这中间，师者的心地是最为自由、光明、高尚的。同时，尊师重道是我们的传统，“一日为师，终身为父”。这是因为，“师哉，师哉，桐子之命也”。老师决定了学生一生的命运。师者对学生的引导，就是“肩住了黑暗的闸门，放他们到宽阔光明的地方去”。

《礼记》中明确地说："记问之学，不足以为人师。"《大学》则深谙人性中的阴暗和果报："言悖而出者，亦悖而入；货悖而入者，亦悖而出。"你说话不讲道理，人家也会用不讲道理的话来回答你；财货来路不明不白，总有一天也会不明不白地失去。我们由此可以理解当代中国的很多怪现象，有些学官、教授为大众嘲笑、诅咒，即在于他们的狂悖，他们的人格矮化、官化得成为一个个笑话，他们是"教育雾霾"的制造者。

由此我们能够理解具有什么样的人格才配做先生，没有德行的人其灵魂也是阴暗猥琐的。今天我们社会上流行的成功学和官本位文化，在有尊严者心中，只是"世禄"，它们既非我们的师道，更非人生健康幸福的指标，但遗憾的是它们仍为很多人师法，仍在流行。它们的流行让我们与一切健康的人格、高尚的心灵相暌违。古希腊的圣贤伯里克利说过："我们既关心个人事务，又关心国家大事……毫无疑问，那些深知战争的灾患与和平的甜美，因而能临危不惧的人，才称得上具有最伟大的灵魂。"

考察东西方文明的教育之本便可知，人格之涵养是人生社会的终极目标。中国人讲"与天地参"，即是此意。这种顶天立地的人格养成，并不高深，因为立人之道，曰仁曰义。儒、释、道在此殊途同归。而西方人在此的诗意仍然一致：康德说，"人是目的"；两千年前的伯里克利则骄傲地说，"我们雅典总的来说是希腊的学校，我们中的每一个人都具备了完美的素质，都有资格走向沸腾的生活的各个方面，都有最优雅的言行举止和最迅速的办事作风。"

乾隆皇帝为孔子写过一副对联："气备四时，与天地鬼神日月合其德；教垂万世，继尧舜禹汤文武作之师。"孔子作为老师是当之无愧的，他的人生境界，今天仍让人向往，"高山仰止，景行行止，虽不能至，然心向往之"。这就是导师的典范。

二、导师的种类

人是一种十分复杂的动物，而我们所生存的社会也是一个十分复杂的社会。

复杂的人生活在一个复杂的社会环境中，可见人生之艰难。在复杂的人生中，不可能有一个万能的导师来帮助我们解除人生中可能遇到的所有问题，而是需要多方面的导师，分别来帮助我们解答心灵、健康、家庭、事业等方面的问题，从而使我们的人生道路“天堑变通途”。以下就不同类别的导师，分别详细介绍。

1. 心灵方面的导师

心灵方面的导师为我们人生中最基本的问题提供指引，帮助我们形成正确的世界观、人生观和价值观。心灵方面的导师最为重要，需要德高望重的人担当，最合适的人选是自己崇拜的且德高望重的智者。人生的基本问题既非常复杂，也十分简单，所以一般的专家根本没有能力用简单的方法来帮助我们解决复杂的问题，而只有那些德高望重的智者，他们非常善于用朴实的语言、浅显的道理来帮助我们分析人生中的复杂问题，启迪我们的心智，打动我们的灵魂，并使我们心悦诚服地接受他们的观点和建议，并将此自觉地转化为自己的思想意识和行为准则。回想一下，我们自己人生中所犯的错误与走过的弯路，哪一个我们的父母、老师、朋友没有提醒过？但由于他们不是我们所信服的人，更不是我们所崇拜的对象，我们根本没有将他们的教导或嘱咐当回事，更不能以此来改造自己的思想，指导自己的行为，仍然是我行我素，最终酿成大错，追悔莫及。

2. 生活方面的导师

历史的经验告诉我们，人生的道路充满荆棘和坎坷，而只有拥有智慧的人，才能够披荆斩棘，克服生活中的重重困难，才是生活的强者，才能收获幸福的人生。如何才能拥有生活的智慧？一是从历史的经验和教训中吸取，二是从生活的实践中积累。而其中最好的捷径就是找到一位生活方面的导师，给我们生活的智慧，帮助我们克服生活中的困境，开创幸福的人生。生活包括家庭生活和社会生活两个方面，所以生活方面的导师也需要在这两个方面给我们指导，其中家庭生活的指导主要涉及婚姻、家庭方面的问题，社会生活主要涉及人际交往、社会事业方面的问题。如果能够找到在这两个方面都具有专业知识和技能的人，一位导师就能帮助我们解决生活方面的问题；如果不行，则需要分别在家庭生活和社会生活方面各找一位导师。

3. 事业方面的导师

事业是生命之树。生命的意义就是创造价值，为自己、为家庭、为社会的发展做出贡献。但是，由于我们的出生不同，所处的社会环境不同，客观上每个人得到的机会存在很大的差异。即使你掌握专门技能，也愿意勤奋工作，但如果没有贵人相助，机会仍然与我们无缘。山村来的孩子与富二代毕业于相同的大学，但他们的事业轨迹有天壤之别。山里孩子要想迎头赶上，除了付出自己的辛勤汗水，还必须用自己的智慧去结交事业上的贵人——导师。千里马遇不到伯乐，永远拴在马厩里，谁知道它能日行千里。人才也是一样。

4. 其他专门方面的顾问

(1) 健康方面的顾问。健康是生命之本。不健康的身体使我们只能度过不完整的人生，特别是那些非遗传、非先天性疾病，会给人生带来无限的痛苦。为了让我们的身体免遭疾病的困扰，避免因不健康的生活方式带来肥胖、高血压等不快的体征，我们就需要一位健康方面的导师，帮助我们建立科学健康的生活方式，患病时选择科学合理的治疗手段，并能以阳光的心态对待疾病与死亡。在国外，许多发达国家的人民都有私人或家庭医生（他们绝大部分是全科医生），终身负责对个人或家庭成员的健康提供顾问及医疗服务。中国由于国情的不同，实行的是不同的医疗体系，并把健康保健与疾病治疗割裂开来。大部分中国人认为健康保健是中医的长项，故社会上出现了许许多多张悟本这样的“养生专家”，以匪夷所思的所谓“食疗”帮助人们养生。当人们遇到疾病时，再去寻求西医的帮助。除去流行性疾病，我们的身体发生任何病变，都是一个渐变的过程，医生要做出正确的诊断，离不开对我们过去健康状况的全面系统了解，临时找一位专家，如果对我们过往的健康状况不了解，单凭一次检查结果，很难做出正确的诊断。名医误诊大都是因为这个原因。因此，如果要保证自己拥有健康的身体，在患病时得到最好的救助，最好有一位私人医生。这样的私人医生对我们个人和家族都有较为全面的了解，并为我们建立完整的医疗健康档案。

人的健康不仅要求生理上的健康，也要求心理上的健康。过去，由于信息闭塞及无知，几千年来谈到健康就只知道生理上的健康，忽视了心理上的健康。广义的心理健康包括认知能力、社会化水平和情绪情感的自我调控，狭义的心理健康主要包括情绪情感的自我调控。这里，我们指的是狭义上的心理健康。情绪情感是人的高级心理现象，对人的影响极大，如果不能很好地调控自己的情绪情感，就会产生焦虑、烦躁等负面情绪，不能与他人友好相处，生活和工作都难以正常开展。这些负面情绪如果得不到及时的排解，就会形成心理疾病，产生厌世心理，甚至自杀。很多心理问题，并不能依靠个体自身能力来缓解或排解，需要借助心理医生的专业技能，帮助患者解决心理问题。

(2）法律方面的顾问。法律是法治社会中自我保护的利剑。随着法治社会建设的不断深入，为了保护自身的合法权益、避免发生违法行为，人们会遇到越来越多的法律问题。另一方面，法律又是一门非常专业而内容庞杂的体系，如果没有经过专业的训练，再加上投入大量的时间和精力，普通人根本无法全面掌握法律体系。所以，人们客观上需要一名专业的律师，充当法律顾问。

(3）理财方面的顾问。随着社会经济的不断发展，绝大部分人民群众成为了有产阶级。而对于有产阶级而言，资产的增值保值，是人们生活中的一件大事。现实社会中，资产的管理（或称为理财）面临两方面的挑战，一是要在众多的投资机会中进行决策，寻找最佳的投资组合；另一方面需要在社会上广泛收集信息，以发现绝佳的投资机会。这两方面的工作，均需要由专业人士来完成，一般未经过专业训练的人根本力不从心。所以，为了保证资产的保值增值，就必须寻找理财顾问。

表 6－1 对各种人脉资源的重要作用、核心任务、合格人选和寻找途经作了总结归纳。

表 6-1

导师类别	重要程度	核心任务	合格人选	导师来源
心灵导师	★★★★★	世界观、人生观、价值观的问题	崇拜对象（明星除外） 德高望重者	自主寻找 朋友推荐
事业导师	★★★★	择业问题 事业进步	资深经理 行业专家 上级领导	单位内、系统内自主寻找
家庭导师	★★★	择偶（婚姻） 子女教育 家庭关系	家庭/婚姻专家 教育家 人际关系专家	朋友推荐 自主寻找
健康顾问	★★★★	生理健康 心理健康	全科医生 心理医生	朋友推荐 自主寻找
法律顾问	★★★	预防犯罪 保护合法权益	资深律师 高级司法工作人员	自主寻找 朋友推荐
理财顾问	★★★	资产的保值增值	专业私人资产管理人员（包括基金经理、保险经理、投资理财咨询师等等）	自主寻找 朋友推荐

三、如何寻找导师

要求一位陌生人做自己的导师，成功的概率并不大，但经过深思熟虑，明确直接地提出问题，这种交流方式是有帮助的。由于导师和我们在社会阶层上存在相当的差异，故大部分导师需要在我们当前的直接人脉资源之外去寻找。寻找的方法一般有两种，一种是朋友推荐，另一种是自我直接发展。至于选择哪一种方法，既要考虑当前的可能，也要考虑他人的愿望。毕竟寻找导师是我们自己的迫切需要，而对方并没有这样的迫切性，因此，需要寻找者积极、耐心、谦虚，从而博得潜在可能成为导师的认同，最终真正将其发展成为我们理想中的导师。

研究显示，导师对门生的选择基于其外在表现和内在潜力。人们会本能地投资给那些才华出众以及能因资助而真正受益的人。在被指导者能善用时间，真心接受反馈时，导师会继续为之投入。这种关系可以发展成为友谊，但仍然是以工作与职业关系为基础。

寻找导师，要克服“找个导师你就能变得优秀”的心理，而是要通过人际交往活动，使“导师认为你是值得帮助的人”。

1. 朋友推荐法

当我们确定了需要寻找导师后，可以首先请自己的亲朋好友推荐合格的人选。一般情况下，如果他们有适合成为所需“导师”的人选，会比较愿意做推荐。只有当朋友认为你人品有问题或办事不太靠谱时，才会拒绝这样的请求。当然，如果你需要的导师和自己及亲朋好友的社会地位差距过大时（超过两个层级时），朋友也很难为你推荐合适的人选，且即使是给你推荐了目标对象，最终成功的机会也不会太大，对方很可能会拒绝你的请求。在这种情况下，如果推荐人是自己的直系亲属、老师、直接上司时，且推荐人较为执着时，推荐的成功率会有一定的保障。

2. 自我发展法

当发现通过身边的亲朋好友无法为我们推荐所需要的合格导师人选时，个体就只能依靠自己直接发展。尽管这样的成功率较低，但如果方法得当，态度诚恳，也有一定的成功希望，正所谓“有志者事竟成”。自我发展法可通过如下程序开展工作：

- 通过多种渠道寻找“导师”目标对象潜在人选；
- 对潜在的“导师”目标对象进行全面的分析比较，最终锁定“导师”目标对象人选（可以是多个，按照优先序列进行排序）；
- 采用恰当的通信手段，与首选“导师”目标对象开展交往，并争取使“导师”目标对象对自己有一个良好的第一印象；
- 积极开展人际交往活动，增进“导师”目标对象对自己的认识和理解；
- 循序渐进，在“导师”目标对象认为自己是一个值得帮助的人时，再巧妙地提出请求；
- 为自己的请求做出合理的承诺；

● 如果首选对象没有成功，则从“导师”目标对象序列中选择下一位进行交往，重复上述步骤，直至选中导师。

当然，通过上述步骤也可能不成功。此时，就应该降低“导师”目标对象的标准要求，再重复上述步骤，找寻合适的“导师”。人生的发展是阶段性的，随着自己的成长，会从一个较低的阶段过渡到一个较高的阶段，所以过了一段时间后，可以重新启动寻找导师的工作，以发现更高水准的人生导师。

四、如何与导师交往

选定了导师，就要和导师开展交往。导师对我们的指导，都是在人际交往活动过程中完成的，所以，选择科学的交往方式，不仅能让我们在良好的氛围中学习，而且有利于导师指导水平的发挥，从而使我们得到更大的收获。其实，能够成为合格的导师，他们都有着自己的专业工作，很少有导师能够花大量的时间去手把手指导门生，他们中大多数人都必须应对自己的工作，压力也很大。情绪积极、准备充分的被指导者会让他们眼前一亮。出于同样的原因，在导师面前，被指导者应该避免过度抱怨。占用导师的时间并希望自己的情绪得到认同，也许会在心理调适上有所帮助，但最好还是多关注怎样切实解决具体问题。大多数处于指导地位的人都很擅长解决问题，那就给他们一个需要解决的问题。有时候，具有很强自信心和发展潜力很大的人感觉很难去寻求帮助，因为他们不想让别人认为自己无法解决自己的问题。但无论在工作还是生活中，我们总会对一些问题没有把握，需要别人给予一些建议。我们应该认识到，需要征求他人的意见并不表示你软弱，这反倒能够为你找到前行道路的方向和动力。具体来说，与导师相处时，应该把握好以下几个方面的问题：

1. 问题导向型交往

首先，与导师的交往活动以请教问题、讨论问题为主。我们与导师开展人际交往，主要目的是为了解决我们工作和生活中的实际问题，这是导师和我们双方都非常明确的事实，所以在与导师的交往过程中，一定要围绕着问题来开展交往，请导师为我们排难解惑。或许我们有时会想与导师开展一些休闲娱乐型的人际交往活动，以增进我们和导师间的友谊。但实际上效果一般不会太好，这是因为这样的交往方式与导师和你进行交往的目标相悖，所以，在与导师的交往过程中，为了表达我们的感恩、增进和导师的友谊，可以提议和导师开展一些休闲娱乐型的交往活动，但绝不要勉强导师参加这样的活动。

其次，不要占用导师太多的时间。导师有其本职工作，也有其私人的生活，成为我们的导师并来帮助我们，他们已经做出了很大的牺牲，所以我们没有权利更多地占用导师的时间，更不能打扰导师正常的工作、生活和休息。

最后，不滥向导师提出其他请求。我们向导师提出的请求是顾问式的帮助，导师答应的也仅仅是这样的帮助，千万不要在与导师的交往过程中滥提要求，让导师为难。一方面，这样会让导师认为你做事没有原则，不守本分；另一方面，会让导师怀疑你与之交往的动机，进而怀疑你的人品。其实，只要换位思考一下，我们就很容易理解这一要求。

2. 以虔诚、感恩的心态和行动与导师进行交往

尊师是中国人的传统美德，所以在与导师的交往活动中应该始终保持谦卑、虔诚和感恩之心。这样的尊敬应该是发自内心的、真诚的情感表露，不掺杂任何庸俗的、低级趣味的思想观念，并能让导师感到自豪和有荣誉感。

尊师和感恩要表现在行动上，让导师感知得到，为此，在重要的节假日我们应当以恰当方式问候并感谢导师，以表达我们的真诚感谢和对导师的尊重。这样的感恩方式正可谓“君子之交淡如水”“礼轻情意重”，既符合传统文化中的礼数，也满足当今社会的道德规范，非常契合师生关系的交往方式。

为了表示我们的真诚，也应尽量争取机会为导师及导师的家庭做一些力所能及的事，用真实的行动表达感恩之心。不同的导师会有不同的处事方式，但如果能够博得导师周边亲人对我们的认可，将会进一步强化导师帮助我们的愿望，促进师生之间友情的发展。

3. 让导师和你一起分享你所获得的进步和成绩

导师之所以愿意帮助我们，最主要的目的是想通过他们的帮助，使我们尽快成才，取得进步，发展事业。因此，在与导师交往的过程中，我们应该及时将自己取得的进步和成绩向导师回报，与导师分享快乐。没有什么能够比与导师共同分享进步和成绩而给导师带来更多快乐的了，所以，必须牢记住，当我们取得进步和成绩时，一定要在第一时间通知导师，并与导师分享这样的成绩。

同时，在谈及自己的进步和成绩时，永远不忘感谢导师的帮助，这既是一种真诚的感恩，也让你周边的人了解到你是一个懂得感恩的人，值得信赖的人，为你赢得他们的友谊和支持打下坚实的基础。

4. 尊重导师的习惯，采用灵活多样的交往方式

每个导师都有不同的生活习惯和行为方式，导师不会因为收了你这样一个弟子而去改变自己的生活习惯和行为方式。而作为弟子，我们必须在与导师最初的交往中尽量多地了解导师的生活习惯和行为方式，并以此来开展与导师的交往。这既是对导师的尊重，也能最大限度地发挥导师的作用，使我们得到最大的收获。

Facebook 首席执行官谢莉尔·桑德博格说，她很幸运在职业生涯中遇到了很好的导师——哈佛大学拉里·萨默斯教授，华盛顿邮报集团的董事长唐·格雷厄姆，他们帮助她渡过了工作中一些极富挑战性的难关；美国佩利媒体中心首席执行官帕特·米切尔的鼓励和支持，还有其他许多人，都曾给她以鼓励，为她引介他人，并以身作则地教导她。他们的智慧让她避免了很多错误；而且在她偶尔犯错时，他们也会帮助她收拾残局。她也尝试过指导别人，随着年龄增长，还指导过朋友的孩子。

第七章　会管理，发展你的联结力

不看通讯录，你知道你有多少朋友吗？

你与你的好朋友一年联系多少次？

你一年帮了你的朋友多少次？

你求助了多少次？得到了多少次帮助？

哪几个朋友是有求必应？

如果你很容易就回答出上述问题，恭喜你！你对自己的人脉资源有很好的管理。或许有的朋友并不能很快回答出上述问题。

既然人脉资源非常重要，有必要进行有效的管理。与其他资源一样，没有有效的管理，人脉资源就会变质、会枯竭，难以发挥应有的价值作用。

但如何管理人脉资源，确实是个难题。通讯录不能算是有效的管理工具，它提供的信息只有联系人的通讯方式，或者再增加一点有限的分类管理。人脉资源管理的目标是通过社交活动，既发展新朋友，也维护好老朋友，提升人脉资源的质量和结构，满足自身工作和生活的需要。所有的人脉资源管理工作都要围绕着人脉资源管理的目标来开展。具体来说，人脉资源管理需要达成如下具体目标：

- 人际关系信息管理：现有的朋友是谁？如何联系？有多少朋友？

● 联结力管理：我和他的关系如何？如何提升关系质量？还需要什么样的新朋友？

● 价值管理：他有什么需求和资源？我能否帮他？他能否帮我？是否能够分享与合作？如何合作？

管理人脉资源，需要运用科学的管理方法。现代管理学提出了许多科学管理方法，如 PDCA 戴明循环、5W2H 分析法、ABC 管理法、海尔 OEC 管理法、SWOT 分析法、5S 管理法等等。

本章简要介绍运用 PDCA 戴明循环方法管理人脉资源。

管理人脉资源需要借助网络信息工具。人脉资源信息不是通讯录，它不仅包含人脉资源对象姓名、联系方式，而且还包括人脉通道信息、朋友的需求资源信息、信用信息以及多维度人脉资源信息等等。如此庞大复杂的人脉资源信息，如果没有高效的管理工具，根本无法进行有效管理。

第一节　管理人脉资源的基本方法

针对人脉资源的特点，推荐使用简单易用的 PDCA 戴明循环作为管理人脉资源的基本方法。

PDCA 循环是美国质量管理专家休哈特博士首先提出的，由戴明采纳、宣传，获得普及，所以又称戴明环。PDCA 循环（见图 7-1）的含义是将管理分为四个阶段，即计划（Plan）、执行（Do）、检查（Check）、处理（Action）。四个阶段完成后，再进入一个新的循环，周而复始，从而达到管理的目的。在管理自己的人脉资源时，同样需要首先做出人脉资源计划，然后按照计划实施，实施完成后还要检查实施效果，并根据实施效果总结经验，好的经验要保持，存在的问题要进行深入的分析，并留到下一阶段（循环）去解决。经过不断的循环往复，才能不断提升自己的人脉资源管理水平，丰富人脉资源数量，提高人脉资源质量。

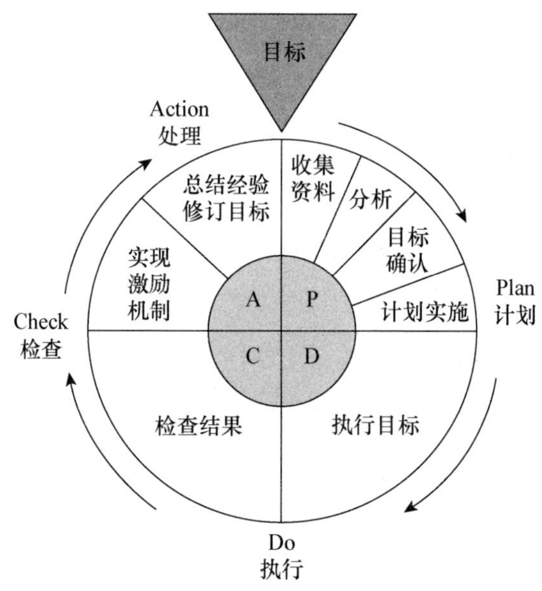

图 7-1　PDCA 循环

一、制定人脉资源计划（Plan）

人脉资源不是从天上掉下来的，而是在人的成长过程中通过人际交往活动逐步积累起来的，所以想要拥有丰富的人脉资源，首先要确定你的人脉资源目标。同时要知道，人脉资源并不是你想要多少就有多少、想要马上就有，需要根据你自身的条件来确定人脉资源目标。制定人脉资源规划主要包括以下任务：

1. 分析人脉资源现状，找出重点问题

你的人脉资源现状包含两方面的内容，一是有关你自己对人脉资源的观念、意识、人际交往能力等方面的情况，二是人脉资源对象的情况，包括人脉资源数量、质量、结构等等。

对于人脉资源方面的问题，一般都会认为自己的人脉资源数量少，人脉资源对象质量低（社会地位低、能力水平低等等）。从需求的角度来说，一般认为数量越多、质量越高就越好，但这仅仅是一个美好的愿望，还要考虑客观可能性。尽管人脉资源重要，但一个人用在社交上的时间和精力都有限，不可能与成千上万人保持紧密联系。同时，对于人脉资源的质量问题，你不可能要求你的朋友都是层次高、资源多的人，理由在第一篇曾经介绍过，在此不再赘述。简单来说，你的人脉资源质量一定与你所属的社会阶层相匹配，不能有过高的奢望。

社会学家对一个能够管理好的人脉资源有一个基本的判断，大约是 150 人。社交能力强的人会适当多一些，社交能力弱的人相对要少一些。

分析人脉资源现状，最好采用电子表格工具来进行。一般的通讯录管理工具带有一些基本的管理手段，但功能不够齐全，难以满足要求。下面为大家提供一个简要的人脉资源分析表，供简单分析使用。小王的人脉资源有 296 人，分类信息如表 7－1 所示。

表 7－1　　小王的人脉资源分类信息情况

	按关系紧密度分类				按关系重要性分类				按关系对象社会层次分类			
	密友	朋友	熟人	合计	非常重要	重要	一般	合计	比自己高	和自己相似	比自己低	合计
实际值	5	31	260	296	21	48	227	296	21	48	227	296
标准值	8（5%）	38（25%）	104（70%）	150	15（10%）	38（25%）	97（65%）	150	23（15%）	75（50%）	52（35%）	150

针对小王的人脉资源现状，我们做如下分析：

从小王的人脉资源数量来看，296 与标准值 150 大了差不多一倍。这里存在统计口径方面的问题，我们一般会把手机通讯录中的所有人都列为人脉资源来进行统计，实际上这与我们说的人脉资源是两个概念。如果把超过一年未联系过的人排除掉，统计的人脉资源数量就会大大减少，会接近 150 人。如果经调整后的人脉资源数量还是大大超过 150 人，那么，小王的人脉资源数量就偏多。

假设经调整后，小王的人脉资源总数为 172 人，关系分类信息如表 7－2 所示。

表 7-2　　经调整后的小王人脉资源分类信息情况

	按关系紧密度分类				按关系重要性分类				按关系对象社会层次分类			
	密友	朋友	熟人	合计	非常重要	重要	一般	合计	比自己高	和自己相似	比自己低	合计
实际值	5	31	136	172	16	44	112	172	14	40	118	172
标准值	8（5%）	38（25%）	104（70%）	150	15（10%）	38（25%）	97（65%）	150	23（15%）	75（50%）	52（35%）	150

从表 7-2 可以看出，小王人脉资源的调整主要表现在以下几个方面：

关系亲密度方面：主要调整了熟人，密友和朋友没有变。

关系重要性方面：非常重要的人调整了 5 人，说明尽管这五人对小王很重要，但平时缺乏联系沟通，如果再不加强沟通交流，将会丧失掉重要的人脉资源。重要和一般的人脉资源与标准值差异不大。

关系对象社会层次方面：比小王社会层次高的人调整掉了三分之一，和自己社会层次相似的人调整不大，比自己社会层次低的朋友大大高于标准值。说明小王在社交方面喜欢与比自己层次低的人打交道，享受那种高高在上、自我陶醉的感觉。这样的结构，不利于个人的事业发展。

2. 确定人脉资源目标，分析产生问题的原因

找准问题后分析产生问题的原因至关重要，运用头脑风暴法等多种集思广益的科学方法，把导致问题产生的所有原因统统找出来。

明确了研究活动的主题后，需要设定一个活动目标，也就是规定活动所要做到的内容和达到的标准。目标可以是定性＋定量化的，能够用数量来表示的指标要尽可能量化，不能用数量来表示的指标也要明确。目标是用来衡量实验效果的指标，所以设定应该有依据，要通过充分的现状调查和比较来获得。制定目标时可以使用关联图、因果图来系统化地揭示各种可能之间的联系，同时使用甘特图来制定计划时间表，从而可以确定研究进度并进行有效的控制。

(1) 目标体系。

人脉资源目标是一个目标体系（或者称之为“目标族”），而不是一个单一的目标。在这一目标族中，既包括中长期目标（一年以上的目标），也包括短期目

标（一年以内的目标）；既包括数量目标，也包括质量目标；既包括人际关系质量目标，也包括人际关系对象质量目标。

● 数量目标。人脉资源数量目标包括人脉资源总量目标和人脉资源分类分层目标。人脉资源总量目标就是人脉资源总数量目标，如赵先生的人脉资源总量目标是160人。人脉资源分类分层目标则包括多方面多层次的数量目标，如人脉资源按对象性质的分类目标、人脉资源对象质量的分类目标、人脉资源的专业领域目标等等。

● 质量目标。人脉资源质量目标是一种较为复杂的目标。这样的复杂性体现在两个方面：一方面，人脉资源质量存在许多表达方式，既没有统一的标准，也没有约定俗成的内容；另一方面，人脉资源质量大多是定性指标，能定量化的指标较少。即便如此，我们仍然需要制定人脉资源的质量标准，一是用以指导我们的人际交往活动，二是可以使得人们在人脉资源管理工作中有明确的方向，找到差距，看到成绩，从而提高人们对人脉资源管理工作的热情和积极性。

（2）人脉资源管理目标值设定水平。

人脉资源管理目标值设定水平应注意以下原则：

● **人脉资源目标要有一定的挑战性。**人脉资源管理目标要高于正常水平，需要个体通过努力才能达到，这样才能更好地调动个人的积极性和创造性。当经过努力，克服困难，达到所设定的目标时，个体才能感受到达到目标后的乐趣，真正体会到自身的力量和价值，这将更好地鼓舞士气，提高个体的自信心。许多人常运用水平对比法，把同行业、同专业、同学、同事等所能达到的人脉资源先进水平作为个人的目标，或个体历史上曾经达到过的最高水平作为目标，以体现个体的必胜信念。

● **人脉资源目标应是通过个人努力可以达到的目标。**如果把目标定得很高，虽然很有挑战性，但个体千方百计、努力攻关，仍达不到目标的要求，便会挫伤个体的积极性。为使设定的人脉资源目标既有一定的挑战性，又是经个人努力可以达到的，许多人常把目标设定在对问题解决程度的预先估算之上。

例如：赵先生当前的人脉资源对象的能力和社会地位均处于社会的中低级水平，赵先生计划通过五年的努力，将其人脉资源的长期质量目标从当前的中低级水平提高到中高级水平。在现状调查中，当前人脉资源对象的能力和社会地位处于中级水平的占22%，低级水平的占78%。通过对中级水平的人脉资源类别进行统计分析，“中学同学”占总数的81%，“其他”只占总数的19%，而“中学同学”中成为中级人脉资源的90%上了大学，“其他”人脉资源中成为中级人脉资源的更是百分之百上过大学。这表明人脉资源的质量与受教育程度有很强的正相关关系，赵先生经过五年努力要将自己的人脉资源质量从当前的中低级水平提升到中高级水平，一方面要提高自己的受教育水平，通过自己的受教育过程结识受教育水平较高的人士作为新的人脉资源；二要提高自己在工作中的社会层次，并在提高自己的社会层次过程中结交较高层次的新朋友，如果不能提高自己的社会层次，就不会有机会在工作中结交到较高层次的人脉资源；三是要利用原有的中级层次的人脉资源，通过与他们的交往活动，结识与他们层次水平相当的新朋友；四是要在现有的低层次的人脉资源中善于发掘出具有发展潜力的人，在他们成长为中级层次的人才时保持与他们良好的关系，同时要适当地将部分低层次的人脉资源分离出去。

注意的问题：

目标设定不宜多。人脉资源管理应选择存在的具体问题作为课题，而目标又是针对问题设定的，因此，一个阶段的管理工作以设定一个最重要、最迫切的目标为限。如果设定多个目标，看似对人脉资源管理工作有很大的促进，但实际上并不现实，因为设立多个目标以后，会使解决问题的过程复杂起来，往往会造成整个管理活动的逻辑混乱，从而使目标难以实现。当最重要的目标实现后，可以将次要的目标提到管理工作的议事日程上来，加以攻克，依此类推，将当前人脉资源现状中存在的问题逐一解决，丰富人脉资源数量，提高人脉资源质量。

目标要与问题相对应。设定目标是明确人脉资源管理活动解决问题的程度，因此，必须针对所要解决的问题来设定目标。

人脉资源中的常见问题有：

数量方面的问题。主要表现为人脉资源的数量不足。

质量方面的问题。主要表现在人际关系的质量和人脉资源对象质量两个方面。人际关系质量方面的问题主要是亲密关系的朋友少，一般关系的朋友多，也就是人们常说的“酒肉朋友多，雪中送炭的朋友少”。

结构方面的问题。主要表现在人脉资源的行业结构和区域结构等方面。

解决人脉资源问题的常用对策，如表 7－3 所示。

表 7－3　　解决人脉资源问题的常用对策

序号	问题		主要原因	对策
1	数量方面的问题		态度、交往能力、工作性质	多参加各种社交活动 广交朋友 学习社交知识，在交往中不断提高社交能力
2	质量方面的问题	关系质量	态度、能力、投入、交往方式	改变交往习惯，有重点发展 投入更多 维护老朋友，发展新朋友
		关系对象质量	交往习惯、观念、态度、能力	提高自我修养、品质和社会地位 多参加高层次的社交活动 通过现有的中高层次人脉资源导入新的较高层次的交往对象
3	结构方面的问题	重要性结构	交往习惯、认知偏差	根据交往对象的重要性安排交往
		关系质量结构	交往频度、方式、态度、能力	改变交往习惯，将更多的精力放在重要的人脉资源对象上 使重要性结构、关系质量结构相协调
		关系对象层次结构	自我的知识结构、社会地位	提升自我 改变交往方式，使重要性结构、关系质量结构和关系对象层次结构相协调
		行业（知识）结构	工作性质、交往习惯	多参加形式多样的社交活动，结交新朋友 生活中注重与不同行业的人士进行交往
		区域结构	工作性质、生活状态	旅游交往 网上交往
		性别结构	思想观念、态度	克服性别歧视的观念 健康的心理心态
		年龄结构	交往习惯、思想观念	多与长辈交往 多理解、多认识比自己年轻的人的思想和行为

二、执行人脉资源规划（Do）

所谓执行，就是通过采取恰当的、行之有效的行为手段，以达成某种预定的结果。人脉资源规划的执行就是要按照人脉资源规划中提出的实施对策一一进行具体实施，以达成人脉资源规划中设定的目标。由此可见，人脉资源规划的执行，就是通过实施一系列的措施和手段，既维护好现有的人脉资源，同时又拓展出新的人脉资源，实现提高人脉资源质量、扩展人脉资源数量、优化人脉资源结构的战略目标。

人脉资源执行规划的具体过程见图 7－2。

再好的规划，都是一张美好的蓝图，需要通过具体的社会实践活动，才能将蓝图变为现实。人脉资源规划的执行，就是这样的社会实践活动。由于人际关系的对象是人，所以，绝大部分人脉资源实施活动本质上是人际交往活动，是一种人与人之间的互动过程，并通过这样持续的人际交往活动，使人脉资源策略得以实施、人脉资源问题得以解决、人脉资源目标得以实现。通过长期的、有计划的社交活动，去实践人脉资源规划中确定的各项目标。也正是通过这样的社会实践活动，既体现人们投身于社会实践的积极性和主观能动性，又体现人们互助友善、相亲相爱的道德风尚，并创造出巨大的个体价值和社会价值。因此，人脉资源规划的执行工作，是人脉资源管理工作中最具体、最持久和最重要的工作，它寓于我们每天的工作和生活之中，需要高度重视，不断总结经验，持续提高人际交往能力，在交往中维护和发展人脉资源，在交往中享受友情和快乐。

三、检查人脉资源规划执行效果（Check）

人脉资源规划执行完成以后，要对人脉资源规划的执行效果进行全面的检查，以确认实施方案是否达到了目标（见表 7－4）。

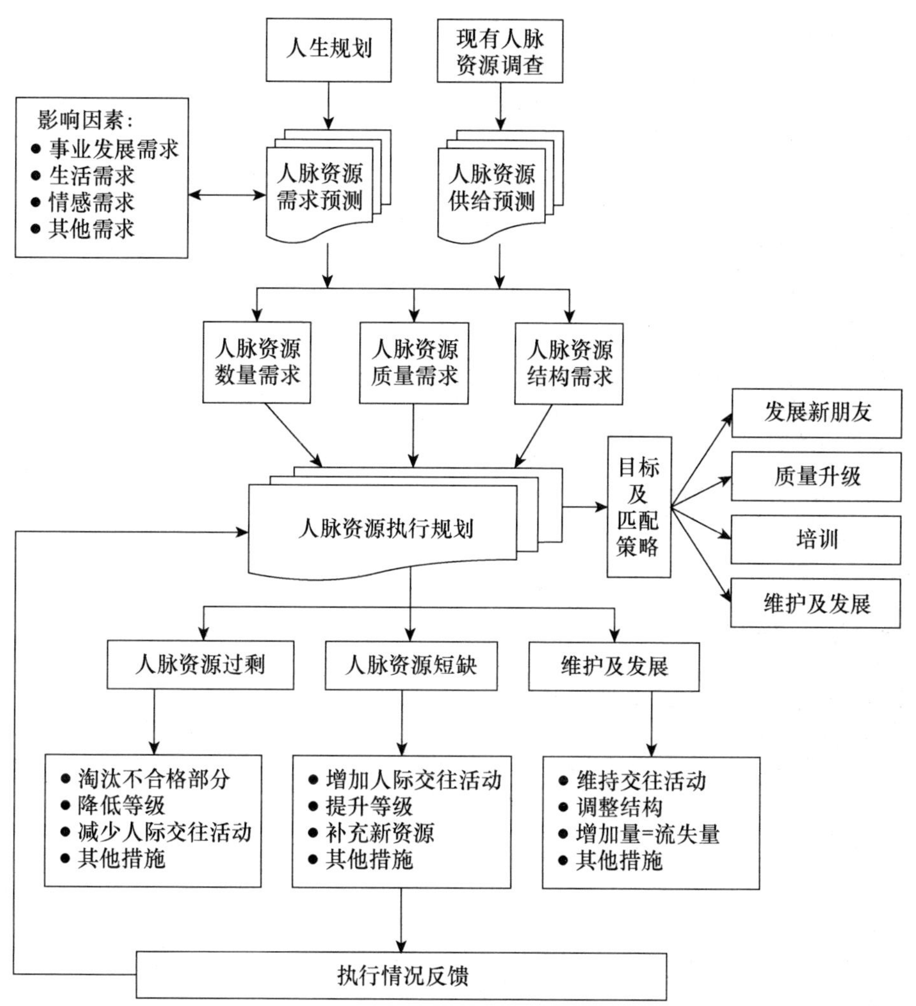

图 7－2　人脉资源执行规划

表 7－4　　人脉资源规划执行效果检查

序号	项目	规划目标	达成结果	问题	症结
1	管理水平				
2	社交能力				
3	资源数量				
4	资源类别				
5	资源质量				
6	资源利用情况（合作与分享）				

很多人都会给自己定计划，但是定完计划后，很少关注执行情况，最后的结果就是年年有计划，始终不落实，到头来还是原地踏步。所以，计划制定以后除了要抓好落实，检查计划落实情况也很重要。由于人脉资源规划是自己的事，怎么落实、怎么检查，都需要自觉行动。认真检查计划落实情况，不仅能够清楚了解计划实施的效果，而且对计划的执行也可以起到督促作用。

检查规划执行效果一定要严格按照时间表来进行，避免拖拉。如果能够及时检查执行效果，即使前期的执行工作不够得力，通过检查执行效果也会对自己产生一定的督促作用，以弥补前期在人脉资源规划执行中的不足。

四、处理（Action）

从人脉资源规划执行效果的检查中，一定能够发现规划执行中不尽人意的地方，这些问题有可能是主观努力不够，也有可能是客观环境条件的变化所致，甚至可能是原先制定的规划不科学、不符合客观实际。

无论何种问题出现，都需要针对具体问题进行具体分析，并找到导致问题出现的根源（在质量管理中称之为症结），并根据问题的根源找到切实可行的对策，持续实施对策，直到问题的彻底解决。

1. 习惯化，固定成绩

将人际交往中的良好行为表现习惯化，是实现人脉资源目标的最好方法，也是提升人脉资源的基础。可以这样说，良好的社交行为习惯是人脉资源发展的动力，没有好习惯，个人就不会进步，人脉资源就难以发展。

对已被证明有成效的人际交往方式和行为方式，要加以总结，并内化为自己的行为习惯。

2. 问题总结，处理遗留问题

人脉资源的所有问题不可能在一个 PDCA 循环中全部解决，遗留的问题会自动转进下一个 PDCA 循环，如此周而复始，螺旋上升。

处理阶段是 PDCA 循环的关键。因为处理阶段就是解决存在问题、总结经验和吸取教训的阶段。该阶段的重点又在于认清自己社交行为的特点和优势，并加以改变，逐步形成自己良好的社交行为习惯，做一个受欢迎的人。

第二节　人脉资源评价

生活中，常常会聊起有关朋友的话题："某某人不仅人缘好，而且交往也广，朋友特多，没有办不成的事。"当某人去应聘一个职位时，考官很可能会问："您应聘这一职位，需要广泛的人脉，你有什么样的人脉?"上述两个情景都涉及一个共同的概念，即：人脉资源的好与坏（有关质量的问题）、多与少（有关数量的问题）应该如何来评判？本节就是要回答上述问题，同时回答以什么标准来评判人脉资源以及评判结果对我们的生活和工作有什么用的问题。

一、人脉资源评价的概念

评价就是判断事物的价值，如人们对满足自身需要的各种事物（如食品、住房、服饰等）做出的价值判断，并据此做出选择。应该看到，当前对人脉资源的评价既没有理论依据，也没有统一标准，每个人都是根据自己对人际关系的理解及需要做出简单的、主观的评估或判断。尽管如此，我们仍需要按照评价工作的客观规律及人脉资源的特性，对人脉资源评价做出定义，以利于人们对人脉资源评价工作的认识和理解，同时对人脉资源评价工作划定界限，明确目标，以促进人脉资源评价工作的顺利开展。综合国内外对人脉资源的研究成果，我们对人脉资源的评价做出如下定义：人脉资源评价就是根据一定的社会文化和人生目标，运用科学的方法和手段，对人脉资源现象及相关因素进行系统描述，并做出价值判断的过程，从而为人脉资源决策提供依据。人脉资源的现象不仅包括人际关系的主体、客体及客体的构成，而且包括人际交往活动，所以，人脉资源的评价实际上就是对人际关系的主体、客体的数量、质量、构成以及人际交往活动的组织开展所作的价值判断。

要理解人脉资源评价的意义，应当明确以下几点：

（1）人脉资源评价是以人脉资源现象为对象而进行的一种价值判断活动。

（2）人脉资源评价是以人生目标为根本依据的。

（3）价值判断需要以一定的标准为基础，否则，这样的判断就不能得出科学的结论。由于人脉资源是为人生服务的，所以，评价人脉资源，主要就应该看它是否能为主体实现人生目标和理想服务，舍此都不能作为评价人脉资源的主要依据。

二、人脉资源评价的功能和作用

人脉资源评价的功能是指人脉资源评价所具有的效能，或评价所能发挥的积极作用。人脉资源评价具有多维度多层次的结构，包括评价目标与指标、评价人员、评价对象、评价方法等多种要素。其系统内部各个要素之间相互联系、制约，同时与外部环境相互作用，从而产生多种功能。一般地，人脉资源评价主要有鉴定、导向、激励、反馈及改进五种功能，因而成为个人事业和人生发展的重要方面，且在人生发展研究中占有重要的地位。

（1）鉴定功能。鉴定意味着对人脉资源进行甄别，它与终结性评价密切相关。鉴定具有区分个体人际交往能力等级、选拔的功能，可用于比较同类评价对象之间的优劣高下。鉴定是人脉资源评价的功能之一，但绝不是评价的根本目的。评价的根本目的在于提高人脉资源的质量，而不仅仅是为了分出优劣高下。

（2）导向功能。人脉资源是个体在一定的人生目标指导下积累和发展起来的，人脉资源评价要以人生目标为依据确立评价标准。评价的导向功能体现在两个方面：一方面，通过评价，可以将人生目标的要求转化为人脉资源质量标准和人际交往的具体要求，从而有利于实施和逐步加以落实；另一方面，还表现在通过评价确立起科学的评价标准，引导人们端正人际交往的思想观念，逐步树立起正确的友情观和朋友观，进而促进社会的和谐与世界的和平。

（3）激励功能。就是激发人的动机，调节积极性，使人产生内在动力，朝着所期望的目标前进的心理过程。

（4）反馈功能。通过评价，系统收集相关人脉资源信息，了解实际的人际关系现状，判断既定的人生目标是否达到或达到的程度，提供反馈信息，从而为幸福人生创造条件。

（5）改进功能。人脉资源评价的改进功能是评价的主要功能。人脉资源是一个不断发展的动态过程，为提高人生质量，就需要不断改善和完善人际交往活动，人脉资源评价本身就是改进人际交往活动的积极表现，也是改进人际交往的重要手段。评价改进功能的发挥，建立在全面、准确、真实地了解评价对象的基础之上，这表明，评价的改进功能与诊断性评价或终结性评价密切相关。评价活动中，通过对人脉资源信息的鉴别筛选、分析综合及加工等环节，将评价对象某一方面或某些方面的真实状况准确地呈现出来，据此找出现状与目标的偏差程度，找出人脉资源及其发展中存在的问题及症结，从而使评价成为改进人脉资源的重要依据。

三、人脉资源评价的内容和方法

1. 人脉资源评价的内容

人脉资源评价的内容包括对人脉资源主体的评价、对人脉资源客体的评价、对人际交往活动的评价和对人脉资源维护、使用、发展等方面的评价。这些方面的评价可以由他人来帮助完成，但由于人脉资源无形性和私密性特点，大部分评价工作需要自己完成。即使是请他人来帮助做评价，还是需要被评价者自己提供相关的信息，否则，由于被评价对象信息的失真，评价结果也不能反映客观实际。

（1）对人脉资源主体（自我）的评价包括：

- 人脉资源观念和态度
- 人脉资源管理工作

✓ 有无规划

✓ 规划是否科学
✓ 策略是否得当
✓ 是否按照策略和规划实施
✓ 是否能满足需要
✓ 使用是否合理
✓ 是否有计划维护
✓ 是否能有效使用复合人脉资源

- 社交能力的评价
- 是否采用智能工具来管理人脉资源

（2）对人脉资源客体（朋友）的评价包括：

- 总体评价（数量、质量、构成）
- 核心资源评价（知己、好友、重要人脉资源的评价）
- 个体评价：总体、缺点、优点、建议
- 交往频度
- 自我满意度
- 成长性
- 复合人脉

（3）对人际交往活动的评价包括：

- 计划性
- 活动频率
- 活动形式
- 有效性
- 主动性（积极组织、热情参与）

2. 评价方案的制定

（1）构建指标体系。人脉资源评价指标体系是由一系列具体的指标或标准所组成的指标集合以及相应的权重系数的集合，也就是将一群相互联系的指标依其内在的逻辑使之系统化，形成某种结构体系，从而反映评价目标或评价对象的整体状况。

（2）分配权重构建指标体系。权重分配是根据不同目的、对象、时间和所处的地位，对评价指标赋予数值的过程，表明各指标在总体中的不同地位或各不相同的重要程度，这也叫作加权。权重分配是使评价量化的重要而有效的手段，是指标体系设计中的一个重要环节。例如，人脉资源整体质量取决于人脉资源对象本身的质量以及关系的质量（所谓“关系”的好坏或远近），由于“关系”的质量是主体可以控制的对象，而人脉资源对象本身的质量主体是难以控制的，所以在考量人脉资源质量时，“关系”的质量的权重就势必大于人脉资源对象的质量。故在评价时，通过给“关系”的质量分配较大的权重，可以将人际交往工作中的相对重要的内容体现出来。权重分配是以指标体系中同一层次上的指标为整体进行的，可以用小数、整数或百分数来表示。通过加权，一方面可以引导评价工作突出重点，同时将各个指标按一定关系构建成一个有机整体；另一方面，加权也是评价指标量化的重要措施。

将指标按照评价对象的逻辑结构，分层次地进行排列组合，就构成了指标体系。其形式一般采用树状式或表格式。

3. 实施评价

（1）收集人脉资源信息。在人脉资源的评价内容和评价方案确定之后，就可以具体实施人脉资源的评价工作。具体的实施工作可以分成两个阶段：第一个阶段是人脉资源信息收集阶段，第二个阶段是人脉资源的评价阶段。人脉资源信息收集在前面章节已经做过介绍。

（2）实施步骤。

- 将收集的人脉资源信息按照评价方案确定的指标体系和权重体系要求填入相应的表格（人脉资源评价表）。
- 按照指标体系和权重体系对每个朋友进行评价打分。
- 汇总打分表，得出评价结果。

第三节　发展人脉资源

个人的人脉资源是随着成长而不断发展的，人脉资源的发展反过来也会促进个人的成长。人脉资源的发展既包括数量的发展，也包括质量的发展。

一、发展人脉资源的基本要求

1. 不急于求成

罗马不是一天建成的。人际关系的建立和发展，绝不是一朝一夕就能完成的，需要经历相当长时期的交往过程，才能建立起具有相当信任度的友情，且在这样的过程中，需要交往双方投入相当的时间、精力、热情和真诚。

人们常常会犯这样的错误，当我们对某一项具体的事务没有明确的目标和计划时，一般都会拖拖拉拉，顺其自然地发展。一旦树立了目标、确定了计划后，就急于想获得成功，希望“一口吃成胖子”。人脉资源中各种各样的问题，绝不是一朝一夕就能解决的。就拿人脉资源数量偏少的问题来说，即使是社交达人，也不可能在一周或一个月内将人脉资源的数量迅速扩大。即使他竭尽全力，他的人脉资源数量也不可能有明显的增长，且这样的增量资源也是刚刚建立起来的人际关系资源，某种意义上来说还不能算作是真正的人脉资源。

当人脉资源发展规划确定后，需要有一定的紧迫感和危机感，但绝不能急于求成。俗话说“好汤需要文火煲”，人脉资源也一样，着急是没用的，它需要通过长期的交往和考验才能建立起来。

2. 不忘老朋友

生活中有一种容易犯的错误是热衷于发展新朋友，而忘记了老朋友。这是典型的“捡了芝麻丢了西瓜”。人脉资源和其他资源不同，当你拥有了以后，还必须保持经常性的维护，才能确保人脉资源不流失。但很多人忽视了人脉资源的这一特点，光想着去发展新的人脉资源，忽视了原有资源的必要维护，到头来新发展的资源根本就没有把握，原有的资源却流失了相当多，最终得不偿失。所以，社交达人给我们的经验是“广交新朋友，不忘老朋友”，将结交新朋友和维护老朋友的工作有机结合起来，且相当多的新朋友是在和老朋友的交往活动中结识的，这样，既交到了新朋友，老朋友也乐在其中，实现多赢。

两个人能够成为朋友，既是一种缘分，更是双方共同长期付出所结出的果实。两个人一旦成为朋友，只要稍加维护，就可以终身拥有这样的友谊。所以，放弃一个老朋友无论如何都是一种巨大的损失。如果对方没有特别严重的问题，千万不要轻言放弃。从对方的角度出发，人无完人，即使对方犯了错，遇到了大的麻烦，正是他们需要朋友帮助的时候，如果这时能够给予一定的关心和帮助，才是真正的“雪中送炭”，既能够迅速提升关系的等级，也是体现友谊最重要价值的关键时刻。否则，友情还有什么意义呢？这时候，最重要的是换位思考，设想如果是你自己遇到了坎坷，跌入了人生的低谷，你所希望朋友们的表现就是你现在该做的。

3. 结交新朋友

怀特曼说：“世界上没有陌生人，只有还未认识的朋友。”是这样的，就算我们现在熟稔的朋友，不也是由陌生人转变来的吗？

当你与一个陌生人擦肩而过时，有没有想过这样一个问题，如果认识了他，你就等于打通了一个陌生的圈子。因为在这个陌生人的背后，存在更大的圈子，正如你有一个人脉圈一样，这个陌生人也有自己的交际圈。

再来想一想：结交带圈子的陌生人其实是一种拓展人脉的快捷有效的方法。我们要怎么对待陌生人，以最快最好的方式化陌生为熟稔，将人脉圈子扩大呢？

这个得从人的心理上开始说。所谓陌生人，这里的“陌生”其实指两个人的心理距离，人与人越陌生，心理距离就越大。就是这距离，将人们隔开，如果你想跟一个陌生的朋友成为至交，必须要把墙推倒，如此你就一定要学会如何与陌生人沟通交往。打破陌生，你需要克服的最大障碍就是自己的“心理障碍”。这层障碍不除，你们会永远都只是陌路人！其实，认识陌生人是很开心的事，你可以回想下当一个陌生人主动与你交谈时内心的激动，与陌生人交往，是会让人很开心的。

如果你细心的话，你会察觉到，在一个相互间都很陌生的聚会上，80%以上的人都在等别人来与自己打招呼。他们有的人像木头人一样，在会场上一动不动，一直处于被动的状态；而另有一些人则不然，他们东游西走，侃侃而谈，总是主动伸出自己的友好之手，一边作着自我介绍，一边通过眼神、手势等交流，顺利破冰，其场景欢欣无比。

你或许不认同，但请想想这种做法是不是真的具有积极的意义呢？不言而喻，对陌生人主动一点，这种做法会使对方产生“他乡遇故知”的美好感觉和心理上的信赖。如果他的欢声笑语和热情姿态传达到了会场的每一个角落，那么，这个人就是最容易被人记住，成为最受众人欢迎的人物。

有人说，成功者与平凡者的最主要区别之一，就是前者朋友多。成功者为什么能认识这么多的人呢？因为他们愿意结交陌生人，每一个陌生人都代表着一个陌生的交际圈，成功的人将陌生人变成朋友，由此他也联结到了无数的交际圈，所以他的人脉圈，可以在短短的时间内扩大到骇人的地步。

要结识一个陌生人，其实很简单，你只需主动把手伸出去就可以了！当你尝试着将自己的手向陌生人伸去，同时作自我介绍时，你会发现，主动接触比被动交往真的要轻松多了。这种习惯养成后，渐渐地你在与人交往的时候就会越来越洒脱，越来越随性自然，你的朋友随后越来越多，圈子越来越大，无论你从事的是什么事业，你都会越做越兴旺！

4. 重情感交流，轻物质利益

人际交往中，历来有“重感情”与“重实惠”之争。其实，获得情感满足以及经济利益上的实惠都是人际交往的目的，只是不同的人有不同的偏重，就是同一个人在不同的时期在人际交往中所追求的也会有所不同。从社会观念来说，针对人际交往人们历来弘扬的是重感情，而不是谋取物质利益，将为利益而交往的人视为小人，并嗤之以鼻。“千里送鹅毛，礼轻情意重”，就是中国传统文化中人际交往行为的典范。

但从个人内在的观念来看，有相当一部分人对人际交往中的物质利益看得还是比较重的，甚至会用物质利益的多寡来判断情谊的轻重。同时，在普通大众的内心中，获取物质利益是他们进行人际交往的首要目的，情感满足往往放在其后，这样的思想观念充斥在社会流行的“关系学”中，极端地将人际交往利益化、庸俗化，对正常的社会交往产生了极其恶劣的负面影响。

应该说，情感满足和获取物质利益都是人际交往的收获，情感满足是收获的主体，物质利益是附属性收获，切不可本末倒置。否则，非但不利于维护人脉资源，而且最终将损害你的人脉资源。因为情感满足是无形的财富，交往双方非常容易做到分享与共赢，但物质财富则不同，当物质财富的总量是确定的时候，一方的多得就意味着另一方必然会有所损失。作为朋友，对于一两次物质利益上的损失可能不在意，但如果自己的利益长期受到损害，而且受益人是明知故犯，这必然会损害双方的关系。这也从另一个角度说明为什么为感情而交往的朋友能够长久，为利益而交往的友谊往往短命。

即使在人际交往中关注物质利益，也应“礼尚往来”，重“雪中送炭”，轻“锦上添花”。礼尚往来，既是感情交流的基础，也是强化感情的有效手段。

因此，能够从交往的出发点上摆脱物质利益的羁绊，品德和修养也就得到了很大的提升，将会更加受到老朋友们的爱戴，也将吸引更多的志同道合者成为知己，这样既维护好了现有的人脉资源，而且也发展了自己的人脉资源。

5. 充分运用信息技术手段

人脉资源的维护工作中，每一项工作都离不开人脉资源的信息，这样的信息包括关系资源的基本信息（关系对象的工作单位、职位、联系方式、住址、兴趣爱好等等）、需求信息（他们目前有什么具体的需求或困难）、服务信息（他们的专业能力是什么、能为他人提供什么样的服务）和其他信息。这些信息对于人脉资源的维护工作非常重要，如果缺乏这些信息，人脉资源维护工作就会陷入表面化、形式化的困境，也就很难达到人脉资源维护的目标。

二、发展人脉资源的基本方法

应该清楚地认识到，不同于发展自然资源，发展人脉资源受到社会政治、文化、经济、道德和法律等诸多方面的制约和限制，更为重要的是，人脉资源的客体是人，而不是普通的物，所以，发展人脉资源需要遵循相应的客观规律。

1. 熟人推荐

熟人推荐是结识新朋友最基本、最重要的方法。朋友聚会、参加活动，通过熟人推荐，都能够结识到新的朋友，而且，有朋友的背书，即使是新认识的朋友，也有了基本的信任，大大降低了信任成本。

2. 参与社团，广泛接触相关行业的人

扩展人脉，要善于通过参加社团活动。平常，太过主动接近陌生人，容易引起对方的反感，会遭到拒绝，但是通过参与社团活动，与新朋友交往就非常容易，能在自然状态下与他人建立互动关系，扩展自己的人脉网络。而且人与人的交往，在自然的情况下发生往往有助于建立情感和信任。

参加某个社团组织，要积极争取在社团内谋到一个功能角色，这样就得到了一个服务他人的机会，在为他人服务的过程中，自然就增加了与他人联系、交流、了解的时间，人脉之路也就在自然而然中不断延伸。

3. 利用网络

通过社交网络，非常容易结识新朋友，在此不再赘述。

4. 积极创造机会

机会不是等来的，需要自己去创造。工作生活中，无论是参加社团活动、工作娱乐，还是在上班途中坐公交，只要积极主动，就能交到新朋友。

5. 大数法则

认识的人越多，结交的朋友就越多，这就是大数法则。所以，在概率确定的情况下，要做的工作就是结识更多的人，广泛收集人脉信息，有效运用大数法则来推断分析，评估人脉关系的进展以及存在的问题，从而制定相应的对策，不断改进方法，广结人缘。

三、发展多维度人脉资源

多维度人脉资源就是我们常说的“朋友的朋友”的资源，或者说是复合人脉资源，即第二度、第三度……第 N 度人脉资源。多维度人脉资源的本质与直接人脉资源相同，都是人的关系资源，所不同的是关系的拥有者不是本人，而是朋友，或者朋友的朋友。对于普通的有形资源，一旦某人合法拥有了一种特定的资源，其他人就不能再拥有该等资源。即便是该等资源的使用权，除了合法拥有人或其授权人之外，其他人也无法拥有这样的使用权，如果某人想要获得使用权，就必须付出相应的代价。之所以要付出这样的代价，是由于你的使用，就剥夺或妨碍了其他人的使用。但人脉资源不同，它是一种无形资产，且具有分享性和传递性特点，人脉资源的拥有者可以与他的朋友共同分享，且这种分享既不会减少朋友原有的人脉资源，也不会影响其本人的使用；相反，如果分享得当，还可能提升人脉资源质量。正是人脉资源具有一般资源所没有的分享性特点，我们便获得了另一种拓展人脉资源的方法，即拓展多维度人脉资源。

多维度人脉资源有许多优势与特点：

(1) 数量将呈 100 的指数级增长。如果个体自己的直接人脉资源（即一度人脉）是 100 人，假设这 100 个朋友的直接人脉资源也是 100 人，依此类推，他的

二度人脉资源就有 100×100＝10 000 人

三度人脉资源就有 10 000×100＝1 000 000 人

四度人脉资源就达到 1 000 000×100＝1 亿人

……

多么巨大的人脉资源数量！

(2) 有利于人脉资源结构的优化。受个人家庭背景、工作经历和交友习惯的影响，个体发展的直接人脉资源具有较大的片面性，例如，一个祖辈都是生活在福建的人，如果其学习和工作经历也一直是在福建本地，那么该人的人脉资源区域结构就十分本地化，除了福建，他在外省几乎没有朋友。如果该人的事业目标是到外地发展，仅仅依靠本人所拥有的人脉资源，显然是不够的。但该人有许多同学和同乡在外地经商，如果他能利用这些同学和同乡在外地的人际关系（即利用他的二度人脉资源），能够对他到外地发展事业起到很大的帮助。

（3）有效克服个体维护和发展人脉资源精力不足的问题。社会学家认为，一个普通人的精力能够维护的人际关系数量在150个左右，但为了生活的便利和事业的发展，人们总希望拥有和发展更多的人脉资源。大部分人都长期受到这一对矛盾的困扰。利用多维度人脉资源，就可以较好地解决这一矛盾，为我们摆脱困扰提供了手段。

既然多维度人脉资源有如此多的优势，人们为什么不好好利用它呢？核心问题是我们不知道朋友认识谁、与谁是朋友。

所以，要利用好多维度人脉资源，关键是要在你与你的朋友的朋友之间建立沟通交流渠道。人脉通道技术为构建这样的渠道奠定了基础。

从图7－3可以看出，如果我们每个人都能够在自己的朋友与朋友之间充当友谊的桥梁，就能够实现六度理论提出的梦想：最多通过中间六个人，能够联结世界上任何人！

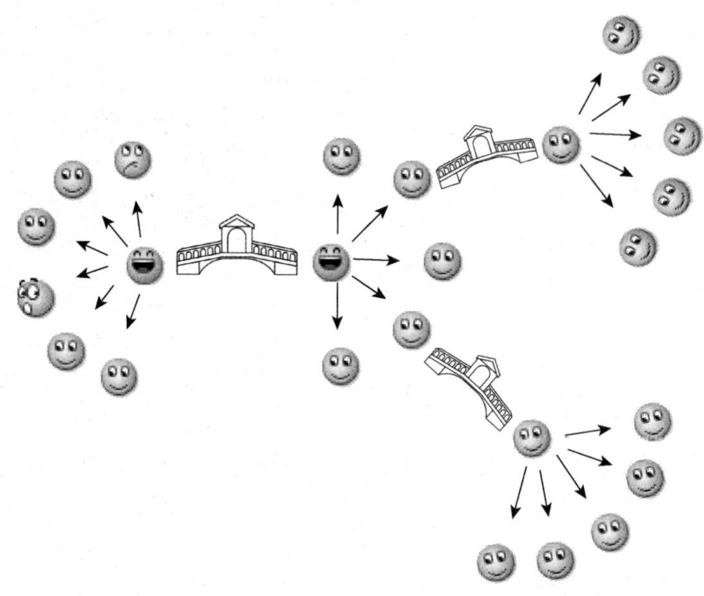

图7－3　在自己的朋友与朋友间充当友谊的桥梁

当这样的桥梁建立起来后，我们与一度、二度直至六度人脉之间就建立了友谊的通道，与一度、二度直至六度人脉之间也就存在了联结，只不过随着维度的增加，联结力会逐步衰减。

发展和管理多维度人脉，关键点在于是否有开放和分享的思想观念。个人的人脉资源是个人的私有资源，是否愿意让朋友分享，完全取决于个人的思想观念。如果懂得“要索取，先必须给予”的道理，就会愿意与朋友分享自己的人脉资源，也只有先将自己的人脉资源与朋友分享，才能分享朋友的人脉资源。这是一种积极的、正向的心态，长期来看，一定能够促进朋友之间互相分享资源。反之，如果你不愿意与朋友分享人脉资源，那就不能指望可以分享朋友的人脉。当然，即使现在与朋友分享了自己的人脉资源，也不能保证所有的朋友都马上会分享他们的人脉，这中间需要一个认知提升的过程，最终，绝大部分朋友还是会乐于与朋友分享自己的人脉资源的。

和朋友分享人脉资源，自己并没有失去什么。把自己的朋友推荐给其他朋友，你并没有失去朋友，相反，如果你的朋友经你介绍认识了新的朋友，就会感激你，这样更加增进了朋友之间的友情，提升了联结力。“多个朋友多条路”不仅仅是指要去发展新朋友，更重要的是要在朋友之间架起桥梁。没有这样的桥梁，每个人的人脉资源都是孤岛，唯有甘当朋友之间的桥梁，才能构筑起自己多维度的人脉网络。

如果相信你的朋友值得信赖，你就要勇敢地走出第一步。这是你当下的一小步，却是你人生发展的一大步。

多维度人脉资源管理，需要网络化信息平台。多维度人脉资源网络，不仅包含百万、千万级人的信息，而且包含复杂的关系信息，现有的类似于通讯录那样的工具根本无法管理。由于多维度人脉资源信息管理较为复杂，将在下一章详细介绍人脉资源管理网络平台。

第四节　人脉资源信息管理

人脉资源信息管理，就是根据人脉资源管理要求，采用现代网络信息技术，开发出能满足人脉资源管理要求的软件应用系统，有效管理人脉资源信息，发挥人脉资源作用，实现人脉资源价值。

一、人脉资源信息管理基本要求

为实现上述应用要求，人脉资源信息管理应该满足如下基本要求：

1. 方便好用

人脉资源信息管理系统是提供给广大用户有效管理其人脉资源信息的工具。由于用户的文化程度、年龄、对电脑的熟悉程度不同，为保证全部用户都能熟练使用人脉资源信息管理系统，该系统的设计一定要方便、易学、好用、灵活，同时目前网络应用已广泛普及到手机用户，故人脉资源信息管理平台不仅要适用于电脑用户，而且也应该让手机用户方便使用。

2. 安全可靠

由于人脉资源信息是秘密信息，一旦泄露，会给用户带来极大的伤害，因此网络上的人脉资源信息应该受到严格的保护，任何人未经合法授权，都不能也无法获取他人的人脉资源信息。要达到如此高级别的信息安全要求，除了采用最新的加密技术外，还必须制定科学严格的管理体系，从管理和技术两个方面入手，有效保护人脉资源信息的安全。与此同时，网络信息平台的可靠运行也非常重要，用户一旦在人脉资源信息平台上建立起了自己的人脉资源信息系统，就会对其产生较大的依赖性，特别是当用户数量达到百万级时，应用系统平台运行的稳定性就显得至关重要。所以在设计这一系统时，要从服务器的处理能力、网络吞吐量、数据库管理系统、应用服务等多个方面进行系统分析，在网络硬件设备方面确保冗余和热备份能力，在应用软件方面要保证系统的容错容灾能力，确保整个应用系统能提供一周七天，每天 24 小时（7×24）服务的能力。

3. 体现价值

价值性是网络平台的基本要求，没有价值就没有生命力。网络平台是社会公共平台，所以既要满足用户个体价值，也必须符合社会价值要求。

人脉资源价值平台可以充分发挥人脉资源的个人价值和社会价值，特别是在发挥人性中“善”的方面大有作为，大力提倡和推动“我帮人人，人人帮我”，使个体在帮助他人、帮助社会中创造价值，实现自我。

二、人脉资源信息管理系统的功能要求

为保证实现人脉资源信息管理要求，人脉资源信息管理系统必须具备相关功能模块，用户通过操作这样的功能模块，使人脉资源信息得到有效的管理，工作和生活中的需求得到充分满足，创造力得到极大发挥，人生价值得到最大化实现。具体的功能要求如下：

- 人脉资源信息管理和查询
- 人脉通道管理
- 人脉资源评价
- 维护和发展人脉资源工具
- 网络通讯交流（电子邮件、IM、社群、论坛）
- 资源对接工具（发布、删除）
- 电子商务功能（网络交易、资金结算）

三、人脉资源信息管理系统的应用模块

依据人脉资源的特征以及法律、社会道德规范对于人脉资源的限制和约束，我们为人脉资源管理系统设计了八大应用模块，即人脉信息、人脉地图、资源对接、社交活动、互助服务、信用系统、通讯系统和系统管理系统（见图 7－4）。

人脉资源管理信息系统所管理的对象共分为四类：一是人，二是物（有形的和无形的），三是事，四是流程。其中人是根本，任何的事、物和流程均与人相关。物和事的关联者和物的所有者必定是人，流程的控制者也是人，所以上述四者归根结底还是对人的信息进行科学的管理。这就是说，人脉资源信息管理系统的管理对象，归根结底都是某个特定的人或与某个特定的人具有关系的事或物，

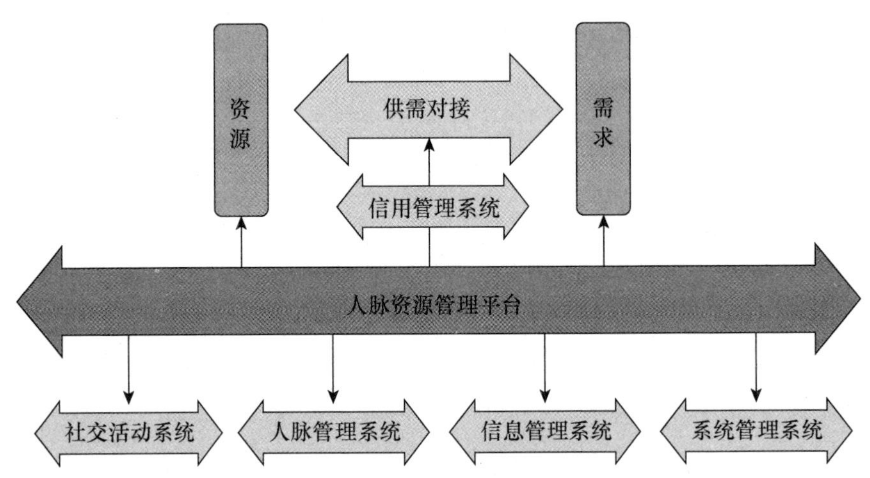

图 7-4　人脉资源管理系统功能架构图

这既是人脉资源信息管理系统最大的特点，也是设计本系统时的重点工作。

1. 人脉信息系统

人脉信息系统涵盖了多方面的信息，既包括人际关系对象的基本信息（如姓名、地址、联系方式、工作单位、职位、职业技能等等），也包括关系对象的需求和资源信息，还包括关系的联结信息等等。

2. 通讯系统

通讯系统主要包括即时通讯、电子邮件和通知短信三部分。

即时通讯（IM）：提供类似于微信的手机即时通讯功能和电脑网络 IM 系统。

3. 社交系统

社交系统主要包括社群系统和社交活动。

人脉资源的积累和发展都离不开社交，人脉资源的应用也在社交活动过程中，因此，丰富且健康的社交活动是人脉资源管理一项极为重要的内容。

4. 人脉管理系统

本系统是用地图的形式展示人际关系网络，主要功能包括人脉资源查询、人脉通道信息查询、搜索与选择。

5. 资源对接系统

资源对接系统为供需双方提供信息对接，包括需求发布系统、资源发布系统、需求资源匹配系统、资源服务评价、搜索等。

6. 互助服务系统

本系统主要面向体系内成员之间产品和服务的交换，特别是成员之间的服务置换，系统通过提供一定量的信用额度，克服需求不足的问题，从而大大促进成员之间的服务合作和服务置换，帮助成员创造价值。当一部分成员创造出相当数量的价值后，他们便可以用此价值与系统内其他成员进行服务置换，在他们满足需求的同时，又为其他成员创造价值提供了机会（市场），这样，通过服务置换便为系统成员满足需求和创造价值架起了桥梁，极大地促进了满足需求和创造价值之间的良性循环。

7. 信用系统

本系统包括信用评价和信用发布两部分。信用评价主要是社交信用评价，信用信息发布包括授权系统和发布系统两部分。

信用系统未来将采用区块链技术，提升信用信息的可靠性和安全性。

8. 系统管理系统

系统管理体系包括平台管理、安全管理、用户管理三部分。

（1）平台管理：包括系统软件平台（操作系统、网络系统、数据库系统）和应用软件平台管理两部分。

（2）安全管理：包括信息加密技术、防火墙技术、反黑客技术、数据容错容灾技术等等。长期考虑引入区块链技术，以提高系统的安全性。

（3）用户管理：包括用户账号管理、授权管理等模块。

第三篇

应用联结力

知道你能联结多少人吗？100人，500人，还是1 000人？

告诉你真相，你能联结百万、千万人！只是你不知道他们是谁、如何去联结。

如果是直接认识的朋友，一般人能联结数百人。但朋友的朋友也是朋友，通过朋友也能够产生联结，只不过联结力不如直接的朋友。那朋友的朋友的朋友呢？同样道理，也有一定的联结力。归纳起来，能够联结的人，不仅包括一度人脉，也包括二度人脉、三度人脉……直到N度人脉，所不同的是，随着维度的增加，联结力逐级递减。从概念上讲，我们确实与二度以上的人脉也有联结力，但现实问题是，我们不知道他们是谁。而人脉通道技术，恰恰能够帮助我们解决这一问题。

我长期研究人脉联结力，并不是因为学术需要，而是由于工作和生活的长期困扰。基于切实需要的缘由，在提出人脉联结力的思想理论后，还需要构建一套应用体系，在现实社会中应用人脉联结力，帮助朋友们解决各种各样的困难和问题，创造更多的财富，促进社会的和谐发展。这一平台就是“友多多”。

本篇将结合友多多平台，帮助读者构建自己的六度人脉资源网络，充分实现人脉联结力的信息联结、情感联结和价值联结功能，方便生活，创造财富，促进社会和谐发展。

应用人脉联结力，首先要知道自己能够联结谁。与谁能联结，看似是个非常简单的问题，其实不然。当然，联结我们直接的朋友，一般都没有问题，但人脉联结力更大的价值和作用在于联结朋友的朋友。正如弱关系理论告诉我们的，真正能够帮助我们解决问题的，往往不是我们直接认识的朋友，而是我们朋友的朋友。但如果我们不知道我们的朋友的朋友是谁（我们没有与朋友的朋友取得联结），我们就得不到有效帮助，联结力也就发挥不了真正的作用。因此，要发挥联结力的作用，首先就要和我们的朋友、朋友的朋友联结起来。如果每个人都愿意为其他人提供这样的联结服务，系统内的所有人实际上就产生了相互之间的联结，个人就能构建起自己的六度人脉网络，我们将在第八章详细介绍了如何构建自己的六度人脉网络。

其次，当获得广泛的人脉联结后，需要通过社交活动来强化联结力。社交活动不仅仅是提升人脉联结力最重要的手段，其本身也是人的基本需求，人们通过社交来学习、工作和生活，也在社交中收获快乐幸福。友多多平台提供线上和线下相融合的社交活动体系，第九章详细介绍了友多多社交活动体系。

有了强有力的人脉联结力，便可以实现人脉的价值联结。以最便捷、低成本的方式找到靠谱的人、办成靠谱的事，满足工作生活中的需求；建立以友情、信任为基础的资源对接和合作分享机制，最大限度发挥个人专业技能、兴趣爱好和闲暇时间的作用，创造财富。第十章介绍了友多多通过构建基于朋友友情和信任的资源对接体系，使用户既可以满足工作和生活的需要，又能充分发挥个人的专业技能、兴趣爱好和闲暇时间来创造财富。资源对接体系的深入发展，还能够催生新型的共享经济。第十一章介绍了基于人脉联结力的共享经济2.0平台。

第八章　赋能：构建你的六度人脉资源网络

第一节　应用人脉通道技术，构建你的六度人脉资源网络

一、友多多是第一个实现六度理论的六度人脉网络

著名的六度理论告诉我们，通过最多六层朋友关系，我们可以和世界上的所有人互联互通。这一理论提出时，信息技术尚不发达，科学家只能通过传递信函的方式来验证。最近几十年，网络信息技术突飞猛进，信息沟通变得越来越便捷，在这样的条件下，验证六度理论变得越来越容易。但遗憾的是，时至今日，尽管找人的需求十分普遍，市场上还没有一款应用软件能够帮助我们通过自己的朋友找到我们想找的人。

有人可能会说，你可以用百度、Google 或者微信通讯录搜索到你要找的人啊！不错，用搜索工具，我们确实可以非常容易就搜索到某人的信息，姓什么、叫什么、干什么的、怎么联系等信息都一目了然，但你直接去联系他，他会理睬你吗？从理论上说，由于你们之间仅仅存在信息联结，不存在情感联结和价值联结，而你找他是为了解决情感或价值方面的需求，所以很难达成你找人的目的。用白话来说，他不认识你，为什么要帮你呢？

今天所有的社交平台，都是一种中心化的网络结构。在平台上，人际关系的

表达被简化成朋友和陌生人两类，朋友之间可以相互沟通交流，陌生人之间存在信息鸿沟。如果想与某人进行沟通交流，先要与该人建立朋友关系，否则，就没有渠道进行信息沟通。所以现有的社交网络平台，每天都会为你推荐好友，“×××想成为你的好友，请同意”。一段时间下来，通讯录一下扩展到了上千人，似乎朋友不少了吧，但当真正需要帮助时，发现这样相识的朋友用处不大，基本不会帮自己解决问题。原因其实很简单，这样相识的朋友由于缺少交流，缺乏感情基础，尽管我们将他们贴上了“朋友”的标签，实际上相互之间并没有情感联结。没有情感，就不是真正意义上的朋友。

思考一下，朋友的朋友，算不算朋友？如果是朋友，是什么样的朋友？如果不是朋友，是和陌生人一样吗？

友情具有传递性。如果朋友的朋友不知道你与他有共同的朋友，他会把你当作陌生人对待。如果知道你是他朋友的好朋友，情况就会有所不同。

基于此，社交网络平台就不能简单地将人际关系表达成“朋友”和“陌生人”，还应该对“朋友的朋友”赋予新的定义。一旦我们将“朋友的朋友”在社交平台上表达出来，人际关系网络就将产生质的飞跃：人与人之间的关系就不再是各自孤立的人脉圈，而是互联互通的人脉资源网，通过一度、二度、三度直至六度人际关系，平台内的任何人都实现了与全部成员的关系联结！

当前社交网络的人际关系联结是每个人都只能与自己的朋友（通讯录内的朋友）产生联结，要增加人脉联结，唯一的办法就是添加新的朋友。

在传统的社交网络中，A、B、C 分别拥有自己的人脉圈（A_1，A_2，…，A_i）、（B_1，B_2，…，B_j）和（C_1，C_2，…，C_k），这三个人脉圈各自独立，互不相连（见图 8-1）。A 不知道 B_j、C_k 是谁，B 也不知道 A_i、C_k 是谁，C 也不知道 A_i、B_j 是谁。相互之间没有任何联结，也无法进行沟通。

友多多实现的人脉联结则不同。友多多利用人脉通道技术，将每个人都看作是朋友之间相互联结的桥梁，为朋友之间的联结提供互联互通的“桥”服务（见图 8-2）。人脉通道“桥”的概念，请参考第四章第一节“人脉通道”，在此不再赘述。

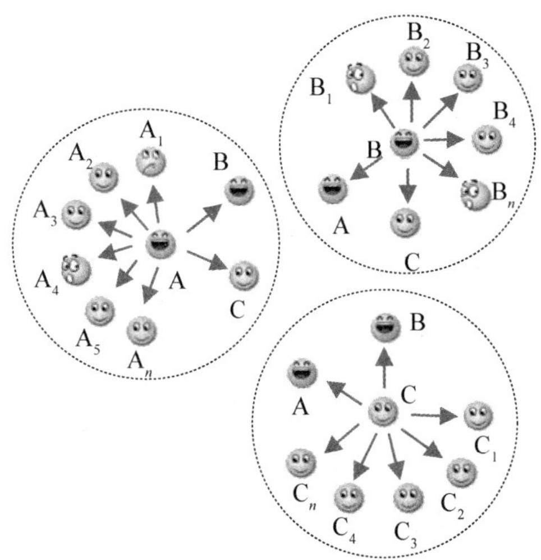

图 8-1　现有彼此孤立的人脉圈

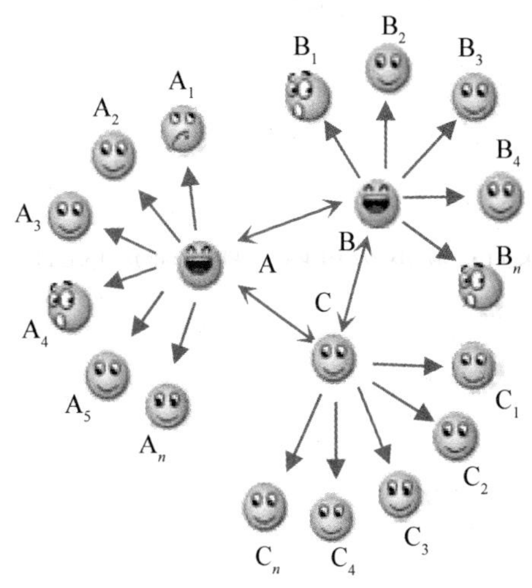

图 8-2　建立了联结的人脉圈

友多多六度人脉资源网络中，自己的直接朋友用 D_1 来表示，即一度人脉，其他各维度人脉分别以 D_2、D_3、D_4、D_5 和 D_6 来表示，具体联结六度人脉的做法分成三个步骤：

（1）第一步，下载友多多 APP，申请加入。

每个申请加入友多多的成员，可以通过两种方式加入：

● 受邀加入。新成员是受友多多的成员邀请而加入友多多平台，新成员加入友多多就与邀请人建立了人脉通道，并可以通过该邀请人，与友多多平台的其他会员建立联结。

● 扫描本书二维码加入。通过扫描二维码加入友多多的会员，刚加入友多多时与友多多的其他成员没有人脉通道，也不存在人脉联结。只有当通讯录中有人成为友多多的成员，他通过与该成员建立起联结，才真正开始联结六度人脉。详见第三步。

（2）第二步，导入个人手机通讯录，邀请你的朋友加入友多多。

新成员无论通过何种方式加入友多多，都需要导入自己的手机通讯录，以实现对自己的一度人脉（通讯录内的朋友）的管理、维护以及扩充。

新成员成为友多多会员后，可以通过微信、QQ和手机短信邀请自己手机通讯录中的朋友加入友多多。每邀请一个朋友加入友多多，也就多了一条路——多了一条人脉通道。

（3）第三步，设置人脉通道。

当通讯录导入完成后，新成员可以管理和维护自己的直接朋友（一度人脉D_1）。同时，新成员可以设置自己一度人脉的人脉通道状态。如：新成员有部分朋友身份特殊或与之关系特殊，不希望其他人通过新成员看到或联结到这些朋友，则可关闭与这几位的人脉通道。那么其他人将无法通过新成员看到这些朋友，更不会产生联结。

在友多多六度人脉网络中，每个会员都处于平等的地位，我的朋友是我的一度人脉，我也是我的朋友的一度人脉；我朋友的朋友是我的二度人脉，我也是朋友的朋友的二度人脉；我朋友的朋友的朋友是我的三度人脉，我也是我朋友的朋友的朋友的三度人脉；四度人脉、五度人脉、六度人脉类推即可（见图8-3）。

实现上述不同维度人脉之间联结的技术手段是友多多独创的基于AI的人脉通道技术。你与你的一度人脉（你的朋友）建立了人脉通道，就可以联结上你朋友的朋友，即联结了你的二度人脉；你的朋友与自己的朋友建立人脉通道，你就

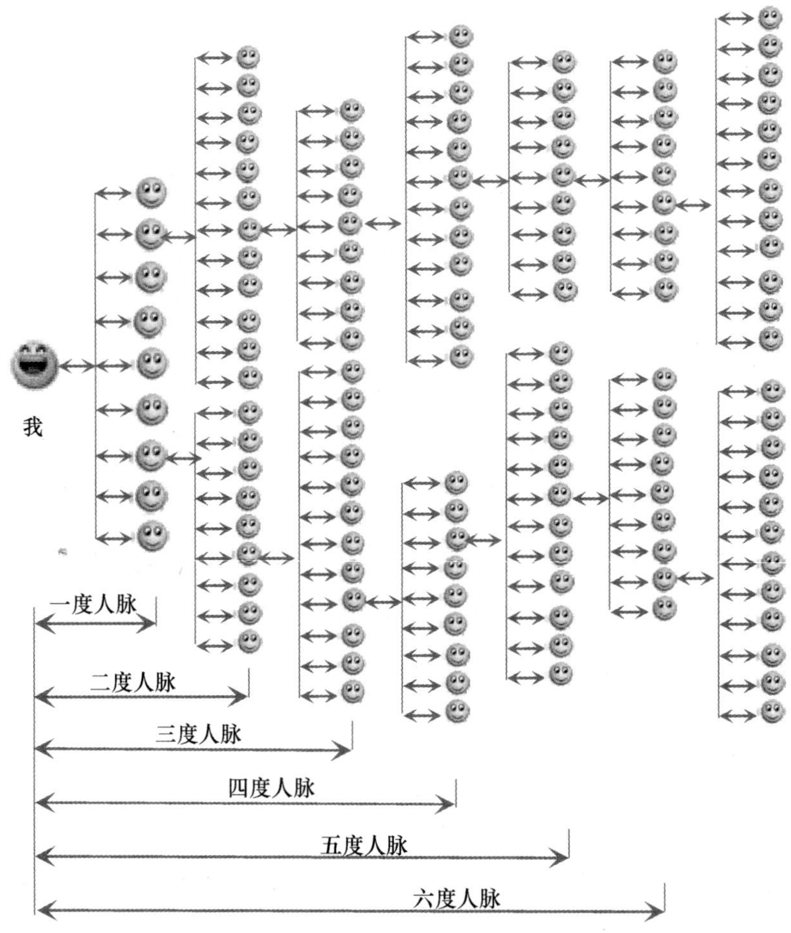

图 8-3　你的六度人脉网络

可以通过你和你朋友的人脉通道及你朋友与他的朋友的人脉通道联结上你的三度人脉；以此类推，直至联结到六度人脉。

由此可见，成功构建你的六度人脉网络，关键有三点：

- 受你的朋友邀请加入友多多。
- 邀请你的朋友加入友多多，并与你的朋友建立人脉通道。
- 鼓励你的朋友邀请他们的朋友加入友多多，拓展你的六度人脉网络。

其余的工作都交给友多多平台 AI 系统，它将帮你构建自己的专属六度人脉网络。

二、构建一个可信的人脉资源网络

社交网络，信任是核心。但作为开放的社交平台，信任机制的建立也是困难重重，需要在使用的便捷性、成员的广泛性、平台的经济性等诸多方面进行权衡。许多社交平台为了快速发展会员，获取经济规模，在项目早期以牺牲信用为代价，盲目追求会员数量，导致平台在早期获得了快速发展，但虚假庸俗信息漫天飞，最终还是失去会员的信任，走向死亡。

友多多充分认识到信任对平台的重要性，从多个维度建立信用管理机制，确保会员对平台的信任和会员之间的信任，包括如下方面：

1. 平台的创设以诚实守信为核心理念

诚实守信，是友多多的核心理念。为贯彻这样的理念，友多多在体系设计、发展策略、会员章程、奖惩机制等方面均进行了周密的规划和部署，大力弘扬诚实守信，以确保自己是一个诚实守信、合作共赢的大平台。

在友多多平台的体系设计中，信用机制是一个独立的、内外一体的、覆盖全面的系统。信用机制要求平台对所有成员、合作伙伴诚信，任何不道德的、虚假的、以不法利益为驱动力的行为都被禁止，同时对会员的诚信度有着近乎苛刻的要求。该系统既包含智能化的信用信息采集、评估与发布，也包括组织体系健全的线下征信服务机构。

友多多在会员和业务发展策略上，也以诚信为首要条件。所有会员都有一个靠谱度指标，并将呈现在会员的个人信息中，其他所有人能够通过靠谱度，对其有一个初步的了解。

对诚实守信、友善热情的会员，友多多设置了福利、股权等多重奖励机制，以弘扬诚信友善之正气。

2. 用保荐人机制发展会员

许多社交平台认为，用身份证进行实名认证可以保证平台的信用。我们认为，身份证实名认证，只能保证该人是一个拥有合法身份的人，其本身的信用并不能有效体现。对新会员的信用水平，朋友推荐要远比身份证实名认证真实有效。

一个人的真实信用水平，朋友的评价远比社会信用报告真实有效，特别是同学、同事关系，相识多年，对人的本质和习惯，都有较为全面深刻的认识。同时，由于是朋友的介绍而进入社交圈子，人们往往会表现出自己优秀的一面，克服（或者隐藏）丑陋的一面。即使是骗子，也很少在自己的朋友圈骗人，这就是人性！

3. 社交行为信用考核体系

友多多独创了独特的社交信用评价体系，对所有用户的社交行为进行信用评价，鼓励热心助人善行，严厉打击一切欺诈和不友善、不道德的社会行为。同时推出了“靠谱度”，对每一个成员都进行实时靠谱度考核，并在平台内展示（见图 8-4）。“靠谱度”由社交行为属性（包括社交热情度、办事能力态度、社交行为履约度）、平台内人脉资源构成、助人和公益活动参与度等三方面指标构成。“靠谱度”低于 80 的成员没有资格创建社群活动，也不准发布资源信息。

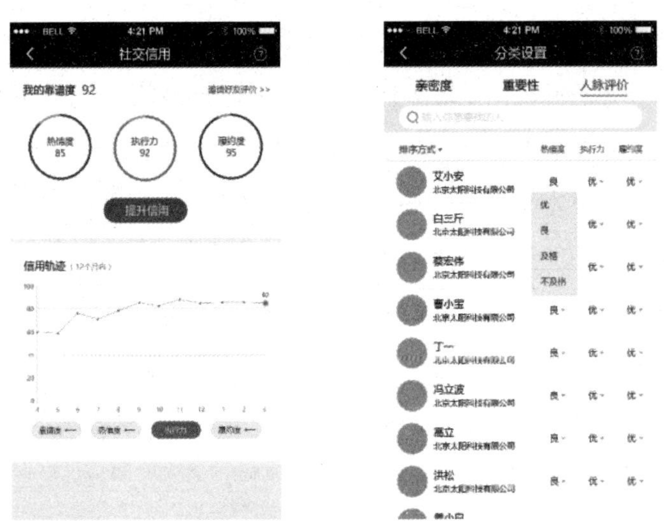

图 8-4 靠谱度页面

友多多社交行为信用考核体系前期采用中心化的架构，未来随着区块链技术的发展和成熟，将采用区块链技术来开发和运营社交信用体系。

第二节　人脉地图有效管理人脉资源

每个人的人脉资源，实际上是一个特别复杂的社会网络。文字出现以前，人们是靠大脑来记忆自己的亲朋好友，后来发展到用通讯录的方式来记录自己的朋友（联系人）。网络的兴起，特别是移动互联网和社交平台的发展，使我们记录自己人脉资源的手段得到了很大提升，但时至今日，我们还只能记录下我们的一度人脉，而并不知道朋友的朋友（二度人脉）是谁，更不知道三度、四度人脉是谁。

友多多采用人脉通道技术构建了六度人脉网络，使得每一个会员与他的最多到六度的人脉产生联结。但要展示六度人脉网络，却不是一件容易的事。一是因为人脉网络复杂，一度人脉有数百个节点，二度人脉有数万个节点，三度人脉将达到百万个节点，这么庞大的节点数据量，实在难以用任何形式的图示来展示。

一、人脉信息浏览

为了解决上述问题，友多多另辟蹊径，采用人脉地图的方式展示人脉资源网络（见图 8－5）。人脉地图展示的方式包括圈层图和人脉信息表，圈层图展示一度人脉的分类人脉信息和二度以上各度人脉的人脉数量。

二、人脉管理

当通讯录导入完成后，用户可以管理和维护自己的一度人脉（D_1）。在列表显示的人脉（朋友）信息中，如果有朋友已经是友多多会员，系统会自动标识并提示该人是友多多的成员。

人脉管理的主要任务是：

(1) 设置关系类别，包括关系亲密度和重要性。关系亲密度分为密友、朋友

图 8-5 人脉地图

和熟人三个等级；关系重要性分为非常重要、重要和一般三个等级。设置关系类别的主要目的是对自己的一度人脉资源进行分类管理，帮助用户理清自己当前所拥有的人脉资源。

（2）设置人脉通道。人脉通道是有等级之分的，友多多按照关系亲密度设置了三个等级的人脉通道：密友级、好友级和熟人级，分别以 F1、F2 和 F3 来表示。系统对用户与通讯录内的朋友默认已经建立了最基础的人脉通道（熟人级）。关系等级高的人脉通道的价值比关系等级低的人脉通道高。

（3）进行社交信用（靠谱度）评价。友多多对成员的社交信用用靠谱度来衡量，靠谱度是以会员的一度人脉对其的社交热情度（积极主动）、办事风格和能力、社交活动履约度（如是否按时赴约、对朋友的承诺是否认真履行、是否能说到做到等等）、在友多多的一度人脉构成等指标综合计算而得出的一个社交行为属性。一个人的人品和性格如何，他的朋友最了解，也最有发言权，因此，友多多的靠谱度评价主要以成员在友多多的一度人脉对其的评价值为主。

（4）拓展人脉。用户可以根据自己当前的人脉资源状况和需要，利用友多多平台提供的工具拓展自己的人脉资源。

第三节　找靠谱的人办靠谱的事

找人办事，是每个人的高频刚需，从出生要找产科医院、医生、育婴保姆到离开这个世界要找好的墓地陵园，哪一项都离不开要找到对的人。

找人办事，涉及两个层次的问题。首要问题是定位要找的人是谁，例如家人得了严重的心血管疾病，需要找专家治疗，心血管最好的医生可能在北京阜外医院、北京安贞医院或 301 医院，找到这三家医院的专家都可以满足要求。解决这一问题不难，在网上搜一搜，稍作分析，你大概就会知道找谁才能解决你的问题。

但问题是，专家都是稀缺资源，如果你不直接认识专家，也没有渠道直接认识专家，能够帮你解决问题的专家不一定愿意帮你。只有你找到对该专家有影响力的人，才可能通过该人请求专家来帮你，这样的人通过其他社交网络不可能找到。

我们直接认识的人只有几百人，不可能涵盖工作生活中要找的所有人，所以我们只能托朋友，让朋友的朋友帮助解决困难。问题是我们并不知道哪个朋友认识要找的人，怎么办？只能一个一个朋友挨着打听，幸运的话，或许几个电话就能找到要找的人，不幸的是，绝大部分时候找不到要找的人。

现在一切问题迎刃而解。找靠谱的人，办靠谱的事，通过人脉导航来解决。

在友多多平台，你已经建立了自己的六度人脉网络，所有一至六度的人脉通过人脉通道联结在一起，输入你要找的人或你的需求，点击搜索，你要找的目标对象就立即显示出来，你不仅知道他的名字、靠谱度如何，而且还能知道通过你的哪个（哪几个）朋友可以找到他（见图 8－6）。

不同的人脉通道联结力不同，友多多平台通过计算联结力，给出最强联结力通道建议。

由此可见，友多多不仅帮你找到人，更重要的是找对人，找到真正能解决

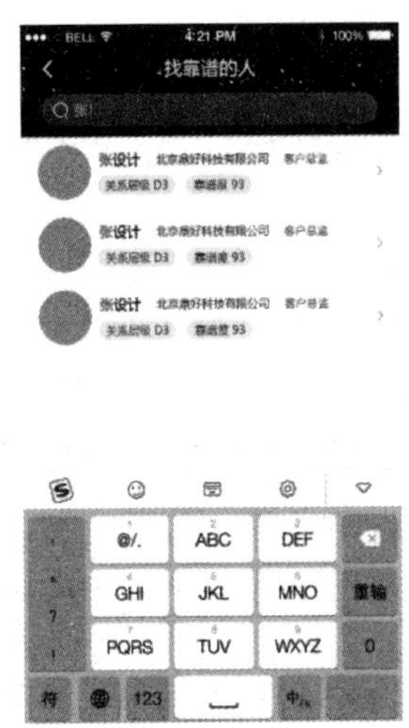

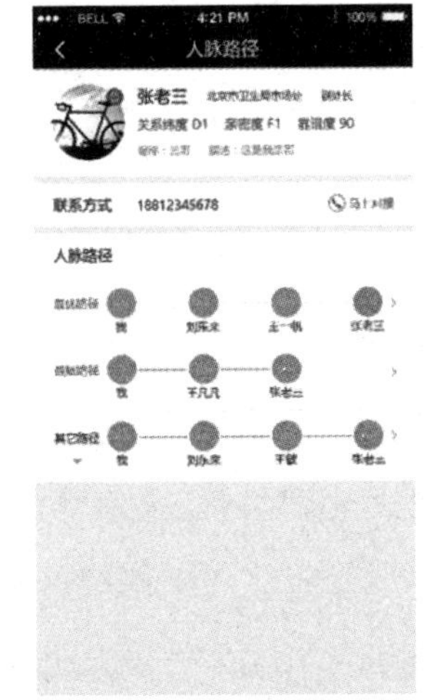

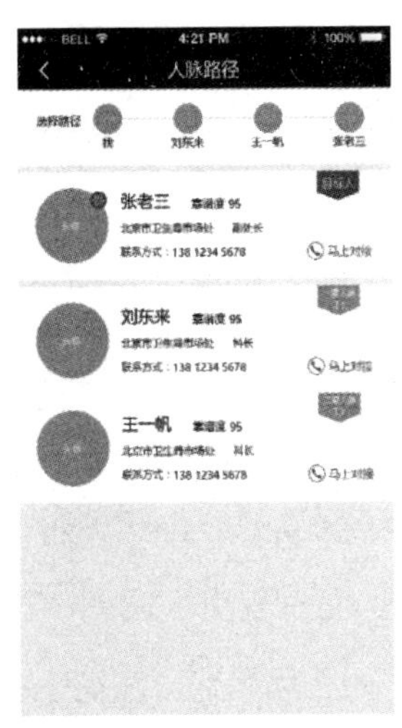

图 8-6 通过友多多找靠谱的人

问题的人。友多多平台提供三种以上人脉路径方案，并将最靠谱方案推荐为最优路径，以最佳方式快速解决需求问题。

第九章　在社交中学习、工作和生活

没有社交，就没有人际联结。人际联结力是通过社交活动而不断强化和提升的，只有通过不断的社交，朋友之间的友情才能得以维护和发展，人脉资源才能得以拓展和提升。

没有社交，就不能称之为社交平台。简单的信息（图片、视频等）分享，也难以成就真正的社交平台。

为满足社交需求，友多多人脉资源平台专门设计了线上线下相结合的包括社群系统和活动系统的社交体系，使之成为联结会员的纽带、扩大交往的平台、丰富生活的家园。

第一节　社交思想

人际交往是人一生中最基本、最重要的活动，故人际交往对于个人而言，交往即成长，交往即学习，交往即工作，交往即生活，交往即快乐幸福。

一、交往即成长

1. 人的成长是生物性发展和社会性发展的结合

人的成长发展包括生理成长发展、认知成长发展和社会性成长发展三大部分。当人还在娘胎中时，已经开始学习与母亲交流。当孩子呱呱落地，看到这个五彩的世界，尽管还不太明白，但已经懂得用哭声或肢体语言来与他人交流，表达自己的要求和情感。从此，他便开启了人际交往的历程。

人是社会性动物，其成长必然是生理发展、认知发展和社会性发展的结合。人从胚胎发展成为生命，就开始了其社会性发展的历程，胎教是最早的社会性活动。孩子出生后，父母及家庭其他成员除了保障其生理需要，更要给予其情感上的关怀和教育，使得孩子从遗传中获得的人际交往技能和欲望得以满足，并不断发展其社会性机能。到了学龄阶段，便要将孩子送入幼儿园、学校，使其接受更为全面、深入的社会化训练和教育，获得社会性知识和技能，以适应将来的社会生活。

2. 在人际交往中成长和发展

人际交往活动主要促进人的社会性发展。人的所有社会性能力都是在社会性生活中习得的，而社会性生活的主要形式便是多种多样的社会交往活动。人们在社会交往活动中学习社会性技能，演练社会性技能，并逐渐使之观念化、习惯化，形成个人独具特色的品格。一个人之所以受人欢迎，生理性特色处于次要地位，更重要的是其品格特色，他是否正直、是否友善、是否宽容、是否达观，这些品格才是吸引他人最重要的因素。这些品格的获取，需要经过广泛的社会交往活动，并在交往活动中不断品味、反思、锻炼构成这些品格的行为，再通过长期的人际交往实践将这些受人欢迎的行为逐渐培养成为自己的习惯，最终培养出独具特色的品格。

二、交往即学习

1. 人际交往的过程是学习的过程

人的生物性发展是显性的、直接的，而社会性发展是隐性的、间接的。幼儿每过一两个月，体重就会有明显增加，生理器官不断成熟，但社会性特征并没有如此显著的变化，它随着生理的发展而不断发展，并且通过语言、肢体动作等生理机能用行为表现出来。

在这样的发展过程中，婴儿首先与母亲交往，并逐渐与家庭其他成员进行交往，通过这样的交往，获得了最初的人际交往技能如语言、表情、情感表达等等。上了幼儿园，幼儿的人际交往进入了一个新的世界，他们离开家庭，真正步入了社会，与年龄相似的孩子交往，与老师交往，开始了真正的社会生活。在幼儿园阶段，游戏是幼儿生活的重要内容，幼儿通过游戏去认识自己，理解他人，并在与伙伴的共同游戏中学会与伙伴协商、合作与竞争等社会性能力，从而使交往能力得到不断提高。小学和中学阶段，是人的社会性能力发展的关键期，多种社会性能力都是在幼儿阶段萌芽，在小学、中学阶段发展成熟。成年以后，人的社会交往活动逐渐增多，但幼年所习得的社交思维和社交习惯明显地贯穿于成年后的社交行为中，只有那些社交智能强的人，才能通过社会化学习，不断提升自己的社交意识和能力，成为社交达人。而不善于学习的人，社交能力停留在较低的水平，不能随着自身社会角色的变化而拥有与之相适宜的社交意识和能力，在社会竞争中处于不利地位。

2. 学习又促进交往

当然，在人的成长过程中，认知的发展对人的社会性发展也起着重要作用。这样的作用一方面是制约性的作用，当人的认知水平达不到相当的水平时，人的社会性发展也不可能超越该认知水平所能达到的社会性水平的上限，例如幼儿园的孩子还不具备逻辑运算的能力，他们就不可能理解父母因为对其教育方式的不同而产生的冲突。另一方面，认知发展对人的社会化起着重要的推动和促进作用。社会性能力的培养和发展，需要以认知水平为基础，只有对某种社会性能力有了较为深刻和全面的理解之后，人们才会掌握这一社会性技能，并在意识的支配下巩固和发展这种技能。由此可见，只有通过学习，才能提升自身的认知水平；只有通过提升自己的社交性认知水平，才能提升自我的社交能力。

三、交往即工作

人际交往活动是人有目的的活动，因此，从广义的工作概念来看，人际交往就是工作。通常人们将人际交往活动与娱乐活动联系在一起，一方面是由于人们的人际交往活动常常以娱乐活动的形式出现，譬如朋友间的聊天、共同参加的文体活动等等；另一方面，人们习惯于把工作与劳作等同起来，忽略了工作中的人际交往活动，从而片面地认识工作的性质。“交往即工作”既是人际交往活动的本质反映，也是人的工作内涵的科学揭示。

1. 交往的本质决定了人际交往活动就是工作

人际交往是人们为特定的目的而组织和实施的社会性活动，活动的本质是为了满足人们的某种特定需要。人际交往活动的形式多种多样，既包含娱乐性活动，也包括生产性活动；既有私密性的活动，也有公开化的活动；既有两人间的活动，也有成百上千人的共同活动。这些活动千差万别，但都蕴含着一些基本的、共同的特征，那就是这些活动都是有目的、有计划的，而不是人们随意而为的。将人际交往活动的特征与工作的性质相比较，就不难发现人际交往活动实质上就是工作。

“交往即工作”思想中最容易引起人们争论的是人际交往活动中的娱乐性活动，人们很难将人际交往中的娱乐活动与工作等同起来。单纯的娱乐活动确实不是工作，但人际交往中的娱乐活动不是普通的娱乐，而是通过娱乐这一形式，达到人际交往的目的。也就是说，人际交往活动中的娱乐活动不同于普通的娱乐活动，人际交往中的娱乐活动仅仅是人际交往的载体和形式，娱乐活动确实具有放松身心的功效，但其主要目的不是为了娱乐身心，而是通过娱乐活动，达到增进了解、提升友谊、获得帮助等目的。例如，一个客户经理陪客户打一场高尔夫球，是娱乐还是工作？答案是显而易见的。

2. 工作中相当大部分的活动是人际交往活动

远古时期，人们的生产劳动主要依赖于自然条件，主要体现在人与自然的斗争中。随着社会的发展，特别是科学技术的发展，社会生产劳动越来越离不开社会合作。农耕时代，许多生产活动可以独立完成，但进入到机器制造时代后，个体能独立完成的工作越来越少，需要的合作越来越多。进入 21 世纪的网络信息时代，已经很少有某项工作能够由单独的个体独立完成。广泛的社会合作已经发展成为工作的基本形式和客观要求。

工作既可以按脑力劳动和体力劳动来划分，也可以按照生产性劳动和服务性劳动来划分，但无论采用哪一种划分方法，其中都可以看到人际交往活动的影子。今天的脑力劳动者，包括教师、医生、研究人员、文艺工作者和政府公务员，他们的劳动哪一项离得开人际交往活动？而作为体力劳动者，由于机器设备的广泛使用，简单的、机械性的重复劳作已经广泛采用自动化的机器设备，工人的工作主要是操控机器设备、检修维护设备和质量检查，这些工作需要与其他人合作才能完成，现实生活中已经很少有某项工作可以由个体独立完成。即使存在少量的独立性较强的工作，那也至少需要与管理者（或被管理者）进行沟通交流。

从工作的时间划分来看，工作中的人际交往活动所占用的时间同样在总的工作时间中占很大的比例，并且工作的职位越高，人际交往活动所花费的时间占总的工作时间的比例就越高。这是因为劳动者的劳动时间主要花在劳动对象上，作为基层劳动者，他们的劳动对象可能是具体的物质对象，此时，他们与人的交往活动相对较少。随着劳动岗位层次的提升，劳动者与具体物质对象的接触就会越来越少，而组织与协调机构内外部工作人员的关系就会就越来越多，这些活动则主要是人际交往活动。

现代企业管理中的核心观念是要贯彻落实“以人为本”，要重视人的价值，注重发挥人的主观能动性，同时要满足人的需求。企业生产经营活动中的“以人为本”，本质上是要重视人的活动对企业生产经营活动的影响，而人的活动中的重点就是人与人之间的交往活动。这就是说，人际交往活动是企业生产经营活动中的核心活动，抓住抓好了这一核心活动，也就抓好了企业的生产经营活动。

3. 人际交往能力对工作的影响巨大

人是感情动物，其行为受情绪影响很大。人际交往对人的情绪有很大的影响，良好的人际关系不仅能激发个体的主动性和创造性，而且能极大地提高团体的协同效应。工作中的人际交往对工作的影响非常大，既影响工作的质量，也影响工作的效率；既影响短期工作成效，也影响长远工作目标；既影响作为工作主体的人，也影响组织内部人文环境。

工作中的人际交往既影响工作的质量，也影响工作的效率。如果同事之间产生矛盾，矛盾各方都会产生负面情绪，并将注意力从工作转向造成矛盾的各种原因上，其直接的影响就是个人的工作效率和劳动质量的下降。反之，如果工作中的人际关系和谐，人际交往活动的目标与企业生产经营活动目标相一致，就会使员工心情愉快，精力集中，体现在工作中就能提高人员的战斗力，形成凝聚力，充分发挥出个人的积极性、创造性和团队力量，使得工作质量和效率不断提高，能够创造出更多的价值。

工作中的人际交往对工作的影响有些是直接的，有些则是间接的。直接的影响是由人际交往所产生的情绪所导致的，间接的影响是由人际交往活动所形成的组织文化所造成的。直接影响是显性的、及时的，间接影响是隐性的、长远的。人际交往的结果会立即影响人们的情绪，从而对工作的质量和效率产生立竿见影的效果。工作小组内的两个同事之间因为工作而产生纠纷是最常见的人际交往问题，其直接的后果是当事人产生情绪上的不愉快，两人可能会为此而发生争吵，也可能互不理睬，无论哪一种状况发生，都会直接影响双方的工作成效：可能会误操作，可能会做错事，至少会耽误工作的进程。所有这些，都会对当前的工作产生直接的影响。从间接影响来看，如果组织内部人际关系不和谐，就容易形成互不信任的局面，每个个体看似有很强的能力，但作为一个工作小组运作就会问题百出，从而使得机构效率低下，且人际关系不和谐的后果有可能不会立即显现出来，由于问题是客观存在的，迟早都会爆发。

工作中的人际交往既影响交往的当事人，也影响与这些当事人相关的其他人。人际交往的不通畅或人际关系的不和谐对直接当事人的影响是直接的、显而易见的，而对其他人的影响则是隐性的、长期的。特别是当某种人际交往方式成为某一机构的主流时，实际上就会在该机构内形成一种文化（或亚文化），这种（亚）文化对组织机构的影响是深重的、长远的。例如，如果某一机构内形成了互帮互助的文化，那么在这一机构内工作的员工在工作中就会相互支持，互相补位，工作热情会十分高涨，从而使工作效率和质量都保持在较高的水平。反之，如果某一机构内员工之间形成钩心斗角、尔虞我诈的人际关系氛围，那么该机构的工作效率必然低下，工作质量只能维持在较低的水平。

四、交往即生活

工作和生活，都是人际交往活动的重要表现形式，就像是硬币的两面。我们不能只看到交往在工作上的一面，而忽略交往也是生活的另一面这一基本事实。

工作和生活是相对的概念，甚至有时我们很难区分某项社会活动到底是工作还是生活。例如，母亲在家带自己的孩子，我们一般会把母亲这样的活动纳入家庭生活的范畴。但如果该母亲不仅在家带自己的孩子，而且还开设了家庭托儿所（这种情况在中国很少，但在欧美国家却相当普遍），同时看管邻居家的孩子呢？此时该母亲是在工作还是在生活？大部分会认为此时该母亲是在工作。由此可见，要严格区分人际交往是工作还是生活，有时也是一个难题，或者我们应该说，某些人际交往活动既是工作，也是生活。但无论如何，当我们看到人际交往是工作的一面时，也应该认识到人际交往也是生活。

1. 人生最初的/最重要的人际交往活动是生活

婴儿与母亲的交往是人生最初的人际交往活动。此时，部分是出于遗传的本能，部分是出于母亲的诱导，婴儿开始学习人际交往，开始人生的第一步，从人际交往中获取生存的本领。饿了哭，困了哭，身体不太舒服也哭，以哭的行为与照顾他生活的人进行人际互动，传达自己的需求信息。婴儿在这样的交往中成长，交往对象也从照顾自己的人扩展到家庭的所有成员，得到所有家庭成员的养育、保护和帮助，在情感上与家人建立起密切的联系，并逐渐形成“依恋”和“自我”等社会性概念。心理学研究证明，正是个体早期的教养方式不同，特别是母婴依恋形成的质量，会影响将来儿童的社会交往行为。婴儿将安全感和对成人的信赖作为进一步与成人及环境交往的前提，并将这样的体验与“自我”进行比较，如在哭泣后得到的抚慰、受到的斥责以及玩耍中操作成功与失败的不同经验，所有这一切形成幼儿情感上的不同体验，并随着生活经验的不断丰富而在幼儿的内心中不断得以强化，从而形成幼儿的“自我”观念以及对人际交往的基本习性。

幼儿早期的伙伴交往也是影响幼儿早期社会化的重要方面。幼儿在彼此交往中学会很多的社会技能，如与小伙伴分享玩具、分享游戏的经验，学习相互配合，对对方感到亲密或厌恶，这种情感对未来交往对象的选择、交往活动的偏好等方面都会产生重大影响。

2. 人际交往活动的经验和技能大部分来源于生活

婴儿最初的人际交往技能是从遗传中得到的。但这种遗传而来的能力只是一种可能性，使得婴儿在适当的环境下可以运用这样的技能得以生存。这样的环境便是母亲或其他婴儿的养育者，离开母亲或养育者与婴儿的交往活动，婴儿这种遗传得来的能力就得不到锻炼和发展，也就不可能进一步发展婴儿的人际交往能力。

在成长过程中，人们从生活中逐渐学习和掌握社交技能。婴幼儿首先是从与家人的共同生活中学习社交经验的。在与母亲或养育者的交往中，婴儿逐步习得了哭与笑的人际交往表达方式，婴儿知道通过哭可以吸引母亲或养育者的注意，满足自己的需要；通过笑表达自己的情感，从而增强与母亲或养育者之间的情感纽带。婴儿逐步成长，交往的圈子也不断扩大，开始与家庭其他成员进行交往。特别是1岁以后会说话，会走，幼儿的生活开始变得丰富多彩，交往的圈子也成倍地扩大。当幼儿进入幼儿园开始新的人生阶段时，幼儿开始学习与同伴的交往和老师的交往。幼儿在幼儿园的生活主要以游戏活动为主，幼儿在游戏中进一步认识自己，理解其他小伙伴，并开始学习协商与合作。

从小学开始，儿童的心理进一步成熟，儿童的生活进入了一个新世界。儿童开始摆脱以自我为中心的思考方式，开始从生活中学习、理解和掌握社会角色，如开始懂得性别角色。这一时期的儿童的交往活动也随着心理的发展及生活经验的丰富而带来显著的变化。比如，同性别儿童的交往逐渐增加，异性儿童之间的交往逐渐减少。

3. 人际交往活动极大地丰富了生活

人由于个性不同，社会地位不同，能力不同，会拥有各具特色的生活。但是每个人无论有多么的不同，他们的生活都离不开人际交往活动。一个人的社交能力强，生活中社交活动所占的比例就高，他从社交活动中收获的快乐也多；而社交能力弱，则社交活动开展的就少，常常会感到孤独和寂寞，且在生活中遇到问题或困难也不易获得朋友的帮助，从而进一步影响他们的生活品质。

独处的生活必定是孤独和寂寞的生活，常人往往难以忍受。所以当人感到孤独或寂寞时总希望找朋友聊一聊，而不管聊什么，都能排解内心的空虚和无聊。这就是说，人际交往活动本身就具有这样的一种功能，使得我们能够摆脱生活中的空虚和无聊，充实并丰富生活。

人际交往活动不仅从形式上丰富生活，更从内容上丰富人们的生活。人际交往活动千姿百态，既可以两个朋友一起品茶、对弈，也可以三人斗地主，侃大山；既可以一帮同学一起嗨歌，也可以两拨朋友结伴郊游；既可以同室而坐或挥毫泼墨，或赋诗作画，也可以相隔万里在网上或谈情说爱，或海阔天空。总之，只要能够分享信息、能够增进友谊、能够帮助朋友克服困难，就都能引入人际交往活动，成为人们生活的一部分。

人际交往活动还能够帮助人们提升生活品质。“三人行必有我师”，这里的“师”不仅仅是学业上的老师，更是生活中的导师，我们在导师的指点和帮助下，生活品质不断提高。一次朋友间的家庭聚会，不仅能让参与聚会的朋友欣赏到主人家庭生活中的艺术和品味，更能让聚会者亲身感受到主人在待人接物方面的艺术和能力，从而促进聚会者通过向主人的学习而提升自己家庭生活的品质和人际交往方面的能力。一次公益性的人际交往活动，更能使参与者从公益活动中培养爱心，收获快乐，这将进一步诱发他们参与公益活动的热忱和积极性，使他们从持续的公益活动中播种爱心，丰富生活，收获快乐。

五、交往即快乐幸福

1. 人际交往的目的是为了快乐幸福

“为什么交往?”看似个很简单也很傻的问题，却很重要，也不易回答。你可能会说“因为我需要朋友”，也可能会说“因为我孤独”，更有可能是“需要帮助”，当然还有很多人会说是“为了好玩啊”，如此等等，代表了不同的人对人际交往活动有着不同的观念，但如果深入研究和剖析这些答案，我们会发现尽管人们对“为什么交往?”的观念不同、表达方式不同，但其内心的目的却是相似或相同的，即交往是为了更好地生活，为了生活得快乐和幸福。

孤独、需要帮助、好玩等等都是生活的状态，是活生生的生活，人际交往活动就是寓于这样的生活之中，且人际交往能够帮助我们摆摊孤独和寂寞的困扰，解决工作或生活中的问题，获得身心的放松和愉悦。故人际交往既来自生活，更是为了更好地生活，任何企图将人际交往从生活中剥离出去的想法既不符合生活实际，又徒劳费力。

交往达人正是从人际交往这一生活实践中充分体会到了人际交往生活的乐趣，这样的乐趣反过来又成为一种动力，使他们更加乐于投入频繁有趣的人际交往活动之中，进入“人际交往→充实和丰富生活→进一步的人际交往→更加充实和丰富生活”的良性循环。而那些人际交往能力一般或者对人际交往存有偏见的人，则很难从人际交往中收获快乐，从而从反面更加强化他们对人际交往的偏见，远离朋友，远离人际交往活动。

2. 人际交往的过程是愉快的历程

一个朋友的问候、一次街头的偶遇、一次朋友间的聚会，都会给我们带来愉快的心情和美好的回忆。许多形容人们快乐状态的语言也是充分体现在人际交往活动过程之中，譬如“前呼后拥”“谈笑风生”，等等。

3. 人际交往的结果将促进个体的快乐幸福和社会的和谐稳定

绝大部分的人际交往活动，都能给参与交往活动的各方带来一定的满足感。即使某一次人际交往活动没有达到预期的效果或目的，但通过这样的交往，至少使交往方了解了对方的观点和意见，为下一步的工作提供了积极有效的参考。

第二节　社交体系

友多多社交活动体系，是一种O2O社交模式，即线上社交和线下社交相结合的社交活动体系。从组织结构来看，友多多通过其矩阵式的组织体系为会员提供专业性、区域性和兴趣爱好相结合的社交服务模式。不同于传统网络平台的社交活动，友多多社交活动体系注重有组织、有计划的社交活动，通过友多多组织体系中的行业组织和区域组织（以城市为单位），友多多不仅提供会员自发组织网络社群和社交活动，而且提供线下官方行业和区域社群组织，为会员提供权威性和专业性相结合的社群和社交活动服务。

从功能上看，友多多社交体系包括社群和社交活动两大部分。友多多社群是一种组织体系，既包括友多多官方的组织（友多多官方社群），也包括会员自发的组织（友多多自创社群）。与社群体系类似，活动体系也包括友多多官方活动和会员自发组织的社交活动。

一、友多多社群体系

物以类聚，人以群分。社群是一种建立在互联网基础上，依据人们某种特定的兴趣爱好、身份地位、审美观和价值观而建立起来的特定的圈子，例如创业者社群、驴友社群、校友社群等等（见图9－1）。设置社群的目的是增进交往，提升人际联结力和群体的凝聚力。

1. 友多多官方社群

友多多官方社群（见图9－2）是依据友多多的理念和宗旨而设立，旨在弘扬

图 9-1　友多多社群

诚实守信、平等互利、合作共赢的价值观，通过分行业、分区域的社群组织，引导和组织成员开展丰富多彩、健康有益的社交活动，并通过这样的权威性、专业性和趣味性相结合的社交活动，丰富会员的社交活动，增进会员间的友谊，提升会员的人脉联结力，进而扩大会员间的合作，创造更多的财富。

图 9-2　友多多官方社群

友多多官方社群由友多多发起设立并管理运营，合格会员都可以申请成为友多多官方社群会员，享受友多多官方社群提供的包括社交活动、资源对接等服务。友多多的合作伙伴（如社团、学校、企业等机构）经友多多批准，也可以发起设立自己的管群，并按照友多多规则运营自己的管群。

友多多官方社群分为行业社群和区域社群两大类。行业社群是参照国民经济行业门类划分标准设立，由友多多相关行业组织管理运营，为友多多成员提供行业资源对接、行业政策和动态解读、专业技术咨询、沟通交流等服务，以满足会员在工作中的社交需要。

友多多区域社群以省和城市为单位，由友多多区域组织负责管理和运营，为会员提供本地化的社交活动支持与服务、本地化资源对接，区域社群同时支持配合行业社群在本地开展相关专业性活动。区域社群主要为会员提供生活和娱乐性社交服务。

2. 友多多会员自创社群

友多多会员自创社群也包括行业社群和区域社群两大类，由友多多合格会员发起创立，并邀请相关会员参加。所谓的合格会员是指会员的靠谱度指标值达到80以上的友多多会员。之所以限制靠谱度指标低的会员创设社群，主要是为了保证友多多体系的纯洁性和品质，最大限度杜绝通过友多多社群体系传播低级趣味、违法违纪等社会负能量信息。

友多多会员自创社群主要满足会员的个性化社交需求。

在友多多社群，特别设置了成员的资源和需求信息列表（见图9-3），方便同一社群会员之间进行资源对接，更好地帮助有紧迫需求的会员在相关社群内广泛、充分传播需求信息，尽早有效解决问题，满足需求。同样，有资源的会员也可以把资源信息发布到社群中，供其他会员分享。在微信朋友圈，也可以发送资源和需求信息，但有两个问题限制了资源和需求的充分对接：

首先，在朋友圈发送的资源和需求信息，很快就会被后续的群友聊天信息所淹没，即使在群友中存在能够对接资源的人，只要他没有及时看朋友圈，就丧失

图 9-3　群友资源与需求列表

了对接的机会。而在友多多社群，这样的情况就不会发生。会员在该社群内发布的资源/需求信息，只要发布者没有主动删除（或标识对接已完成），社群内的成员任何时候进入社群，都可以看到这样的需求/资源信息，确保了信息的充分传播。

其次，微信朋友圈由微商信息刷屏的现象不会在友多多社群发生。微商无非是想利用人脉进行商业推广，出发点无可非议，但这样的行为却违背了朋友关系的基本原则：朋友是用来互相帮助的，不是赚钱的手段。在友多多，会员如有资源和需求需要推广，可以发送到群友资源和需求信息栏中，同样能达到推广的目的，但不会骚扰其他群友。

二、友多多活动体系

尽管社群的主要内容是开展社交活动，但是社群和活动还是有差异的：社群是长期性的会员组织，而活动则是一次性的社交事件。为了方便会员开展丰富多彩的社交活动，友多多设置了专门的活动系统，合格友多多会员可以组织形式多样的社交活动（见图 9-4）。

图 9-4　友多多社群活动

三、对社群、活动组织者的激励机制

在友多多内自创社群，或者组织社交活动，都对友多多体系的发展做出了贡献。对此，基于友多多合作共赢的理念，友多多会对社群和活动创建者进行奖励。奖励的形式既包括在友多多平台上对靠谱度高的创建者奖励海归企业的高科技产品，也包括奖励友多多专用虚拟币（友币），使用友币可以换取服务，如：设计、心理、法律等咨询，也可同样换取高科技产品。奖励的评选标准是社群和活动的真实运作效果，既包括社群/活动的规模，也包括群友的评价。

第十章　精准对接资源，实现联结力价值

价值问题是一个很深奥的哲学问题，在研究联结力的价值时，尽管不会用十分深奥和晦涩的语言来进行研究分享，但仍然需要采用哲学的方法来研究人脉联结力的价值，即研究人脉联结力的价值是什么，如何实现人脉联结力的价值。

人际联结，联结的是人。这种联结除了有帮助人克服孤独的功效外，更重要的功能在于能够获得帮助，能够通过合作与分享来创造价值。你愿意帮谁？谁更有可能帮你？当然是朋友。人们愿意与谁合作和分享？大部分人会愿意与熟悉的朋友进行合作或分享，与靠谱的人进行合作与分享。由此可见，具有人脉联结的人之间更容易互相帮助，更容易开展合作和分享。

当然，将这样的可能性变为现实，还需要技术手段。友多多平台中的每个会员通过搜索工具能够搜索到与自己的需求/资源相匹配的资源/需求，也可以运用发布功能发布自己的需求与资源，在平台 AI 技术的支持下，能够与百万、千万级的人实现资源与需求的自动对接，且这些需方和供方都具有一定的人脉联结力，从而最大限度地帮助会员实现人脉联结力的价值。

用联结创造价值，需要注意人脉联结力的特点。首先，人脉联结的客体是人，而不是普通的物，故人脉联结力价值就是人脉联结力客体（亲属或朋友）所代表的人对主体的价值，包括满足主体需求方面的价值（个体价值）和主体创造并实现价值方面的价值（社会价值）之和。其次，人脉联结力价值不能通过社会交换来实现，而只能通过人际交往活动来实现。最后，人脉联结力是一种无形

的、可再生的、长期的资源，其价值需要通过人际交往活动过程来实现。

第一节　联结力的价值是什么

价值是一个极为普遍的概念，社会生活的一切领域都存在价值问题，它渗透于人的全部实践活动和认知活动中。人每时每刻都在同周围的事物和现象发生各种各样的关系，其中就包括价值关系。一般而言，所谓价值关系是指外界事物所具有的满足人们需要的特性和功能。这里，“外界物”是客体，“人”则是主体。价值就是客体满足主体需要所具有的用途和积极作用。客体所具有的用途和作用，是客体自身的属性，它构成价值的基础；主体需要的满足则是构成价值的主观条件。

联结力是联结人的力量，研究联结力的价值，首先要研究人的价值。

一、人的价值是人的自我价值与社会价值的总和

人的价值具有二重性，具体地表现为个人的社会价值和自我价值。个人的社会价值是个人与社会、他人的关系的一个重要方面，是指个人通过自己的实践活动为满足社会或他人物质的、精神的需要所做出的贡献和承担的责任。人的社会价值的大小，取决于个人对社会所做贡献的多少。一个对社会不承担任何责任的人，对社会、对他人没有任何贡献的人，就是一个没有社会价值的人。这样的人的存在是没有意义的。反之，一个人对社会所做贡献越大，他的社会价值也就越高，他的人生也就越有意义。人的社会价值的大小跟社会分工，即跟人们所任职务和所从事的工作有一定的关系。一般地说，所任职务越高、从事的工作越重要，他对社会所承担的责任也越大，贡献也应当越多，与此相应，他的社会价值也就越大。但这并不是绝对的，如果一个职位很高、担负重要工作的人，不能恪尽职守，不能全心全意为人民服务，甚至一心只想着个人，以权谋私，不择手段地向社会索取，这种人不仅没有社会价值，而且对社会来说是一种负价值，是社

会的蛀虫。相反，一个从事普通工作的人，只要能尽心尽力为社会、他人做贡献，他的社会价值就远远高于前者，人生的意义也大于前者。由此可见，职务高低、工作不同，不是人的社会价值大小的决定性因素，起决定作用的是对社会和人类是否做出了贡献及其大小。在社会主义国家，人的社会价值主要取决于他是否为人民服务和是否具有为社会做贡献的精神。一个人只要有全心全意为人民服务和为社会无私奉献的精神，并努力去实践，就是一个高尚的人，具有崇高社会价值的人。这应当成为我们价值观的核心和基础。

受社会体制和人们的道德水准的影响，现实社会中，很少有人能够将自己的社会价值潜能全部发挥出来，也正因为如此，人们把追求自我价值的实现作为人生的最高目标。社会可以也应该通过政治的、文化的手段弘扬道德精神，树立道德榜样，激励社会大众树立为人民服务的精神，争相为社会多做贡献，从而使个体能够最大限度地实现自我价值。

人的创造力价值是最大的社会价值，但在当前社会环境下，个人的创造力尚不能充分发挥，其价值也难以全面实现。一方面由于人民大众的道德水准所限，尚不能完全通过绝对无私的奉献来最大限度地实现其社会价值；另一方面，尽管目前的网络信息传播已经非常发达，但可信的、有价值的信息传播仍然存在被干扰而让人无法判断的情况。

由此可见，当下社会迫切需要从当前的客观条件出发，在积极宣传和弘扬道德文化的同时，创新出一种新的机制，帮助社会成员大幅提升自我价值实现的能力。友多多正是基于这样的社会现实，探索了一条通过构建人脉通道网络，帮助成员充分发挥其潜能，创造更多的财富。

二、联结力价值的本质

问一个 5 岁的孩子："你有朋友吗？""有。""你要朋友干什么？"他可能会答："和我一起玩啊！"也可能会答："他给我玩具玩。"5 岁的孩子没有价值的概念，但是他们知道朋友的功能作用。实际上，普通成年人对价值概念的理解与孩子差不多，就是“有什么用”。对于联结力价值的概念，成人与孩子没有太大的差异，这并不是说我们不成熟，而是由于我们所处的社会文化环境训练我们基本只看表面的、直接的结果，很少去探究内在的、本质性的问题。

联结力联结的是人，其价值的本质就是联结双方对对方的价值，即联结双方各自作为主体和各自作为客体对对方的价值之和。

两个朋友小王和小李，对于小王来说，联结力的价值就是小李帮助自己满足需求和创造财富的价值；同样，对小李而言，联结力的价值就是小王帮助自己满足需求和创造财富的价值（见图10－1）。联结力的价值具有主体性，小王对小李的联结力价值与小李对小王的联结力价值是不同的。

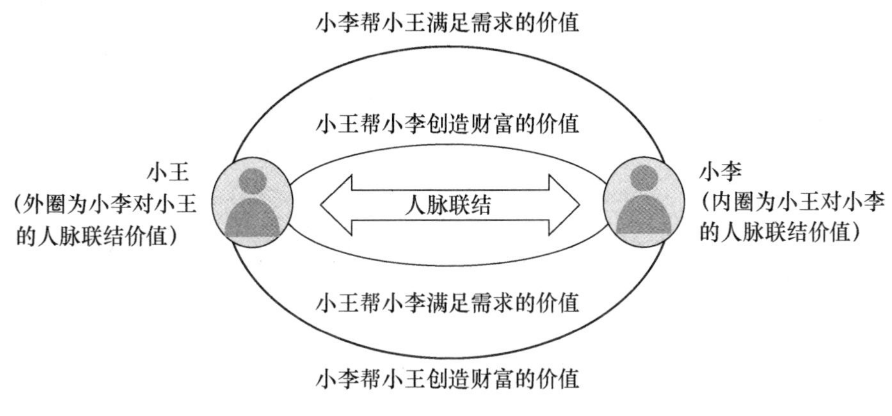

图10－1　人脉联结的价值

小李对小王的联结力价值并不是一次性发挥出来的，而是在终身的交往过程中逐步发挥出来的。小李对小王的联结力价值不仅包括小李直接帮助的价值，而且也包括通过小李这一条人脉通道上其他人（即小李的朋友、小李的朋友的朋友等等）对小王的价值。

依照上述分析，可以计算小王所有的朋友对小王的联结力价值。

- 假设小王（A）有 n 个朋友，分别是 B_1，B_2，…，B_i，…，B_n，$i=1$，…，n（n 为自然数）
- 小王（A）与朋友 B_i 的第 k 次交往对小王（A）的价值为：V_k（AB_i），

$k=1$，…，m（m 为自然数）

- 朋友 B_i 对小王（A）的人脉联结力价值为：$V_i = \sum_{k=1} V_k(AB_i)$，$k=1$，…，$m$（$m$ 为自然数）

- 小王（A）所有朋友对小王的人脉联结力价值为：

$$V(A) = \sum_{i=1}^{n} V_i = \sum_{i=1}^{n}\sum_{k=1}^{m} V_k(AB_i), i = 1,\cdots,n; k = 1, \cdots, m$$

三、联结力价值的表现形式

联结力价值的形式可以从个体和社会这样两个不同的视角来观察，从而获得对联结力价值形式较为完整的认识。从个体视角观察到的联结力价值的形式是个别的、独特的，与观测者个人的经历、能力和价值观相关联，而从社会视角观察到的联结力价值形式是综合的、普遍的且具有特定的社会特征。

从个体来看，联结力的价值表现在两个方面：一是满足个体自身生存和发展的需要；二是帮助个体最大限度地创造财富，实现个体自身价值。具体而言，人脉联结力的价值表现在：

1. 克服孤独，满足依恋需求

人是社会性动物，社交需求是人的基本需求之一，或许有人可以过鲁滨逊式的生活，忍受孤独与寂寞，但对于常人来说，却是难以承受的。人际联结帮助人们满足了依恋、安全和归属感等社交性需求。

2. 互相帮助，分享合作

现实社会中，一个独立个体无论有多强的能力，多高的社会地位，除去情感需求外，总也离不开他人的支持帮助。生活中需要他人帮助，事业上需要有人提携和栽培，正是这样的社会性需求，一方面训练了人们的合作意识和习惯，懂得合作对于人类的重要性；另一方面也通过合作和互相帮助来提高工作效率，提升生活水平。

具有情感联结的人更愿意互相帮助。相比于陌生人，当朋友需要时，人们更愿意尽力去帮助朋友。在友多多，全体会员之间均存在一定的联结力，当一人有难时，由于这样的需求信息通过友多多人脉联结网络得以充分传播，更多的朋友获知了这样的需求信息，所以容易获得朋友们的鼎力相助。

具有情感联结的人更容易分享合作。情感联结产生相当的信任度，当分享与合作信息通过友多多人脉联结网络充分传播后，分享与合作就更容易达成。

3. 获得更多发展机会，最大限度地实现人生价值

有一种说法，“机会总是留给有准备的人”。其实这一说法最多只说对了一半，另一半是“机会总是留给有联结关系的人”。机会是什么？机会是指在某一特定时期所产生的某种有利情况。有准备是获得机会的必要条件，但不是获得机会的充分条件。也就是说，如果没准备，肯定难以获得机会，但有准备也未必会获得机会，因为有准备的人太多，机会只能给一个人（或少数人）。当很多人竞争同一机会时，有联结关系的人就占得先机，这是因为：

- 有联结关系的人更容易获得机会信息；
- 有联结关系的人比其他人更早获得机会信息，所以他是做了最充分准备的人；
- 机会分配的决策人更愿意信任自己熟悉的人。

所以，如果你的朋友是掌握机会信息的人，你比别人更有可能早获得这样的信息；如果你的朋友是分配机会的人，你就更容易获得这样的机会。

4. 生活丰富多彩，快乐幸福

联结力强的人，社交能力就强，社会适应性也强过普通人。由于社会关系和谐，他们的朋友满天下，日常生活丰富有趣，孤独与寂寞基本上与他们无关，个人的社会性需求得到充分的满足。

从社会的角度来看，联结力的价值表现为：

（1）形成各具特色的正式和非正式群体（组织）。人与人因特殊的关系纽带而联结到了一起，并组成了正式和非正式的群体或组织。例如，因血缘关系而联结在一起的宗亲群体，在社会中或隐或显，对社会的稳定和发展影响很大。因宗

教信仰而组成的教会组织，则对社会政治文化产生较大的影响。

(2) 由联结力构成的社会群体能够较好地发挥社会功能。社会功能的发挥，依赖于社会组织，而社会组织能否发挥其社会功能，其凝聚力起到很大作用。社会组织的凝聚力实际上就是联结力：联结力强，组织的社会功能就容易发挥作用；联结力弱，组织的社会功能就难以发挥作用。

(3) 群体间的支持和合作，共同为社会的发展发挥积极的推动和促进作用。社会发展依赖于社会组织之间的支持与合作，而社会组织之间能否开展有效的合作，与组织成员（特别是不同组织的领导）之间是否存在人际纽带有很大的关系，如果不同组织的领导是朋友，组织之间就容易开展合作；反之，如果不同组织的领导之间没有人际纽带，组织之间的合作就难以开展，而且常常是以领导之间先建立友谊为优先条件。

第二节　实现联结力价值

从联结力价值的概念可以看出，实现联结力价值的途径有两条：一是互相帮助，二是平等交换。

一、助人是最直接、最简单实现联结力价值的方法

1. 帮助朋友

助人是一种美德，是社会正能量。帮助他人，满足了他人的需求，直接实现了自己的社会价值。

送人玫瑰，手有余香。帮助他人，不仅满足了他人的需求，而且也愉悦了自己，一举两得，正所谓“助人为乐”。下班回家坐公交车，给老人让座，尽管要克服一天工作的劳累，但内心的愉悦远远超越了劳累感，自己的内心一定是美滋滋的。

助人的行为由于不需要通过交换来实现价值，所以最简单，也最直接。只要

对方需要，你的举手之劳，就能满足他人的需求。也正因为简单和直接，助人的机会非常广阔，上班途中、工作场所、休息娱乐之际，都可以伸出友谊之手，帮助他人，实现你的社会价值。

既然助人能够如此简单、直接地实现价值，为什么大众不乐而为之呢？主要有两方面的原因：一是人们的思想观念问题，二是人们普遍受到生活压力的羁绊。

思想观念问题，涉及人性的本质。从动物的本能来说，人性是自私的，通过社会教化，人性向善。这里的社会教化，既包括思想教育，也包括社会文化环境。“助人为乐”的思想观念，在我国有相当的文化基础，需要在社会上大力弘扬“助人为乐”思想，并从体制、机制的角度着手，推动“助人为乐”文化深入人心。国家层面的“见义勇为”基金、各种慈善基金的发展，极大地推动了善的思想和文化的发展。

改革开放以来，我们的生活水平发生了翻天覆地的变化，但随着房价飞涨、工作竞争加剧等社会环境的变化，人民群众普遍感到生活压力加大，大众的注意力重点放到如何创造更多的物质财富，以应对生活压力。

针对上述客观社会现实问题，友多多经过深入的思考和研究，认为助人为乐的思想观念是人类社会发展的主流和正能量，应该大力弘扬，同时需要兼顾人民大众当前生活现实需要。为此，友多多创设了一套朋友间互助服务的机制。

2. 大力宣传助人为乐思想，弘扬正能量

友多多从宗旨、组织架构设置、经营策略、宣传和社交活动组织实施等方面全面贯彻落实“助人为乐”思想观念，确保“助人为乐”思想深入友多多组织和全体成员的骨髓，营造“我助朋友，朋友助我”的和谐氛围，并以此为基础，推动“助人为乐”思想深入社会。

3. 助人从帮助朋友做起，先易后难

社会上需要帮助的人很多，但我们每个人的能力和精力都有限，只能帮助其中的一小部分人，首选的帮助对象肯定是朋友。友多多充分尊重这一客观现实，鼓励会员助人从帮助朋友做起，并以此为起点，依据个人的能力和意愿，通过友多多慈善公益组织，帮助社会上需要帮助的人。

4. 通过系统内的虚拟币（友币），奖励所有助人行为

经典行为心理学研究结果表明，人的社会行为是刺激-反应的结果，经过正向刺激，能够引导目标行为，施加持续性正向刺激，就能固化目标行为，并成为行为习惯。将这一理论应用于助人行为，友多多设计了系统内的虚拟币（友币），会员的每次助人行为，都能够获得一定数量的虚拟币，使会员获得正向刺激。长期坚持这样的激励政策，就可以固化会员的助人行为，使乐于助人的美德成为友多多会员的良好风尚。

会员从助人行为中收获的友币，也可以用来置换自己所需要的服务，从而进一步提升作为激励物的友币的正向刺激力，这样的机制有助于将“好人有好报”的概念从当前的因（助人）与未来的果（好报）之间原本不确定的因果关系变成实实在在的结果：只要做好人好事，当下就得到“好报”，从而促使乐于助人这一社会美德成为友多多会员的普遍习惯。

同时，友多多会员从助人行为中收获的友币，也是计算会员社交信用度（靠谱度）的重要依据，进一步激励友多多体系的乐于助人好风尚。

二、通过交换实现联结力价值

从社会现实来看，目前尚不具备要求全体成员无私奉献的物质条件和基础，联结力的价值相当大的部分还需要通过平等交换来实现。在我们看来，凡是举手之劳就能帮助他人解决问题的，可以通过助人的方式实现联结力价值；而那些需要昂贵的资源或复杂的专业能力才能解决的问题，则应该通过平等交换来实现联结力价值。

举例来说，你是一个律师，当朋友有一个简单的法律概念需要解析，你通过电话花上 3～5 分钟就能给对方解释清楚，友多多建议采用助人方式帮助朋友。但如果是需要代理对方参与诉讼，律师需要花费大量的时间分析案情、收集证

据，并运用自己的专业能力帮助分析、在开庭过程中用专业能力来进行抗辩，这样的服务就需要采用交换的方式，即双方签署委托合同，并遵循商业惯例执行合同。

分析交换过程不难发现，价值实现存在三大关键点：一是需求和资源信息是否充分和匹配；二是供需双方是否互信；三是需方是否有足够的购买力。这三个点只要有一个点不能满足，交换就无法完成，价值也就无法实现。

因此，要实现更大的价值，就必须在上述三个关键点上同时发力。经过长期深入的研究，我们发现人脉联结网络能够担当此重任，在供需对接、互信和提升购买力三个方面都能够发挥重要作用，从而帮助会员和社会创造更大的价值。

前面介绍了通过人脉通道，友多多的每个成员都能够构建自己的六度人脉网络，实现与不同维度的人脉之间的互联互通，这样的互联互通，不仅仅包括信息的互联互通，也包括情感的互联互通，最终实现价值的互联互通。下面介绍友多多是如何在构建人脉联结网络的基础上，通过资源对接体系实现联结力的价值。

三、资源/需求信息发布与匹配

在友多多平台，会员可以按照自己的需要发布资源和需求信息（为了维护平台的信用，友多多对发布资源用户的靠谱度有一定的要求），发布范围由会员自主设定，最大可达平台全体会员。例如可以设定自己的需求信息只允许三度以内的人脉分享，资源只允许二度以内的人脉分享。这样，就可以保障对接信息的充分传播。

资源/需求信息内容包括：

- 资源/需求名称
- 资源/需求详细描述信息
- 资源发布人（需求人）信息（姓名、单位、职位、靠谱度等）
- 所属行业/地区
- 有效期

- 价格信息
- 图片信息

为实现资源/需求匹配，友多多创设了资源对接系统（见图 10－2）。这一对接系统既包括基于人工智能（AI）的资源/需求自动对接，也包括基于搜索的人工对接（见图 10－3）。

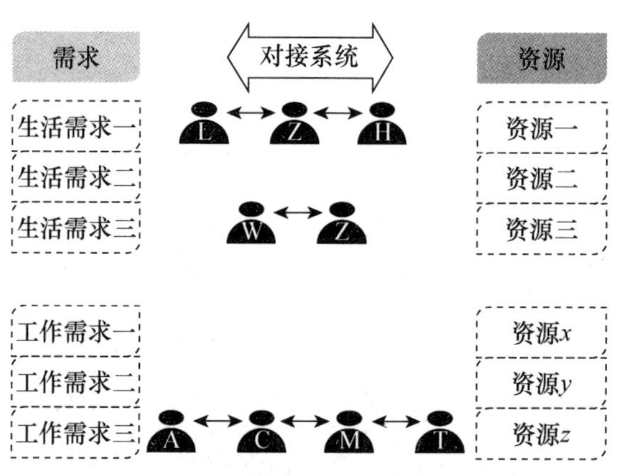

图 10－2　人脉资源平台上的资源/需求对接

图 10－3　需求对接示例

1. 基于人工智能（AI）的资源/需求自动对接

平台的人工智能（AI）系统会根据资源和需求的匹配度进行自动对接，并将对接结果自动发送至供需双方（见图 10－4）。

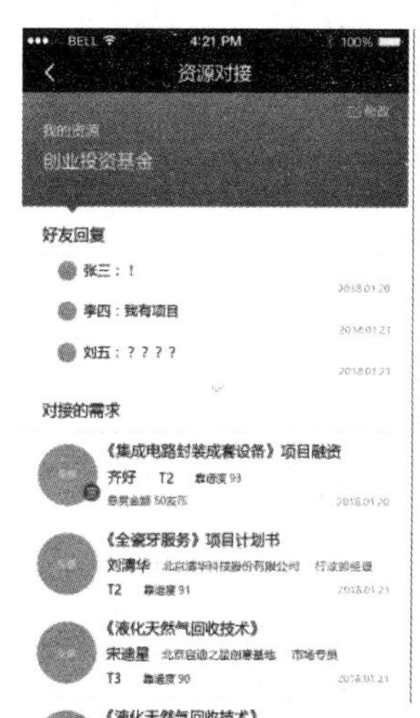

图 10－4　自动对接

在自动匹配的对接信息中，包含对接人基本信息、资源/需求信息、对接人靠谱度信息和人脉通道信息，这样，不仅让需求方（资源方）知道提供资源（需求）的人是谁、有什么样的资源（需求），而且还能够知道对方的基本信用度如何，通过中间的哪些朋友可以联系上他。

用户还可以选择奖励措施（打赏），激励中间朋友提高对接的成功率。

2. 基于搜索的人工对接

除了提供基于人工智能（AI）的自动对接功能，友多多平台还支持搜索方式下的资源对接（见图 10－5）。用户可以按照自己的需要，在搜索功能中输入需要对接的需求（资源）的关键字，系统将会检索与该需求/资源匹配的资源/需求信息，并按匹配程度列表显示。搜索结果呈现的信息同样包括对接人基本信息、资源/需求信息、对接人靠谱度信息和人脉通道信息。

资源对接是当前非常流行的社会行为，但由于信息不畅通、信任度不够等原因，合作型资源对接的成功率并不高，也难以达到强强联合的效果。友多多资源对接平台，既能提供对接信息的充分、广泛传播，同时又提供对接双方的信任机

图 10-5　人工对接

制，从而大大提高资源对接的水平和成功率。

四、供需双方信任保障

上述的资源/需求对接，其实只是完成了供需之间的信息对接，仅仅知道对方有什么或需要什么。如果没有对接双方的情感联结，很可能就会到此为止，特别是求助性需求，如果没有情感联结，绝大部分情况下人们都会无动于衷，使得求助者难以获得实质性帮助。

对于常规性的资源/需求对接，信任是对接成功的重要基础，没有相互间的信任，根本无法实现对接。友多多平台依托其信用体系，不仅为对接各方提供对方的信用指标（靠谱度），而且提供人脉通道作为信用背书。此外，友多多还对资源方的信用度提出了强制性要求，靠谱度小于 80 的友多多会员不能发布资源，以此强制性规则来提升资源对接体系的信用水平。

友多多会员的靠谱度指标是综合考核会员两方面的行为评价而得出的结果。一方面是其一度人脉对他的靠谱度的直接评价，另一方面是其他会员对其在社交活动、资源对接中的行为表现所作的评价。个体的一度人脉（如同学、同事、同乡等等）对他的个人情况（如思想观念/品行、行为习惯等等）都有比较全面深刻的认识，能够对该人的信用历史做出比较全面客观的评价。而个体近期的信用表现则主要通过与其发生过交往行为的人对其的评价作为依据。友多多信用体系正是依靠这样一套客观真实、全面系统的信用信息评价方法，给出每个会员的信用指标（靠谱度）。友多多靠谱度是一个不断发展变化的指标，当会员当前的靠谱度指标处于较低的水平，如果他在未来的社交活动和资源对接中积极主动，乐于助人，他的靠谱度将得到显著的提升；反之，如果会员不求上进，对朋友漠不关心，他的靠谱度将直线下降，最终成为不受欢迎的人。

除了靠谱度指标，由于友多多资源对接体系还提供对接双方的人脉通道，实际上为对接双方的互信加了一道保险。现实生活中，人的诚信水平是随着交往对象的不同而变化的。当面对的是陌生人时，是否讲信用显得不那么重要，所以信用度会维持在较低的水平；当面对的是朋友（或朋友的朋友）时，因为要面子，所以信用度会维持在较高的水平。友多多正是看到了人性的这一特点，通过供需双方的人脉通道技术，使得供需双方建立起一定程度的情感联结，达到提升信用的目的。

五、提升购买力水平

供需双方最终能否达成交易，很大程度上还依赖于需方是否有足够的购买力，如需方购买力不足，交易就难以达成，联结力的价值也无法实现。

除了继承和中奖，社会成员的购买力水平是由其创造财富的能力所决定的。创造财富的能力强，其创造的财富就多，购买力水平就高；创造财富的能力低，其创造的财富就少，购买力水平就低。因此，如果能够帮助社会成员提升创造财富的能力，特别是帮助那些创造财富能力较低的人，购买力水平就能大幅度增长，从而也能更好地实现人脉联结力的价值。

友多多通过两种方式来帮助会员提升购买力水平。

1. 为会员提供更多创造财富的机会

对于许许多多普通大众而言，因为缺乏机会，或者由于体制和机制的原因，其创造财富的能力没有得到充分的施展。一份固定工作所获得的工资和奖励，基本上就是我们所能创造的全部财富，其余创造财富的能力全部白白浪费了！浪费的比例是多少？因人而异，至少在 40%以上，有些人甚至会超过 80%。创造力的浪费，是社会资源最大的浪费。要提高社会效率，最主要的就是要充分发挥人的创造力；要提高企业和国家的竞争力，最重要的也是充分发挥人的创造力。

如何为会员提供更多创造财富的机会？友多多从创设新型共享经济平台、资源对接服务系统和会员服务等三个方面着手，为会员提供形式多样、机动灵活的创收机会。

创设新型共享经济平台的内容将在下一章详细介绍，不同的人根据自身特点、专长和兴趣爱好，都可以在友多多共享经济平台找到新的发展机会，从而创造更多财富。

依据长尾理论，友多多会员通过构建自己的六度人脉网络，能以较强的人脉联结力联结数以百万/千万的人，只要抱有积极主动、乐于助人的心态，就一定能获得充分的机会来施展个人专长，创造出更多的财富。

为了服务好广大的会员，友多多自身也需要构建行业和区域性组织机构，需要招纳数十万级的稳定服务队伍，同时需要招纳数量更加庞大的短期服务人员，这也为广大会员提供了发展的机会。

2. 创设虚拟币（友币）

虚拟币是网络经济的产物，同时将促进网络经济的发展。提升购买力的另一个途径是创设虚拟币（友币），减少现金购买。

友多多虚拟币（友币）从两个方面促进友多多事业的发展：一是用虚拟币奖励助人行为，弘扬正能量；二是虚拟币能够提升购买力。

购买力不足实际上就是缺乏现金，如果不使用现金也能实现产品交换，就能极大地促进创造力转化为财富。

挣得少导致购买力不足，购买力不足导致企业开工不足，开工不足导致挣得更少，这样就陷入了死循环，从而导致经济危机。政府为了避免出现经济危机，一般都会采用加大投资、降低利率和税收等方法，让经济发展走向良性循环。

而采用虚拟币的方式，同样能够克服因现金不足而影响购买力的问题。友多多虚拟币（友币）在友多多体系内充当交换等价物，在平台和会员之间产生交换。友多多的所有会员为友多多平台提供的服务（例如推荐朋友加入友多多，在友多多创设社群、组织活动、为其他会员提供服务等等）都能够获取一定量的友币，会员可以用友币向友多多购买所需的产品和服务。这样，友多多会员就提升了购买力水平。

两方面的原因会推动虚拟币的使用。一是因为获取友币比挣钱更容易。在友多多平台，会员利用闲暇时间为其他人和平台提供服务，就能收获一定量的友币，且会员获取这样的需求信息十分便捷，机会多多，要远比到社会上找一份兼职工作容易和可靠。二是因为人们对虚拟币和现金的态度不同。由于获取虚拟币较为容易，所以在花虚拟币购买产品时，也会比花现金更加激进和大方。

六、通过人脉联结力会员能够得到的具体利益

个人的生存和发展，需要从社会上获得相应的资源，这就是哲学概念上的自我价值。用通俗的语言来说，自我价值就是个体的需求。以下从人脉联结力如何帮助满足个体生存需求和发展需求两个方面来探讨。

1. 人脉联结帮助更好地满足生存需求

今天的社会，商品极大丰富，绝大部分人民群众的基本生活需求都得到了较好的满足，所以，我们进入了消费升级的时代，人们需要功能更强、质量更好、更加安全可靠的产品和服务，需要能够进一步提升生活品质的产品。同时，我国西部地区还有不少贫困人群，他们需要社会的帮助，获取基本的生活必需品，满足基本生活需求。

获得更高性价比的商品。随着生活水平的提高，我们绝大部分人已经摒弃了消费廉价商品的习惯，我们需要优质优价的商品。但当下的市场环境，尽管电商已经非常发达，但是优质意味着高价是不争的事实。一件商品，从生产者到消费者手中，价格一般要翻一番，那些所谓限量版的商品的价格则要翻 5～10 倍。生产者并没有获得太多的利润，绝大部分利润都被流通领域（即销售渠道）瓜分了。深圳某公司是一家海归创业企业，研制开发了辅助驾驶系统，销售价格是

1 200～1 600 元，但在 4S 店装一套是 6 000～8 000 元。

由此可见，如果生产者能够直接面对消费者（B2C），消费者获得高品质商品的价格将大大降低。但当前的 B2C 模式下，消费者为什么仍然享受不到价格的优势呢？这是因为一个 B2C 平台，要传播到广大消费者，动辄需要投入数亿、数十亿的资金，资本的投入需要高额的回报，当一个 B2C 平台成为知名品牌后，所收的推广费则与传统渠道相差无几。

人脉联结网络平台则不同，由于平台发展的模式不同于电商平台，不会采用烧钱模式发展用户，故其投入将大大少于传统电商平台。其次，人脉联结平台将以共享经济的模式运营，它的运营成本不到传统的电商平台的十分之一。低投入、低成本运营，能够保证人脉联结平台为成员提供高性价比的商品。

获得更安全可靠的商品。当前的电商业态，信用问题仍然是电商快速发展的最大障碍。今年 2 月 8 日，我花 4 500 元购买了某电商平台的海鲜套餐，希望年夜饭来一顿海鲜大餐，商家承诺由某知名快递公司在 2 月 14 日（小年夜）前送达。付完款，商家给了订单号和一个快递号。2 月 10 日联系快递公司确认具体到货时间，快递公司回答根本没有这一运单，再与商家联系时，客服电话永远是机器人让你耐心等待，公众号留言永远不回！过年海鲜没吃上，还窝了一肚子的气！更可气的是，年初一下午，快递公司的快递人员说货到北京了，问我往哪里送。我已离开了北京，还吃什么海鲜！相信我们绝大部分人都有过类似的经历，有时间爱较真的人可能会通过平台与商家去理论，获取某种补偿，而像我这样不愿花时间去和商家较真的人，只能自认倒霉，唯一能做的就是减少在电商平台购买商品的频度，转向实体店。

电商的信用问题难道就无解了吗？当然不是，京东、淘宝都在作有益的尝试，且取得了一定的成效。但从根本上来看，如果没有技术或模式上的突破，信用问题难以彻底解决。人脉联结平台为解决诚信问题创造了一套新机制，即基于区块链技术的社交诚信体系。在这一体系中，人的诚信从两个方面来保障：一方面通过人际关系网络，卖方和买方通过的中间朋友都是熟人，熟人欺骗熟人的概率会小很多；另一方面，由于引入了区块链技术，卖方骗人的行为将在朋友圈内传播并记录下来，且无法更改。这一技术手段，彻底解决了商家利用网络水军制造虚假信息的顽症，还电商一片净土。

获得更加个性化的商品。消费升级，消费者不仅需要高质量的产品，更需要个性化的产品，从而推动私人定制成为当下消费的热潮。购买一款定制的产品，首先要知道是什么，其次要知道谁能做，最后还要知道做得怎么样。第一个问题我们可能是从媒体上获得信息，也可能是朋友聊天时谈论的话题；第二个问题既可以到网上搜索，也可以向朋友打听；第三个问题人们会在网上看相关评论，但更相信朋友的建议或意见。

由此可见，通过朋友关系，我们更容易相信，会更快做出决策。

帮助贫困者获得生活必需品。心理学理论告诉我们，人们更愿意去帮助我们认识的人。当不知道贫困者是谁、为什么贫困时，我们很难产生共鸣和关注。例如，路边有一人失去了行动能力，很少有人会去关心。但如果你知道这人是谁，不管是你的邻居，还是你的同乡，大部分人都会伸出友谊之手提供帮助。

因此，引领有爱心、有能力的人去结识需要帮助的人，最容易使贫困者获得帮助。用人脉平台去做慈善，一定会吸引更多有爱心的人去帮助贫困的人。

2. 人脉联结帮助更好地满足发展性需求

人的发展，既包括心理和能力的发展，也包括事业的发展。心理和能力的发展，主要依靠教育，依靠知识能力的培养和道德能力的教育。事业的发展，除了能力条件，其实机会更重要。

获得更好的教育。近期网络上出现贫寒阶层的子女与大城市的孩子接受良好教育机会的鸿沟正在扩大的观点，引起社会广泛共鸣。教育机会的不平等，不仅仅表现在国家提供的义务教育层面，更严重的是由于社会阶层鸿沟的存在，导致贫寒阶层的子女接受非义务教育的机会越来越少。贫寒阶层的父母，自身受教育水平低，他们的眼界、阅历根本不能满足教育子女的需要，他们的孩子更希望有一个人生的导师，对他们的价值观形成、选择学习专业、择业、恋爱婚姻以及碰到重大挫折或困难时给予心灵的指导和实质性的帮助。

现在的孩子，对家长和老师有严重的抵触情绪，传统的教育很难触动他们的心灵，只有他们心目中敬仰的偶像，才可能对他们产生较大的影响力。但社会底层的家长和孩子，根本没有渠道能够接触到孩子们需要的、能让孩子信服的真正意义上的心灵导师。

另一方面，六七十年代出生的这一代，受惠于改革开放早期的政策，获得了良好的教育机会和平等的就业机会，踏入了社会的中高阶层，并且由于独生子女政策，只有一个孩子，且已经长大，我们非常愿意，也有能力去帮助需要帮助的孩子。平常朋友聚会聊起当前的教育问题，绝大部分朋友均有意愿尽自己的绵薄之力来帮助贫寒阶层的孩子。

人脉联结平台提供了这样的资源对接机会。无论是孩子还是家长，只要加入这样的平台，只要他们愿意并付出努力，就有可能找到他们所需要的导师，从而使普通家庭的青少年获得更多的学习机会，或学习专业技能，或在困惑时获得帮助。

获得更好的发展机遇。古语说“君子适时而动，英雄应运而生”。伯乐相马的例子大家耳熟能详，千里马客观存在，但在伯乐出现之前却没人能认出它是千里马，正是伯乐的出现，使人们认同了千里马的存在和价值。对千里马而言，这就是它成功的关键，伯乐就是机遇。千里马常有而伯乐不常在，可见机遇是成功的关键！机遇是一切其他因素产生效应的前提，如果没有机遇，纵使你有才华也得不到展现抱负的机会和舞台。

那么怎么才能获得发展的机遇呢？你得有丰富的人脉联结，好机会一定是留给自己熟悉的人。如果你是老板，要找一位副总，你会找猎头还是找朋友推荐呢？如果你有一个好项目要合作，你是找朋友合作还是登广告呢？如果你要创业，想找个合伙人，会通过什么渠道来找呢？答案一定是找朋友或请自己的朋友推荐靠谱的人。无缘无故就想获得好的事业发展机遇就是等着天上掉馅饼。

当机会出现的时候，你一定要适时出现，否则机会就悄悄溜走了。如何才能发现机会并抓住机会呢？广泛的人脉是获得机会的基础，更重要的是需要经常和朋友交流。一种机会是朋友需要你的时候找到你，好事从天而降。而更多的机会是创造出来的机会，例如，大家在一起讨论一个话题，或许就会碰撞出火花，你是参与者，就有你的份。

在人脉联结平台上，每个人都会获得空前的发展机遇。这主要是由于你的朋友圈已经从你原先交往的数百人扩大到了百万、千万级，只要你是千里马，伯乐随时恭候。

七、创造财富，最大限度地实现自我价值

马斯洛需求层次理论告诉我们，人的最高境界是自我实现，即最大限度发挥自我的潜力，创造出尽可能多的社会价值。理想是美好的，现实是骨感的，现在许多人感叹空有一腔热血，憋足了一身的劲儿不知道往哪里使。

仔细想想，你现在的工作发挥了你的专业特长吗？一天八小时，你用了多少时间在本职工作上？你的兴趣爱好能不能够创造社会价值？你能不能利用一点闲暇时间去帮助有需要的人？你家里是不是还有很多用不着的东西，如果送给贫困地区的人还能继续发挥作用？估计你至少浪费了一半的创造力，不信你可以仔细算一下，你闲置的创造力、时间和其他资源绝对超过已用的一倍！换句话说，其实你可以创造两倍以上的财富，而这些财富，却在不经意间白白流走了。这不是个体的问题，这是我们普遍面对的现实。这样的浪费，才是社会资源、财富最大的浪费！

为什么会这样？为什么要白白浪费创造财富的机会？或许你会说，不是我不想，而是我不能！这样的问题，确实不是个人的问题，也不容易解决，困扰了人类几千年。而今天，在人脉联结价值理论的指导下，在网络技术、人工智能、区块链等技术的支撑下，运用人脉联结创造价值和财富的春天已经到来。

1. 专业技能创造财富

每个人都有一技之长，只有将自己的专业能力充分发挥出来，就能创造最大

的社会价值，获取最多的财富。过去，农民被束缚在土地上，城市员工被固定在特定机构的某一岗位上，个人的潜能难以得到全面的发挥。现在则有了很大的不同，教授可以创业，医生可以到其他诊所执业，设计人员可以到网上揽活，这是很好的开端，但还很不够。伴随着共享经济的发展，你的人脉联结网络将为你创造更广阔的财富创造空间。

“长尾理论”告诉我们，只要具有真才实学，且诚实守信，在友多多平台上就能创造价值。所谓“长尾理论”，用浅显的话来说就是，只要存储和流通的渠道足够大，需求不旺的产品也同样能够带来丰厚的利润；众多的小市场也可汇聚成与主流大市场相抗衡的市场力量。长尾理论彻底颠覆了被视为金科玉律的 80/20 法则。在这里，友多多平台为你提供了免费的传播渠道，这一渠道解决了营销中两方面的问题：一是有效信息传播成本高昂的问题；二而是解决了信任问题（通过朋友了解到的信息比网上的信息靠谱得多）。

2. 用闲暇时间创造财富

去年，我们中学同学聚会，发现有许多女同学在当地参加了一个叫作“时间银行”的社区公益组织。其实，时间银行的概念是上世纪 80 年代开始在国外流行的。所谓“时间银行”，是指志愿者将参与公益服务的时间存进时间银行，当自己遇到困难时就可以从中支取“被服务时间”，获取自己所需要的服务。近年来，“时间银行”在我国也得到了快速的发展，特别是在江浙、上海一带。

上世纪 80 年代，深圳深南中路上竖起了一块巨大的牌子，上面赫然写着六个大字：“时间就是金钱”。但不幸的是，因为不知道做什么，我们白白浪费了大量的闲暇时间。“时间银行”确实是一个好概念，它将我们平时的闲暇时间利用起来，发挥价值作用。但当前的“时间银行”模式还存在缺陷，它和真实的金融性银行一样，如果规模小，抗风险能力就低。当“时间银行”业务零散、规模很小的时候，一方面当前难以消化大量的志愿者提供的劳动和服务，另一方面，如果“时间银行”不能与时俱进，不断发展，当志愿者未来需要服务的时候，储蓄的时间有可能无法兑现。

人脉联结平台为“时间银行”的发展提供了强大的动力。首先，人脉联结平台是一个全国性（未来全球化）的跨平台共享经济平台，其智能化的资源对接系统可以帮助消化大量志愿者所提供的劳动和服务时间。其次，人脉联结平台的共享式、平台化运作机制可以确保会员未来需要时可以从“时间银行”及时支取所需服务的时间。最后，人脉联结平台的规模化运营可以支撑“时间银行”的长期安全发展。

3. 通过共享资源创造财富

（1）共享人脉联结。

在第一篇中我们已经讨论过人脉联结的共享问题，得出的结论是共享人脉资源，实际上也就共享了与人相关的人、物和事，因此，通过共享人脉联结，就可以发挥与人相关的所有资源的作用，创造价值。

与普通的无形资产一样，人脉联结力的使用并不会产生物质性的损耗，如果使用得当，这一资源可以被不断重复使用，而且经过不断重复的使用，人脉联结力的质量还有可能得到提升。因此，人们可以分享人脉资源，并在分享过程中来实现人脉联结力价值。

这里的分享包含两层含义：一是人脉资源本身的分享，二是人脉资源客体所拥有的资源的分享，包括客体的人脉联结、信息资源、技能资源和消费资源等等。第一层次的分享用直白的语言来说就是将自己的亲朋好友介绍给自己的朋友，以满足朋友们对人际关系的需求。第二层次的分享则要丰富和复杂得多。传统上来看，人们在日常生活中也经常在做第一层次的人脉资源分享，因为大家明白让自己的一个朋友帮另一个朋友的忙既是人之常情，也是举手之劳（他们之间并不相识，或即使相识关系也一般）。但是对于第二层次的分享，人们就会慎重得多，需要克服一定的心理障碍，同时还必须借助一定的技术手段。可以看一个实例：

王某是一家上市公司的董事长，公司正在制定长远发展规划。为了保障公司的发展规划符合国家的产业政策，公司迫切需要找该行业的权威专家李教授进行咨询，但李教授一般不接受商业性的咨询服务，因此王某只能通过人际关系网络来与李教授进行联系和交流。王某的人际网络有数百人，包括亲戚、同学、同乡等等，据日常交往没听说这些朋友与李教授有什么联系，但王某还是向可能与李教授有关系的人打了几十个电话，结果是一无所获，令王某特别沮丧，公司的发展规划也一筹莫展。有一天，王某在南方的大学同学赵某来京出差，约上王某与其他几位在京同学聚会，聚会后王某送赵某回酒店，赵某让王某先送他去妻舅家。路上，赵某问起王某最近忙什么，王某道出了自己的苦恼。赵某跟王某说，这事可以找他妻舅问问，因为他曾听妻子说她舅好像就在王某要找的那个部门工作。王某立马兴奋起来，问赵某的妻舅叫什么、什么职务，赵某说妻舅叫李某某，好像是技术方面的专家。没等赵某说完，王某惊叫："哥们，我找这人找得好苦，竟然是你家亲戚!"

上例中的情景是我们经常会遇到的，生活中我们经常会有求于他人，但在我们的直接人脉资源中，往往是求助无门，我们自然会想到找朋友问问，他们的朋友是否可以帮上忙。但由于我们不知道哪个朋友有这样的人脉资源，所以只能选择性地打电话问我们的朋友，不巧的是，我们打电话的朋友没有这样的资源，而事后才知道恰好是认为不可能有这样资源的那个朋友（或者没有关注到的朋友），我们没有打电话。

（2）共享闲置资源。

每个人，每个家庭，都会有一定数量的闲置资源，如房屋、汽车、家用电器、过季的服装等等。这些资源一部分是使用不足，资源没有发挥出全部的作用，如房屋和汽车，另一部分是已经淘汰，但还舍不得丢弃，如旧电脑、旧家电等等。这些资源，如果能够找到有信任联结的人，便可以进行分享，甚至是赠送。

共享人脉联结平台，为闲置的资源发挥价值作用创造了巨大的空间。例如，从前人们一般不愿意分享价值高的闲置资源是因为担心分享对象不靠谱，担心财产受到损失后产生纠纷，本着多一事不如少一事的原则，人们宁愿资源闲置，也不愿意与陌生人分享。如果是与熟悉的朋友分享，那就另当别论了。而对于已经淘汰的低值资源，会觉得扔了可惜，留着麻烦，但也不愿意送给无缘无故的人，如果有熟悉的朋友需要，绝不会怜惜赠与。

下一章将详细介绍如何通过资源共享创造财富。

4. 助人创造财富

普通的商品和服务要变成财富，需要通过交易，如果交易不能达成，商品与服务就不能变成财富。而助人却不同，帮助别人不需要通过交换而直接为受助者带来实实在在的利益，实际上是直接创造了社会财富。

助人从来都是一种社会美德，为社会所提倡、为人们所仰慕。但人性中有私心，不可能做到百分之百大公无私（如有这样的人，他就是圣人）。但从价值实现的途径和可能来说，助人显然是最直接也是最简便的。一个人，只要有助人之心，他在任何时候、任何地点都能够找到这样的机会，创造并实现社会价值，唯一的困难是他能否克服自己的功利心和自私心。

有人会说这样不求回报的人不是傻子吗？用功利心来衡量，这样的人确实比较“傻”，但你不觉得他们“傻”得可爱吗?！更为重要的是，这样的“傻子”远比所谓的事业有成者、功成名就者过得踏实，过得幸福。这样的“傻子”，他们整天忙乎并沉浸在助人的快乐之中，根本没有时间去品味烦恼和忧愁，这不正是“傻人有傻福”最好的诠释吗？那些所谓的聪明人，正是被自己的聪明所误，挣扎在功利的泥潭中。

助人是人助的前提，人助是助人的发展与结果。没有助人之心，怎敢奢求人助？自己不愿意帮助朋友，怎能请求朋友的帮助呢？助人不一定能保证马上可以得到回报，但请相信你的朋友一定不是无情无义之人，他们可能在未来的某时回报你，但重要的是迈出代表你诚意与爱心的第一步，成为友谊桥梁的构建者，这是人际关系成功者的法宝，也是做人的法则。

另外，如果功利心淡一点、爱心多一点，助人根本不期望回报，其结果是心态更轻松、表达关爱的行动更真实，这样的助人行为，很好地满足了“被需要”

的心理，一定会给你带来内心的满足和快乐。但许多人却看不到这一点，被小小的私利一叶障目（佛教中所说的“业障”），或者是不好意思主动向朋友示爱（很多人有这样的心理障碍），总是在等着他人先对自己示好，殊不知人生中许许多多机会都是在这样的等待中失去了。所以，如果你希望拥有优质的人脉联结并充分发挥其价值，就一定要积极主动地去帮助朋友，去帮助那些需要你帮助的人。在处理人际关系上积极主动走出第一步，就是你人生的一大步。

从价值创造的角度出发，助人所创造的价值最直接，也最具体，并且只有也仅仅（数学上称之为“充分必要条件”）通过助人，人脉联结的价值才能实现最大化。市场经济下，个人创造的价值，均需通过市场交换才能得以实现，而市场交换受到信息、价格、购买力以及社会文化等一系列因素的影响，使得个人相当大的一部分价值无法通过市场交换而转变为社会价值，造成了巨大的浪费。而助人则不需要通过市场机制，供需双方直接见面，由供方直接免费提供给需方，这样供方的价值通过需方得以直接实现，这样的直接性和具体性，免除了市场交换中的信息不畅通、价格高、购买力不足等市场局限，使个体的创造力得以充分全面的发挥，从而最大限度地实现人脉联结的价值。

尽管目前还没有权威的统计资料，但按照我们的理性估测，从某种程度上来说，这种人类创造力的浪费可能是人类社会最大的浪费。人脉联结力价值学说已经寻找到了一条极大限度实现人脉联结价值的途径，希望与理解和认识这一学说的读者去共同创建这样的一条“大道”，真正将人类的创造力变为现实的社会财富，造福于个体自己，造福于家庭，造福于社会，并创造出一个全新的社会形态：共享社会。

友多多人脉联结平台正是基于这样一种理念，通过建立对善行的激励机制（奖励系统内的代币），鼓励人们去帮助朋友、服务社会。这样的激励就是助人所创造的财富。

你的举手之劳，就能帮助他人，同时获得一份激励；

你花 5 分钟，或许就能帮他人解决一个大问题，你可以获得一份激励；

你为朋友举荐一个人，帮朋友解决了人才困扰，你能获得一份激励；

你为朋友提供一个有价值的信息，你同样可以获得一份激励；

上班捎一个熟人，顺道帮熟人带一份文件……你都能够获得激励。

日积月累，一年下来，通过助人就能够积累巨量的财富。尽管这样的财富不是现金，却胜过现金，它不仅代表了你品格的高贵，而且随时都可以用这些财富去置换你所需要的服务。这样的机制，一定能够促进人心向善、社会和谐，生活在这样的环境中，一定其乐融融。

5. 通过合作实现价值

合作是人类最伟大的智慧，正是通过合作，使得我们能战胜自然，成为这个世界的主宰。信任是合作的基础，没有信任，就不可能有合作。信任来源何处？什么样的人与人之间（群体与群体之间）才能有信任？只有通过交往，人与人之间、群体与群体之间才能够相互认识，相互理解，从而相互信任。朋友之间，交往频繁，相互合作既是一种交往行为，也是交往的目的。朋友间通过合作，能够创造多种价值：

- 通过合作，完成单个人无法完成的工作或任务，从而创造价值。随着科学技术的不断进步，合作的领域不断扩展，从生产领域扩展到了服务领域；合作的深度不断加深，从资源性合作扩展到知识性合作，从而为合作创造了更为广阔的前景。不仅如此，如果现在还抱着“小而全”的观念，不愿开展广泛的合作，那么这样的组织必然会在竞争中被打垮。

- 通过合作中的优势互补，实现 1+1>2 的目标，为个人、为社会创造更大的价值。

- 合作能够减少过度与不合理的竞争，从而减少由于过度竞争所带来的资源浪费，为个体、组织和社会带来更大的价值。

6. 人脉圈共同财富增长会创造新财富

财富能够创造新机会，继而创造新财富。

当友多多的会员通过友多多人脉平台创造了大量财富后，这些会员就会产生新的需求，这样的新需求又为会员创造了新的商业机会。假设人脉联结平台一共有1 000万人，每个人通过平台增收了10万元，这样就产生了1万亿的财富。这1万亿的财富需要投资、需要消费，于是就产生了1万亿的增量市场。这1万亿的增量市场机会大部分会由平台的1 000万人来分享，会员就能创造巨额新财富。这样的过程周而复始，财富将会不断被创造出来。实际上，这就是经济学中所说的社会再生产循环。

作为人脉联结网络中的一员，当然也就获得了创造新财富的机会。

第十一章　我的共享经济

近年来，共享经济是热门话题，共享单车、共享充电宝等一大批共享服务已经进入了我们的生活。但在享用这些共享服务的同时，有没有想过自己也来参与共享经济？或者说你如何成为共享经济大潮中的主体，创造出更多的财富？

从联结力的价值分析中不难看出，要使联结力发挥最大的作用，就必须分享资源，包括分享自己的人脉资源。因此，友多多平台通过助力构建你的六度人脉网络而为你赋能，从而使你在共享经济大潮中大有作为。

共享经济这个术语最早于 1978 年提出。哈佛大学商学院教授南希·科恩（Nancy Koehn）对共享经济的定义是：共享经济是指个体间直接交换商品与服务的系统。其实，早期的共享经济思想和理论都是基于微观经济学或产业经济学，主要从提升资源使用效率的角度来研究分析资源的有效使用，难以揭示共享经济的本质特征。

马克思主义认为，人是社会生产力中最活跃，也是最重要的要素，在社会经济生活中，人处于核心地位，经济活动的主体是人，经济活动的目的是为了人，因此，我们认为研究共享经济，必须以人为中心，以人为本，才能揭示出共享经济的本质，才能真正推进共享经济的发展。以人为本，就是以人的价值作为核心，并通过人脉联结力将全体人民群众的价值联结到一起，实现真正意义上的共享经济。据此，我们给共享经济的定义是：共享经济是共享人的价值的经济，即通过联结全体人民群众的自我价值与社会价值的经济。

将我们研究人脉联结力的相关理论应用于共享经济，可以创建新一代共享经济模式——共享经济 2.0 模式，即共享人的价值的共享经济平台。

在共享经济 2.0 平台上，每一个会员通过构建自己的六度人脉而得到赋能，不仅能够充分享受到共享经济带来的经济和便利，而且能成为共享经济平台的玩家，或成为合伙人参与共享经济的经营管理，或通过共享平台将自己的专业特长、兴趣爱好等创造力和其他闲置资源与他人分享，创造财富，实现人生价值。

因此，友多多是你的共享经济平台。

第一节　共享经济概要

一、共享经济概述

1. 传统共享经济思想

共享经济这个术语最早由美国得克萨斯州立大学社会学教授马科斯·费尔逊（Marcus Felson）和伊利诺伊大学社会学教授琼·斯潘思（Joe L. Spaeth）于 1978 年发表的论文《社区结构与协同消费》（Community Structure and Collaborative Consumption：A Routine Activity Approach）中提出。文中提出了“共享经济”的三大特点，即：由第三方创建、以信息技术为基础的一套市场平台。共享经济又可称为协同消费，其核心用 Airbnb 首席执行官布莱恩·切斯基（Brian Chesky）的话来说就是“使用而不占有”，一个人多余的时间、拥有的技能都可以与他人分享。

上述共享经济的概念都是从微观经济学的角度来定义的，类似于网络经济、低碳经济等概念范畴。实际上，共享经济的内涵远远超出微观经济学的范畴，它是与市场经济、计划经济相并列的一个概念，如果用微观经济的概念来定义共享经济，既不能揭示共享经济的客观本质，也不利于共享经济的长远发展。

市场经济是一种经济体系，在这种体系下，产品和服务的生产及销售完全由自由市场的自由价格机制所引导，其本质是市场这只无形的手所作的自由选择。计划经济则与市场经济相反，在这种体系下，国家在生产、资源分配以及产品消费各方面，都是由政府或财团事先进行计划，其本质是通过权力来实现有计划的生产和消费，而不是通过市场来自由选择。

那么，共享经济到底是一种什么样的经济体系呢？当前社会的经济模式，已经没有纯粹的市场经济或计划经济，而是在计划和市场之间不断调整，并且通过金融、财政手段来调节经济，而不是直接采用指令性。中国当前的经济模式就是典型的混合模式：有计划的市场经济。共享经济尽管发展时间不长，但我们从现有的共享经济理论和实践可以看出，共享经济模式从传统经济的生产销售模式变成了资源的合作利用模式，供需双方在消费过程中掺入了更多的社交活动，经济活动中最活跃的要素——人，从被动的消费者转变成为生产消费一体化的自由人，可以不依附于（受雇于）某一社会组织，而仅仅需要依靠共享经济平台，就能够自由地工作和生活。反之，如果某一个共享经济平台聚集了足够多的人，该平台便能够为全体用户提供各种各样的服务，并通过共享机制，发挥最大的效率。总之，在共享经济体制下，人性得到极大的张扬，创造力得到前所未有的提升，以人为本的理想得到了进一步的落实。

至于共享经济今天为什么能大行其道，广受社会欢迎，科恩教授给出了三个理由。第一，互联网技术的发展，使得消费者对消费行为获得了更大的主动权，并希望消费过程有更大的透明度，共享经济模式使消费者在消费过程中获得了自我掌控力和透明度。第二，今天包括中国在内的全世界存在严重的信任危机，市场上经常曝光的商业欺诈加剧了这样的危机，消费者认为只有当自己与商家建立某种联系时，这样的消费才能让他们感到满意。第三，由于分享机制的存在，消费者可以以更低廉的价格获得满意的产品或服务，供应方则由于可以为多个消费者提供服务而增加收益。

共享经济是社会发展的必然。在原始社会中，人们共同劳动，共享劳动成果，这是人类对共享产生偏好的原始基因。但随着私有制的出现，共享生活的美梦随之破灭。由于共享基因的存在，人类总是想方设法要在社会生活中去体现共享的梦想，于是当所有权共享的权利被剥夺以后，人类便发明了对使用权的共享，社会出现了借用、租赁、物物互换等共享行为。但这种低级的共享受时空的限制，只能在有限的范围内进行，难以成为一种经济或商业模式。人们苦苦追寻，耐心等待，终于等来了以互联网技术为核心的新的共享模式，即“互联网+”的共享模式。

共享型经济借助网络信息无边界这一核心特征，使得社会大众有能力及时、全面获取各种社会资源信息，使得社会资源在全体社会成员之间进行共享成为了可能。基于这样的条件，社会又创造出了一种全新的商业模式：资源信息免费使用，将资源占有（购买）改为资源分享使用，并按资源使用情况进行收费。在这样的模式下，资源的信息普遍服务是共享经济的基础，参与各方相互间的信任是关键，资源对参与各方和社会的价值性是核心。共享经济模式的本质是借助信息资源可低成本使用的特点，以信息平台的形式为社会提供免费的普遍信息服务，即在保留对信息平台支配权的条件下，开放信息资源的使用权，根据社会成员分享使用这些与信息相对应的社会资源的情况，从劳动者收益中支付一定对价给所有参与人。这样，劳动者仅仅需要获得生产资料在一定时期内的使用权，而不需要获取对这些生产资料的支配权，就可以进行社会再生产，创造财富。

由此可见，共享经济的发展，资源信息的充分和可分享是基础，诚信是关键，价值性是核心，这三者构成了建设共享经济社会的三大基石。从当前共享经济的典范如滴滴、共享单车、美国的 Airbnb 不难发现，互联网和移动互联网技术解决了信息充分（但还做不到完全充分）的问题，价值性对参与各方都有一定的体现，但还不够，其最大的问题在于信用体系不健全、拓展成本巨大，这两个方面的问题严重阻碍了共享经济的快速发展。当前共享经济平台的运营方，普遍依赖烧钱模式拓展市场，后期运营中要么难以为继（最近摩拜单车卖给美团就是实例），要么凭借市场垄断的优势，坑害资源的供需双方，成为社会对该等商业模式的吐槽点。

2. 友多多共享经济新思维

友多多人脉资源及人脉联结力理论的提出，为克服共享经济发展中的困难和问题找到了新方向。以互联网和移动互联网为技术手段的社交平台的构建，使得资源和需求信息的充分分享变得轻而易举；基于朋友关系的人脉联结力将朋友之间的友情和信任在六度人脉之间传递并发挥作用；朋友之间的互相帮助，进一步促进了人脉资源价值的发挥。由此可见，基于人脉联结平台构建的共享经济，能够全面满足共享经济的三大基本要求，完全可以担当起构建共享经济平台的重任。

站在哲学的高度，从人的价值角度出发，我们给共享经济的定义是：共享经济是共享人的价值的经济，即共享人的自我价值与社会价值的经济。人的自我价值包括满足与促进个体生存与发展的价值，简单地说就是人的消费价值；人的社会价值是指个人通过自己的实践活动为社会的发展需求所做出的贡献，包括人的创造力价值、人所拥有的社会资源（包括所有有形的与无形的资源）价值。共享经济的核心是人（见图 11－1）。

共享经济模式既极大地提高了社会资源的使用效率，使得同样的社会资源可以生产更多的社会财富，也克服了个体创造价值必须依附于资本这样的窘状，使人获得了空前的自由，极大地提升了人类创造价值的空间。自由人，这一人类孜孜追求的梦想已经起航。

更进一步，基于人脉联结的共享经济不仅仅是一种商业模式，而且还蕴含着哲学、政治学、社会学、经济学等学科深刻的思想内涵，由共享经济而引发的广泛的、基于互助合作的社会交往，将极大地促进人与人之间、民族与民族之间、国家与国家之间的交流、信任与融合，可以预见的是，基于人脉联结的共享经济将打破传统以私人占有、资本为核心的社会形态，推动社会向平等友爱、资源分享、互助合作为特征的新的社会模式发展。

二、当前共享经济的模式

当前共享经济的模式多种多样，可以有不同的分类，既可以按照分享的性质

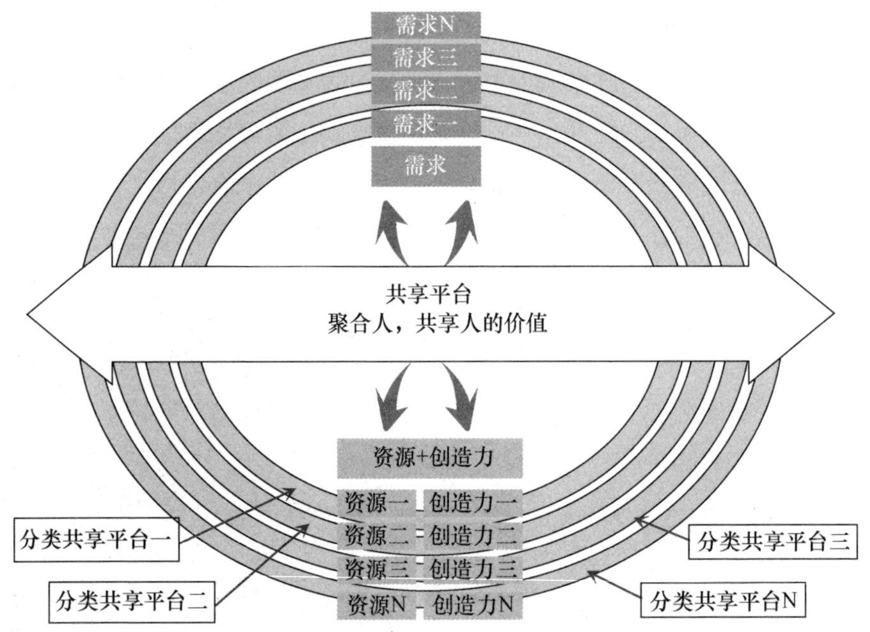

图 11-1　共享平台：共享人的价值

来分，也可以按照需求类别来分。按分享性质又可以分为四种类型，一是商品使用权的分享，这里的商品既包括有形产品，也包括无形的知识产权（IP 产品），如共享单车，汽车、房屋租赁，拼车、物物互换，专利、著作权授权使用等等；二是商品使用权转移，继续发挥商品使用权的价值，这类商品主要是对旧货、废弃物的再次利用，如二手货市场；三是劳动技能或服务共享，即对特殊技能和个体劳动力的共享，如设计师、厨师、美容师的上门服务等；四是生产资源的分享，或者称为协调生产。按需求类别则可以分成衣食住行、教育、健康、资本等等，涉及工作生活的方方面面（见图 11-2、表 11-1）。

共享经济倡导“合作”与“协同”，强调“我助人人，人人助我”的价值观。通过分享而重复利用商品，充分发挥商品的使用价值，真正做到“物尽其用，人尽其才”，提高社会资源的使用效率，充分满足人类不断提升的精神和物质需求。而人脉资源作为人的最重要的资源，尽管不属于商品，但仍然可以分享，而且也只有通过分享，才能实现其最大的价值。

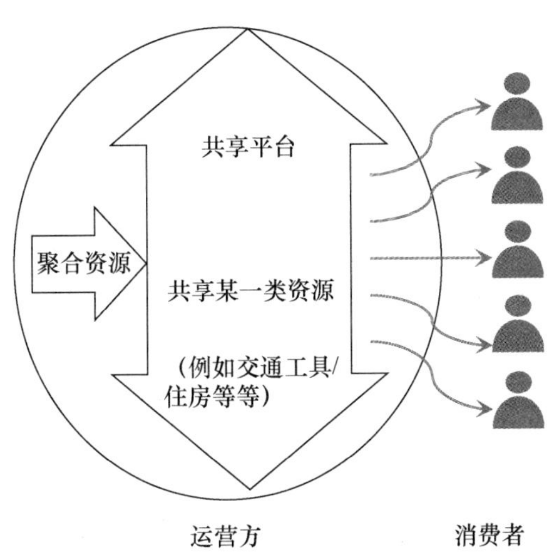

图 11-2　共享平台：共享资源

表 11-1　知名共享网络公司

共享领域	共享网络公司（国内）	共享网络公司（国外）
共享出行	滴滴：顺风车、专车、出租车等 首汽租车：高端专车服务 神州租车：中高端专车 一嗨租车：租车服务 ofo：自行车出租 摩拜：自行车出租	Uber：私家车共享服务 CityCarShare：旧金山湾区汽车共享 Uhaul Car Share：搬家服务 CarToGo：城市租车
共享住房	小猪短租：中国版的 Airbnb 蚂蚁短租：家庭公寓预订网站 途家网：国内旅游度假租房 游天下：旅游短租房 租这儿：短租房 住百家：民宿租房	Airbnb：民宅短租服务 Easynest：酒店客房空床分享 Divvy：寻找室友、分享房间
共享美食	爱大厨：上门私厨服务 爱宴遇：吃货服务平台 好厨师：提供私厨上门服务 楼下 100：甜品配送服务	Eatwith：私藏美食共享 Plenry：吃货服务平台 Feastly：家厨美食共享

续前表

共享领域	共享网络公司（国内）	共享网络公司（国外）
共享服饰	魔法衣橱：服装服饰共享 e袋洗：共享洗衣服务 完美衣橱：私人穿搭师服务	RenttheRunway：服装租赁服务 61EF：共享婴幼儿服装
其他	懒人家政：高端家政服务人才 阿姨帮：钟点工服务 猪八戒：共享设计服务 无忧停车：共享车位服务 58到家：上门家政服务 河狸家：上门美发、美甲服务 华佗来到：上门按摩服务	TaskRabbit：跑腿服务 Skillshare：技能共享服务 Handybook：家政服务 ClassPass：健身房共享

三、共享经济的内在本质特征

一种经济模式，无论以何种形式出现，其目标都是要提高社会资源的利用效率。社会资源包罗万象，既包括有形的资源如汽车、住房、机器设备、生活用品等，也包括无形的资源如教育能力、医疗能力、设计能力，还包括人的创造力。这些资源分属于不同的企业、机构或个人，极为分散。但如果对这些资源进行深入分析，我们发现，其实有一条主线可以把这些分散的资源汇聚到一起，这条主线就是人脉资源。一切社会资源，都是被人所拥有或支配，所以，人是社会资源的“纲”，只要抓住人，社会资源就能“纲举目张”。另一方面，资源的使用者也是人（或者在人的掌控下在生产中使用）。既然资源的拥有者（控制者）和消费者都是人，透过现象看本质，就能够发现共享经济的本质是共享人的经济，即共享与人相关的所有资源与消费的经济。

滴滴共享的是作为交通工具的汽车（包括出租车和私人汽车），共享单车共享的是自行车，Airbnb共享的是住房，通过共享，提高汽车、自行车和房子的利用效率，方便人们的生活。猪八戒也可以看作是一种共享经济模式，它提供的共享资源是具有特殊技能的人（设计师），通过共享设计师，可以充分发挥设计师的时间和创造力，满足需求方的设计需求，为社会创造更多的财富。

与计划经济和市场经济相比，共享经济具有鲜明的特点：

1. 共享经济以人为本

共享经济以人的需求为出发点，以满足人的需求为目标，以社会资源的有计划配置为手段，以实现人的价值为宗旨，充分体现了以人为本的人类社会基本价值观。

计划经济以生产为导向，市场经济以市场为导向，共享经济则以人的需求为导向。计划经济的核心是生产，市场经济的核心是生产和市场，共享经济的核心是人。

共享经济将人的地位推到了前所未有的高度。人不再是雇员或消费者，而是完全独立的主体，他们既不是受雇于企业的劳动者，也不是单纯产品的消费者，他们不仅拥有独立的人格主体，而且是经济独立的自由的社会工作者。

由于社会生产力水平极大发展，物质极大丰富，共享经济更注重人文关怀，关注人的情感、精神需求，以满足人的个性化精神需求为重点。

2. 共享经济强调资源的使用权，而不需要对资源的占有权

计划经济中，生产资料都属于生产组织者，生产者通过对生产资料的有效配置，生产出社会所需要的产品和服务，满足社会需要，实现社会价值，推动社会再生产的发展。

在这样的生产方式中，生产者要提高生产效率，就必须强化生产要素的使用效率，但是，由于受市场、时间、空间等外部环境的影响，一个企业很难在企业内部保证全部生产要素的全负荷运转。一些昂贵的生产设施，企业可能只在某一时期、某一生产经营环节才使用，其他时间都在闲置。例如，企业的运输车辆，很少有饱和的运输任务，即使有运输任务，也是单程的任务，往返途中总有某个单程是空载。

共享经济模式则不同，生产者不需要占有生产资料，只要在有需求时能拥有资源的使用权，就能够满足生产的需要。例如，企业需要运送一批货物去客户所在地，当共享的运输服务存在时，企业无须再购置运输车辆，而只需要向共享运输服务商订购运营服务即可满足运输服务需求，并且可以节省大量成本。

3. 共享经济强调个性化

计划经济以大生产为出发点，共享经济则强调满足人的个性化需求。计划经济模式下，受信息、成本和消费力等因素的影响，人们的个性化需求难以得到满足。随着网络技术、人工智能和物联网等技术的发展，个性化服务能力得到了巨大发展，而消费升级也为个性化服务提供了广阔的市场空间。

四、共享经济的基本要求

1. 集成化的信息平台，保证信息传播的充分、系统和精准

社会资源要给社会大众进行分享使用，首先得让使用者知道有什么资源可以分享、什么时候能够分享、与谁进行分享、如何分享等一系列基础信息，这样的信息不仅要求精准，而且要求及时，否则，共享资源的利用效率就会大大下降。社会现实也充分印证了这一点，在互联网络出现以前，信息技术达不到资源社会化共享的基本要求，共享经济概念提出几十年，但实际发展非常缓慢，直到互联网的出现，特别是移动互联网的出现，满足共享经济要求的信息平台有了技术基础，共享经济模式才如雨后春笋，进入了发展的快车道。

其次，共享经济所要求的信息平台不是单一的产品或服务的信息平台，而是集共享资源信息发布、需求信息上传、信用信息采集和发布、交易撮合、物流、支付以及社交活动等一系列功能为一体的信息平台，才能使共享经济发挥最大的作用。例如，一个分享住房的共享经济平台，就必须有集房源信息发布、旅行者租房需求信息、平台房东租户信用信息、交易撮合、支付、社交等功能为一体的信息平台，否则，该共享系统根本无法运营。

最后，共享经济平台未来应该是一个集成化的服务平台，而不是一个垂直型单一服务的信息平台。可供共享的社会资源门类非常广泛，绝不仅仅包含当前流行的共享住房、共享出行、共享充电、共享设计等几项垂直型的商品。当下的共享经济是每个垂直型共享服务建设一个独立的共享平台，那么如果有一百个（未来可能会有几千个）共享服务，用户岂不是要下载一百个独立的 APP？这样的

模式本身就不符合共享经济的基本要求，故未来的共享经济信息平台一定是一个集成化的共享信息服务平台，而不是独立的垂直型的单一平台。

2. 健全的信用体系

共享经济的参与方有三个：共享平台运营方、资源拥有方和资源消费方，三者之间进行物品交换，需要有一个信用体系来保障。除了共享平台本身要有很好的社会信用之外，平台还必须掌握资源方和消费方的信用水平，否则，平台难以正常运作。故相互信任是实现共享经济的必要条件。

当前，共享经济快速发展，特别是在“大众创业，万众创新”大潮下，以共享经济模式创业的项目如雨后春笋，提供了共享或者租用商品、服务、技术和信息等各类产品和服务，共享单车、共享充电宝等项目成为当下的热门话题。但信用问题，仍然是困扰共享模式发展的重大制约因素，特别是那些无法用看得见、摸得着的标准来表述或衡量的产品与服务，信任问题尤为突出。

信用信息在不同平台间的分享既是共享经济的精髓，也是共享经济快速发展的必要保障。阿里巴巴推出的芝麻信用，尽管还不够完善，但确实是一个好的开端，它通过对阿里巴巴体系内的用户（包括供应商和消费者）的信用水平给出一个评价值（芝麻信用值），然后这样的信用评价值不仅应用在阿里巴巴体系内，也推广到阿里巴巴的合作体系，扩大了芝麻信用的应用范围。例如，芝麻信用达到 650 分，不用交押金就可以使用共享单车，通过小贷公司可以秒贷 8 万元等等。

3. 配套的政策法规

共享经济作为一项新生事物，博得了社会的一致好评，但如果没有政策的保驾护航，其发展也难以走上快车道。传统经济模式下，已经形成了一整套较为完善的政策法规体系，但共享经济模式突破了传统经济模式，主要是要发挥商品所有权与使用权分离后使用权分享所带来的红利，这与当前的一些法律法规产生了矛盾。例如，前一段时间火爆的滴滴专车，由于超出了出租车行业管理政策的范畴，在监管上产生了一些问题。一些地方政府在出租车行业的呼吁下，对滴滴专车出台了相关的管理办法，限制了滴滴专车的快速发展，比如，北京市 2017 年出台了《网约车规定》，司机必须是北京户籍，车辆必须是北京牌照，对车型也有相关要求。医疗资源目前在中国是稀缺资源，特别是高端的医疗专家，更是炙手可热的资源，医疗资源能不能共享？还有许多类似的稀缺度高的资源，迫切需要规范化的法律法规来保驾护航，促进共享经济的快速发展。

五、共享经济的现实：问题及完善

1. 当前流行的共享经济平台概要

（1）美国的 Airbnb 平台。Airbnb 是一家提供租房服务的共享经济平台，成立于 2008 年 8 月，其总部设在美国加州旧金山市。它可以为用户提供多样的住宿信息，用户可通过网络或手机应用程序发布、搜索度假房屋租赁信息并完成在线预定程序。据官网显示，该平台在 191 个国家、65 000 个城市为旅行者提供数以百万计的独特入住选择，可以是公寓、别墅、城堡，甚至树屋。

2015 年 2 月该公司进行新一轮融资时，估值达到 200 亿美元。2016 年该公司首次盈利，公司营业额增长超过 80%。目前，该公司已经进入中国，为中国消费者提供租房服务。

（2）滴滴出行。滴滴出行是一个共享式出行平台。滴滴在中国 400 余座城市为近 3 亿用户提供出租车召车、专车、快车、顺风车、代驾、试驾、巴士等全面出行服务。多个第三方数据显示，滴滴拥有 87%以上的中国专车市场份额，99%以上的网约出租车市场份额。2015 年，滴滴平台共完成 14.3 亿个订单，成为全球仅次于淘宝的第二大在线交易平台。

滴滴公司以共享经济实践响应中国互联网创新战略，与不同社群及行业伙伴协作互补，运用大数据驱动的深度学习技术，解决中国的出行和环保挑战；提升用户体验，创造社会价值，建设高效、可持续的移动出行新生态。2015 年，滴滴入选达沃斯全球成长型公司。

滴滴出行专快车日订单突破 1 100 万，全平台日完成订单突破 1 400 万。2016

年滴滴宣布获得苹果公司10亿美元战略投资，2017年滴滴平台再次融资55亿美元。但滴滴目前也存在很大的挑战，如涨价、乘客被伤/被害事件等问题，引起司机和消费者的不满。

（3）中国的ofo共享单车平台。ofo发源于北大校园，截至2016年10月，已来到全国22座城市、200多所高校，累计提供超过4 000万次共享单车出行服务，目前已成为中国规模最大的交通代步解决方案，为广大消费者提供便捷经济、绿色低碳、更高效率的校园共享单车服务。

共享单车已经成为中国影响力很大的共享经济平台，但由于进入门槛较低，竞争激烈，后起之秀摩拜单车在用户数量上已经超越了ofo，两者进入了白刃战的竞争局面。近期摩拜被美团收购，更是暴露了共享单车商业模式上的缺陷。

2. 当前共享经济平台的两大特点

系统分析当下流行的共享经济思想及共享经济商业模式不难发现，以满足某一种特定的工作或生活需求为商业模式的垂直型共享经济平台在一定程度上能够较好地实现该领域的资源共享，为共享经济模式的发展进行了有益的探索，但平台发展效率低下，各垂直平台间的用户资源、用户信用信息等资源仍然是信息孤岛，严重违背了共享经济的初衷，严重影响了共享经济的发展。绝大多数共享平台的发展之所以采用烧钱模式，主要有两个原因：

（1）互联网思维，靠烧钱吸引用户、扩大规模，寄希望于达到相当规模后实现规模经济。互联网经济奉行的是“快鱼吃慢鱼”哲学，要想快，唯一的手段就是烧钱。今天的互联网巨头，无论是美国的Yahoo、Facebook、Airbnb，还是中国的BAT，都是在经历了数亿美元、数十亿美元的投入后才在竞争中脱颖而出，成为霸主的。于是，烧钱模式成为互联网经济成功的不二法宝。

（2）垂直平台思维，单一平台、单一服务。垂直型共享经济平台确有其优势，服务单一，简单易行，容易在市场形成穿透力，在资本的推动下快速占有市场，形成规模经济。问题是每一个平台运营者都是相同的思路，都希望通过烧钱来快速占有市场，结果只能在市场上兵戎相见，你补贴我也补贴，你免费我不仅免费还抽奖，共享汽车市场、共享单车市场的创业者都是这样的思维，结果是“成者王侯败者寇”。

3. 当前共享经济的现实问题

(1) 共享经济还是烧钱经济？尽管共享经济的概念早已提出，但共享经济模式真正应用于社会生活则起步于 2008 年金融危机时期。当时，互联网在美国的应用已经比较普及，社会失业率上升带来了大量闲置劳动力，社会存在大量的空置房屋、车辆和旧货，聪明的创业者突发奇想，试图通过互联网向他人出租商品使用权来帮助经济困难的家庭获取收益，渡过难关。这一共享商品一经推出，便受到了社会的热烈欢迎，一时间，共享住房、共享汽车，甚至共享家用工具等共享平台大量推出，极大地推动了共享经济的发展。

共享经济发展初期，基本的共享模式都是现有的社会资源再利用，即帮助拥有闲置资源的物主提高资源的利用效率，使闲置资源发挥价值。但随着共享经济平台的发展，共享经济平台运营方发现寻找社会闲置资源的成本巨大，面对网上的共享需求，新添置共享资源也是有利可图的生意，于是，共享经济的模式发生了变化，共享经济平台提供的共享资源不仅包括社会现有的闲置资源，也包括新添置的资源，即共享经济平台提供的共享资源是一种混合资源。

与此同时，为了提升共享平台的知名度和发展用户（主要是市场宣传费和给用户的补贴），平台投入大量资本，这是一种新增的沉没成本，成为平台运营方巨大的负担。于是，共享经济平台需要不断融资，如果融资不成功，马上就面临倒闭的威胁，例如，滴滴在 2017 年宣布融资 55 亿美元，但大批小规模的共享平台却没有这么幸运，随时面临倒闭的威胁。

(2) 法律地位问题。共享经济起步阶段，并没有相应的法律地位。共享经济平台的快速发展，得益于互联网的优势，也就是芭芭拉·范舍维克所提出的互联网平台自由主义思想所带来的红利，但社会经济必然要受到社会制度和法律的约束，不可能完全自由发展。同时，共享经济是一种新生事物，并没有现成的法律来对它进行监管，于是当一种新的共享经济模式出现后，政府才开始研究相应的监管政策，限制或者约束共享经济平台内的某些服务内容或服务方式，例如，美国的 Uber 将私家车进行共享涉嫌违法运营，其在美国本土之外的世界各地的运营因此受到出租车行业的抵制和监管部门的查处。尽管其业务遍布 55 个国家和地区的 300 多个城市，但除美国本土之外，其在世界其他国家或地区都面临着有市场而没法律地位的困境。我国的专车类共享经济起源于 2012 年，初期并无合法地位，直到交通运输部 2016 年 7 月 14 日出台《网络预约出租汽车经营服务管理暂行办法》，其运行才开始走向合法化，但在此办法的管理下，专车类共享的范围已经大大缩减。

（3）用户资源共享问题。从社会现有的共享经济模式不难看出，共享经济的核心是用户资源的共享，而共享的对象是什么并不重要。各个行业性的共享经济平台都在砸钱拉用户，烧钱买流量，这些平台明白，用户是每一个行业性共享经济平台的核心资产，不能与别人分享，如果分享用户，平台的价值（估值）就会急剧下降。

滴滴和共享单车行业当前面临的窘境就是上述三方面问题的集中表现。

第二节　友多多共享经济 2.0

共享经济模式的出现，既让我们看到了其未来发展的巨大潜力，也发现了不少的问题与风险，特别是现实生活中一些共享经济平台运营中暴露出来的缺陷，说明当前的共享经济还处于初级阶段，尚需深入研究共享经济理论，探索新的共享经济模式，而不是沿袭传统的商业逻辑和价值观来设计运营共享经济平台。

共享经济是伴随着网络信息技术的发展而发展起来的，其价值体现在两个方面：一是通过资源共享而带来的使用便利及低成本，二是体现在通过创造力共享所带来的巨大的创新创业潜能。如果继续沿用早期的网络经济的烧钱模式来发展共享经济，不仅不能充分发挥共享经济参与各方的创造力，而且连资源使用的便利性和低成本的特点也难以得到充分发挥。这既与共享经济的宗旨背道而驰，也不能真正促进共享经济的快速发展。

友多多共享经济思想起源于 2002 年，并于 2006 年开发出了以社交为基础、以营销渠道为共享对象的共享平台“我要我有”。但在内部测试中发现，以人际关系为着力点的熟人营销违背了“友谊是互相帮助，而不是赚钱的工具”的基本原则，最后决定放弃本项目。此后，历经十多年的深刻思考和潜心研究，从中国传统哲学思想和现代社会学、心理学、社会心理学中汲取大量的营养，逐步构建了以社交理论、人脉通道理论、社交信用理论、人脉资源价值理论为核心的共享经济理论体系。以该理论体系为基础的友多多共享经济平台，是现有共享经济的进化与发展，不仅在理论上极大地丰富和发展了共享经济思想，而且真正体现了以人为本的基本原则，弘扬助人为乐的社会正能量，帮助普通人最大限度地满足工作和生活需求，创造更多的物质和精神财富，共享富足和谐的幸福生活。如果传统的共享经济模式是共享经济 1.0，友多多就是共享经济 2.0。

一、友多多共享经济平台概要

1. 宗旨及愿景

友多多共享经济的宗旨是：以人为本，最大限度实现人的价值。

友多多共享经济的愿景是：以人脉联结力为共享经济的纽带，以网络技术为工具，以人性中的善为内驱力，通过创建全新的价值创造和分享体系，为友多多会员赋能，为社会创造更多的物质精神财富，推动社会进入新的发展阶段。

2. 组织架构

组织是服务的保障，共享经济平台也只有在有效的组织体系下，才能发挥作用。

尽管互联网技术的发展使人类的社交克服了时间和空间的限制，可以在任何时间、任何地点与世界上的其他人进行交流，但这样的社交仅仅局限在信息沟通交流的层面，尚难以实现情感和价值方面的作用。好朋友之间还是喜欢见面聚会的方式，开展社交活动。因此，社交型共享经济平台就应该满足成员对于线下社交的心理需求。为此，平台需要设立以区域（例如城市）为中心的社交服务组织体系，配合垂直行业服务组织体系，为用户提供完善的服务。故社交型共享经济平台的组织体系应该是一个矩阵结构，一边是以区域（城市）为依托的本地化共享经济服务体系，主要提供线下社交服务；另一边是以垂直行业进行分类的共享经济服务体系，主要提供专业化的共享服务。

这样扁平化矩阵式的组织体系，能够最为有效地发挥机构的效率，保证为会员提供最好的服务，如图 11－3 所示。

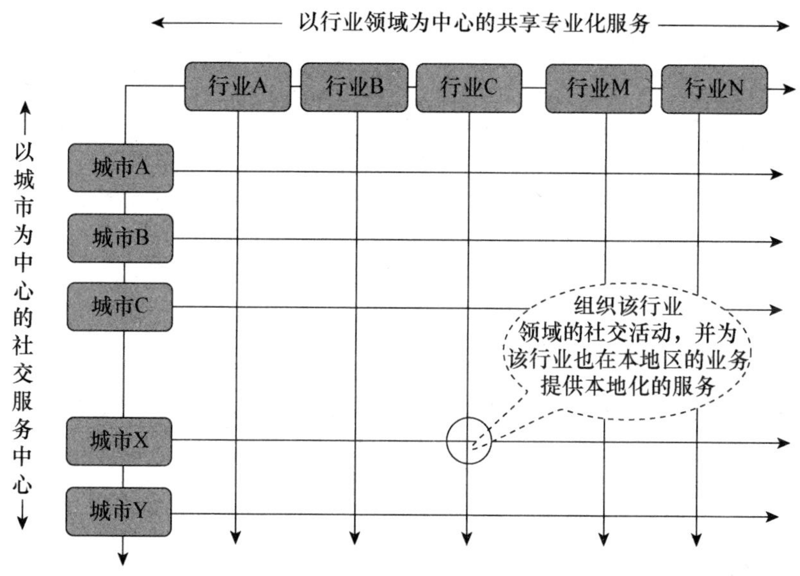

图 11－3　社交型共享经济平台的组织架构

（1）垂直领域共享服务体系。垂直领域共享服务体系是平台的共享业务体系，按照行业应用进行划分，例如，可以划分为共享美食、共享服饰、共享住房、共享出行、共享教育、共享医疗、共享金融、共享设计等等，每一个垂直行业都有其独特的共享服务系统（子平台）。

各个垂直行业共享服务系统（子平台）独立运营。

垂直共享经济子平台所需的公共服务体系由共享平台统一设计开发，供各个垂直行业共享服务子平台分享使用，这样可以有效降低各垂直共享服务子平台的成本，提高服务水平。公共服务体系包括人脉资源系统（集成了人力资源管理、客户关系管理、投资者关系管理和公共关系管理）、市场营销系统、信用系统、交易系统、支付系统和系统管理系统等等。

垂直领域共享服务体系的运营管理团队从熟悉和热爱该领域的专业人士（友多多会员）中选拔，运营管理团队控股该服务体系。该垂直领域共享服务在不同地区开展业务时，由友多多在该地区（城市）的机构配合开拓业务，使垂直领域共享服务能够快速覆盖全国，提升竞争力。

(2) 区域（城市）共享服务体系。区域（城市）共享服务体系是友多多共享经济体系的重要组成部分，主要提供社交服务和垂直领域共享服务的本地化支持。社交服务包括线上和线下两部分，线上部分是基于人脉资源理论而设计的社交系统，线下部分主要是以城市为单位组织线下社交活动、会员服务。区域共享服务体系的核心功能包括：

a. 开展线上/线下社交活动。

区域共享服务体系的主要任务之一是开展形式多样、丰富多彩的线上线下相结合的社交活动。社交需求是人的基本需求，社交型共享经济正是通过策划、主办各式各样的社交活动，满足体系内会员的需求，并通过举办社交活动，快速发展会员，提升体系知名度，听取会员建议和意见，持续改善服务，不断提高服务水平。

b. 聚合人。

基于人脉资源理论设计的社交平台具有强大的聚人功能，并通过形式多样的社交活动，增强会员之间和会员与平台之间的情感链接。通过线下社交活动，在朋友举荐下认同感和信任感即时就可以获得，所以，社交体系能够成为共享经济平台发展会员的关键抓手，完全可以摒弃传统的共享经济发展会员烧钱模式，使共享经济平台走上健康发展的道路。

社交平台发展会员采取病毒式扩散模式。一个会员可以成功带来数百个新会员，健康的共享经济平台如果能够获得信任，会员发展将呈指数级增长。

c. 为垂直领域共享平台提供本地化的支持和服务。

区域服务体系除了提供社交服务外，也承担为平台垂直共享服务提供本地化支持服务功能，这样的支持服务包括：

- 协助垂直行业共享经济本地化共享业务团队组建
- 垂直行业共享经济本地化运营服务，包括办公场地、办公设施、行政服务等等
- 本地化会员（客户）服务
- 垂直行业共享经济本地化运营所需的其他服务

3. 友多多共享经济平台的特点与优势

（1）基于人脉联结网络。从社交关系来分，可以将社交网络分为熟人社交、陌生人社交、混合型社交三大类。校友录属于熟人社交，微信早期也属于熟人社交，纯粹陌生人社交的网络平台很少，目前，社会流行的社交平台混合型社交占绝大多数。

当前，以信息分享为主要目的的社交型网络平台已经进入成熟期，社会大众每人都会使用一两个自己喜欢的社交应用，例如我们中国人使用微信、QQ、微博，且这样的使用习惯已经基本形成，所以，如果没有新技术的出现，短期内难再出现功能类似的社交网络平台。

但是，人际交往理论告诉我们，社交具有三个方面的作用：信息分享、情感依恋和互助合作。但当下流行的社交网络平台，主要有两类：一类以微信为代表，主要提供信息服务；另一类以领英为代表，以交友为名，提供某一类商业信息服务（领英主要提供人才猎头服务）。这两类社交平台都难以完全满足人们对社交的需求。

然而，在陌生人社交模式中，由于诚信问题导致虚假信息泛滥，对社交平台的生态产生了极为负面的影响。尽管社交平台不断采取措施，努力寻找在社交平台上解决诚信问题的方案，但由于人性的天然弱点，单凭技术的力量，恐怕短期内难以在诚信问题上有所突破。

于是，问题回归到了社交模式的选择上，陌生人社交模式由于人性的弱点难

以扭转诚信问题，那么熟人社交是不是可以解决诚信问题呢？如果答案是肯定的，为什么现有社交平台不选用熟人社交模式而死守陌生人社交模式呢？

a. 社交模式选择：熟人社交 VS 陌生人社交。

社交平台选择何种模式，取决于多种因素，包括社交理论、应用社交理论开发的技术、社交平台经营者的个人特性、资本等等。传统的社交平台开发和运营者，绝大多数都是技术背景出身，比较关注商业模式如何能够快速发展用户，如何能够融到足够多的资本，对哲学、社会学、心理学、经济学等方面的综合运用相对较少。另一方面，社交理论本身的发展，也严重滞后于社会发展，到目前为止，并没有系统化的社交理论可以指导社交媒体的发展。

下面我们针对不同社交模式对社交平台发展产生重大影响的几大关键问题进行简要的分析：

熟人社会与诚信。熟人之间由于长期的交往，建立了较为坚实的情感纽带，也形成了相对固定的社交圈子。熟人之间的诚信度，大大高于陌生人之间的诚信度，一方面是因为熟人之间有情感，个体从自我道德认知出发，难以对有情感的人施以欺诈这样的恶行，这是人性使然；另一方面，熟人之间是一个圈子，个体从维系自身在社会圈层内的声誉的角度出发，朋友圈的压力使得个体不敢欺诈圈内的朋友。正是由于这两方面的力量，使得熟人社会的诚信度远远高于陌生人社会。

熟人社会与分享资源。人际关系的重大作用之一就是朋友之间互相帮助。这种帮助可以是物质上的，也可以是精神上的，例如，如果某个同学突发身体疾病而急需花钱治疗，绝大部分同学都会慷慨解囊，这种帮助相比于社会捐助的比例会高几倍甚至几十倍；当人们得知自己的某一个朋友因为家庭矛盾而烦恼时，一般都会积极给予安慰，但如果是陌生人，这样的安慰基本上不会发生。

朋友间相互关心、相互帮助是人之常情，正是这样的心理需求所产生的内驱力，使得朋友之间更愿意也更容易分享资源。朋友之间可分享的资源不仅包括使用权的分享，也包括所有权的分享（以严格意义上说应该是馈赠），所以，熟人社会不仅可以提高资源分享的深度，也提高了资源分享的广度。

熟人社交与平台黏性。平台对用户的黏性取决于平台内容、娱乐性、归属感、满意度和信任度、互动性和承诺度等多个方面，其中一些与平台自身价值有关，如平台内容、娱乐性、互动性和承诺度等，而另一些则与平台用户的属性相关，即对平台的归属感、满意度和信任度等。

熟人圈对自己的平台天生拥有归属感，这是陌生人社交平台所不能比拟的。再加上熟人圈的信任度等因素，熟人社交平台对用户的黏性显然要大于陌生人社交平台。

表 11－2 归纳了熟人社交模式与陌生人社交模式在用户发展、用户黏度、信息通畅度、信任度和资源分享性等方面的属性。

表 11－2　　陌生人社交模式与熟人社交模式的比较

	陌生人社交模式	熟人社交模式
用户发展	烧钱模式，网络推广和线下推广相结合，只要有钱可烧，前期发展速度很快	口碑营销模式，依赖于平台的价值
用户黏度	较低	很高
信息通畅度	便捷，但是受垃圾信息、欺诈信息困扰	便捷
信任度	较低	较高
资源分享性	陌生人之间没有情感纽带，信任度也较低，故陌生人之间资源可分享性较差	高

从表 11－2 可以看出，除了用户发展速度，熟人社交都比陌生人社交优势更大。

b. 为什么现有社交平台不选用熟人社交模式？

既然熟人社交平台比陌生人社交平台有许多优势，那么，当下流行社交平台为什么不选择熟人社交模式呢？

究其原因，主要由如下因素所致。一是沿袭互联网商业模式，网络经济的代名词是“人头经济”，社交平台作为互联网应用的一种，其估值依人头数量而定。因此，社交平台发展初期都将快速发展会员数量作为第一目标，只要人头数量发展迅猛，融资就能达成，平台才能活下去。在“快鱼吃慢鱼”的互联网生存法则下，社交平台的创业者似乎是别无选择。二是由于社交平台的发展缺乏相应的理论指导，一方面，社交理论研究本身存在很大的局限性，社会上充斥的是心灵鸡汤或江湖骗术，对以哲学、心理学、社会学为基础的深层次的社交理论研究少之又少；另一方面，社交平台的创业者团队绝大部分拥有技术背景或商科背景，对社交理论的应用相对集中于基础层面。

从对熟人社交和共享经济的分析不难看出，共享经济发展需要解决的主要问题，即快速发展用户、提高用户的黏度及信用，都可以通过搭建熟人社交平台来解决，这就是说，如果共享经济平台融合社交平台，共享经济将如虎添翼。如果说目前的共享经济平台是共享经济的 1.0，那么，以熟人社交网络为基础的共享经济平台就是共享经济的 2.0（见图 11－4）。

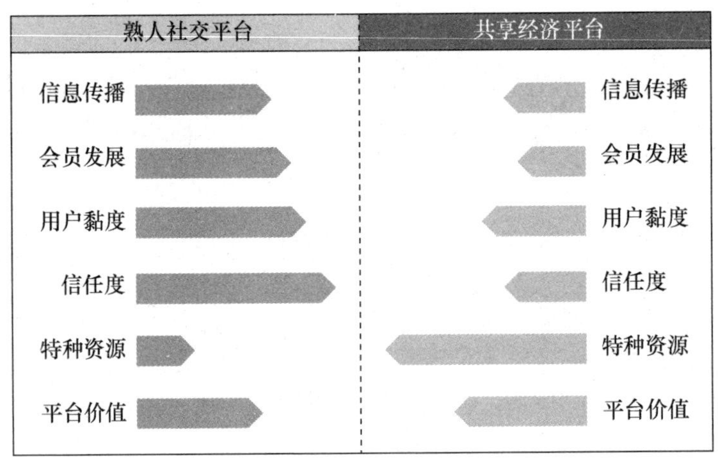

图 11－4　熟人社交平台与共享经济平台的比较

友多多共享经济平台融合了社交平台和共享经济平台的优势，很好地做到了优势互补，特别是弥补了共享经济在用户发展、信用和用户黏度等方面的短板，对共享经济的发展将会起到关键性的作用。

（2）基于人脉资源共享的行业化共享族。尽管最早提出共享经济概念的人是社会学家，但当各类学者在研究共享经济时，却把研究的重点都放在了共享经济的客体对象——社会物质资源及服务资源上，而忽视了研究共享经济的主体——

人及由人组成的社会组织。

社会上的一切资源都与人相关，并由人掌控和调配，故共享经济的核心问题不是如何去共享社会资源，而是如何共享人的资源。这貌似相似的两个概念实质上有着极大的差异：

当把社会资源分享当作共享经济的核心时，关注的重点是如何调配社会资源，使得社会资源发挥最大的价值，但这却忽视了资源所有者和使用者是否有意愿去分享资源，如何分享资源，在什么范围分享资源等问题。为了实现特定资源的共享，必须要按照每一种不同的资源建立各自独立的共享经济平台，例如，滴滴有滴滴的平台，ofo 有自己的平台，猪八戒有猪八戒的平台。每一个共享平台都需要独立运营，特别是要投入大量的人力、物力和财力去拓展用户，浪费大量的社会资源。

当共享经济的核心变成人的时候，才真正体现了以人为本，才能够充分发挥人的主观能动作用，做到纲举目张。首先，共享经济的主体是人，而不是物，故共享经济必须坚持以人为中心；其次，世界上的所有资源，无论是有形的还是无形的，都与人相关联，要分享资源，其实就是在资源的所有者与资源的使用者之间达成协议，故共享资源实际上是建立在人与人之间的某种合作关系；最后，只有以人为核心的共享经济才能克服碎片化。当前的共享经济模式都是找到某一特定的社会资源，或称为有刚需的社会资源，然后投入巨额市场推广费用，以免费甚至补贴的方式吸引需方。当客户群体达到一定规模后，开始收取平台服务费，目前每一个共享经济项目都是这种模式在重复。但人的需求是多方面、多层次的，如果共享经济以共享资源对象为核心，那么不同的资源就成为一个个独立的、碎片化的共享经济平台，如滴滴、ofo、共享充电宝等等，而如果共享经济平台是以人为中心，则仅需要一个共享经济平台，该平台以人为中心，以人际关系为纽带，每一种可共享的资源在该共享经济平台上仅是一个共享的对象而已，平台可以囊括所有可共享的社会资源（见图 11－5）。

共享经济对资源使用权的特征，不像传统经济中对资源的独占情况下随时可

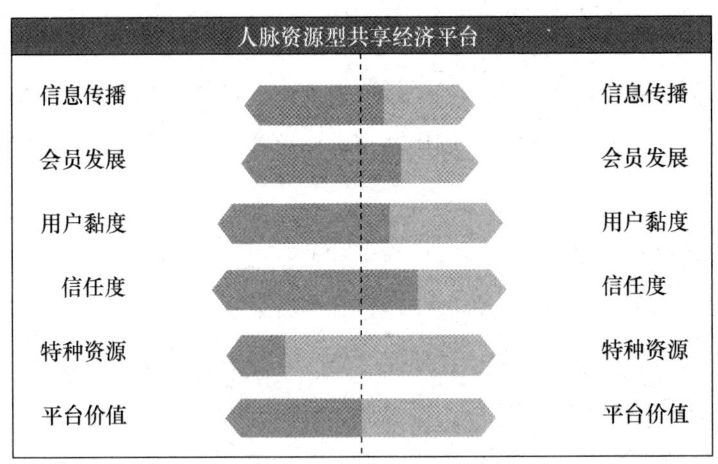

图 11－5　人脉资源型共享经济平台

以使用资源，而需要对资源进行有效分配，满足不同使用者的需要。要做到有效分配资源，就必须具备充分和详尽的资源信息、供需信息。要做到这一点，共享经济平台就必须提供完善的信息平台，使得共享资源平台上的所有可供共享的资源信息（包括型号、性能等）、使用信息（何时可供使用、预订使用信息）、潜在需求方信息以及使用该资源所需的外部环境信息都能够在网络平台上进行发布和共享。例如，滴滴租车，如果没有滴滴 APP，用户根本无法实现租车的功能，滴滴公司也无法提供共享汽车的服务。

以社交为基础的共享经济网络平台打破了原来的极权统治和森严的等级制度，创造了一个开放的、共同参与和充分自由的新社会。可以这样认为，共享经济商业模式能否成功，前提在于网络信息平台的市场运作是否成功，共享经济所有的规则、信任、资源等都必须由共享网络平台来承载。

中国和世界上其他国家当下影响力和覆盖面最大的网络信息平台都是社会网络平台，分别是中国腾讯公司的微信和美国的 Facebook。

（3）较为完备的信用体系。在传统商业社会中，商业交易只要双方各取所需，就可以完成交易，但在共享经济社会里，信用是与他人共享资源的前提要求。由于对资源不具有占有权，共享经济中的需方和资源提供方是按照预订服务这样一个契约来满足需求的，故供需双方之间必须建立起信任机制。需方要相信资源提供方能按时、保质保量提供预定的服务，以满足生产或生活的需求；供方要相信预订服务的需方确实会按照预订合同的要求购买服务，并按时支付资源使用费。如果需方违约，就会造成供方资源的浪费。

由此可以看出，如果没有信任，共享经济就难以发展。那么，在共享经济模式下，信任机制是如何建立起来的呢？一方面靠契约精神。社会的发展，使得绝大部分社会成员都具有了相当程度的契约精神，懂得契约精神利人利己。另一方面，共享经济平台都会建立某种奖惩机制，奖励守约者，惩处违约方，推动共享经济平台的发展。在陌生人组成的社群里，人们总会存在侥幸心理，使得信用难以建立。而在熟人社群，由于彼此存在基本的信任，再加上信用奖惩机制的存在，使得熟人社会更容易发展共享经济。由此可见，基于熟人社群建立起来的共享经济平台将会具有强大的生命力。

熟人社交网络是由亲朋好友组成的人脉资源体系，所以其会员与其他社交网络会员体系不同，所有的成员都是经由亲朋好友介绍和推荐的，经平台审核通过的受邀成员才能成为会员。成为会员后，需要履行平台规定的责任和义务（特别是参与公益活动、互相帮助、诚实守信等义务），并经过年度考核才能保持会员的资格，未能按要求履行会员职责、违反平台规则或发生欺诈行为的成员，都将被坚决清理出平台。

熟人社交平台的成员是通过既有的人际关系（即自然形成的人际关系网络）申请加入平台的，在平台体系内既保持了成员现有的人际关系网络，成员也可以根据兴趣爱好和需要不断发展人际关系网络，扩大社会交往，充分发挥社交平台的功能作用。

自然的人际关系网络保持了人脉资源的自然性和纯洁性。人际关系中相当大的部分是自然形成的，譬如学缘关系、地缘关系都是在人的社会生活过程中逐渐建立和发展起来的。由于这样的形成过程与功利性价值较远，故这些人脉资源中所蕴含的情感成分较重、友谊较深，是人生中最重要的人脉资源，基本上都会维系终身。这样的人脉资源与其他带有明显功利性目标而建立起来的人脉资源相比，明显更纯洁、更坚固，也更具有长远价值。

以自然人际关系网络为基础的社交平台为诚信体系建设奠定了坚实的基础。诚信是道德问题，靠宣传、法律或行政手段是很难彻底解决的。通过研究人际关系发现，人与人之间的友谊与诚信之间存在着正相关的关系：陌生人之间诚信度较差，随着人与人之间友谊的建立和加强，诚信度也逐步提高。这就是说，亲朋好友之间的诚信度要远远大于陌生人之间的诚信度，现实生活中的实例也很好地印证了这一点：一般情况下，人们受传统道德观念的影响不会去欺骗自己的亲人和朋友，而且如果欺骗了亲朋好友而被发现的话，他在自己的圈子内就很难混下去了，这样的压力也促使人们不敢轻易去欺骗身边的亲朋好友。而对陌生人，由于缺乏道德的约束力和外在的压力，容易诱发欺骗行为。这里的共享经济平台由于是基于自然人际关系网络而建立起来的社交平台，这样的自然人际关系很好地保护了共享经济平台内成员的诚信度。当然，单单依靠这样自然、朴素的关系而形成的诚信体系是不完整的，共享经济平台还需要在此基础上，引入社会征信、评估考核等措施，进一步强化平台的诚信体系，保证平台的健康发展。

在熟人社交型共享经济平台内，参与共享平台服务的各方（包括共享平台运营方、资源方、用户）的信用信息在平台内共享，任何会员在平台内如果有不诚信行为，都将纳入会员信用体系，这将极大地促进共享经济平台的信用体系建设。如果信用体系采用区块链技术，平台的信用体系将更加完备，克服传统网络平台服务中水军、删帖等不良行为，确保平台信用信息的公平、公正、客观。

(4) 会员是友多多共享平台的主人，既是消费者，也是服务提供者。社会中的每个人，既是消费者，也是资源提供者。作为消费者，他有衣食住行、教育健康等多方面的需求；作为资源提供者，他主要以自己的专业能力为社会提供服务。

如果是垂直型共享经济平台，由于平台只提供单一服务，或者共享交通工具，或者共享住房，故每个人在共享经济平台上只能有一个角色，或者是消费者，或者是资源提供者（服务方），这样就割裂了个体既是消费者，又是资源提供者的有机关系，造成每个共享经济平台需要花大量的投入去发展客户，扩大市场规模，这样的模式极大地降低了共享经济的效率。

以人脉资源为核心的社交型共享经济平台则不同，它共享的是人，将人的需求和资源作为一个有机整体进行共享（见图 11－6），使得平台中的每一个人作为消费者，他购买共享经济平台上的服务；同时，作为价值创造者，他可以为平台上的其他用户提供他专业领域内的专业服务，从而创造价值；也可作为资源提供者，将他自己的资源（包括创造力）放到共享经济平台，给需求方共享。这种共享经济模式可以极大地提高共享经济的效率，方便共享经济平台上的每一个用户，真正做到“人尽其才，物尽其用”。

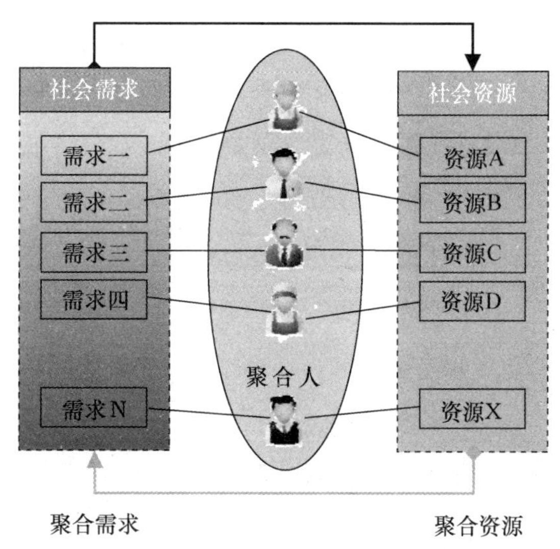

图 11－6　社交型共享经济平台与资源聚合需求

综上分析，如果我们将当前的垂直型共享经济平台看作是共享经济 1.0 模式的话，那么，以人脉联结力为基础的友多多共享经济平台则是共享经济 2.0 模式。

二、核心功能说明

从总体上看，友多多共享经济平台以共享人为基础，突出社交和资源共享两大特征，同时强化信用体系，将信用信息的征集、评价和发布融合到社交和资源共享的各个方面。

纵观当前流行的共享经济平台，实际上均是一种垂直型的信息服务平台，用户仅仅是服务的被动接受者，平台和用户之间的关系是服务和被服务的关系，缺乏情感纽带，所以也就没有忠诚度可言。

友多多共享经济平台希望构建成平台和用户融为一体的共享经济，所有友多多会员，既是共享经济平台的拥有者，也是共享服务的提供者，还是共享服务的消费者。所有认同友多多共享经济理念的会员都可以成为平台的股东，并按照自己的专业能力和兴趣爱好在该垂直专业领域内成为共享服务的提供者，同时，他还是其他共享服务的消费者。该平台同时融入了 O2O 社交体系，既满足会员的社交需求，也提升用户黏性和忠诚度。

友多多共享经济平台融合了社交平台与共享经济平台的特点，平台以人为中心，以人的资源和需求为导向，以诚信为基础，通过社交增进群体内成员的情感和信任，互相帮助，资源共享，创造价值，分享快乐，故该平台应该包括人脉资源管理、信息交流、社交、信用、共享业务、交易、结算、信息安全、客户服务和系统管理等一系列功能。

1. 人脉资源管理系统

人脉资源管理系统在社交型共享经济平台中起聚合人的作用，是社交型共享经济平台的基础，也是该平台的重大特色。

人脉资源管理系统包含如下子系统：

- 人脉信息管理子系统
- 资源供求智能匹配子系统
- 搜索子系统
- 人脉通道管理子系统

2. 信息管理系统

信息管理系统为共享平台用户提供通信信息服务，它与平台内的专业应用系统既相互联系，又独立运行，为平台内的用户提供便捷、高效、安全的通信服务。

信息管理系统包括下列子系统：

- IM通信子系统
- 信息推送子系统
- 信息管理子系统

3. 社交活动系统

社交是人类社会生活的具体表现形式，人们从出生到离世，除了睡觉休息，绝大部分时间都在进行社交，包括家庭社交、工作社交、娱乐休闲社交。根据马斯洛需求层次理论，社交也是人的基本需求，离开社交，人会孤独而死。人与人之间的情感和信任关系，也是通过社交而建立发展起来的，没有社交，人与人之间就不会有感情，信任也无从建立。另外，出于某种原因，有些无形资源，人们不愿意放在共享经济平台开放共享，只有在社交活动中，在特定的环境下针对特定的人进行共享。由此可以看出，共享经济平台需要有一个独特的社交平台，方便人们沟通和交流。现有的社交平台像Facebook、微信等难以完成上述全部功能。

依据共享经济的要求和特点，共享经济平台的社交活动系统应该是一个线上线下相结合的系统，线上系统主要完成信息交流功能和线下活动的信息发布功能，线下系统策划实施线下社交活动。

友多多社交活动系统包含两大子系统，即社群系统和活动系统。社群系统包括友多多官群和会员根据自己的需求所创建的社群；活动系统既是社群系统的子系统（即在社群内的活动），也是独立的子系统，用户可以创建独立于社群的各类活动。

社群系统包括下列子系统：

- 创建社群子系统
- 社群会员管理子系统

- 社群管理子系统

活动系统包括下列子系统：

- 创建活动子系统
- 活动信息发布子系统
- 活动管理子系统
- 线下活动执行管理子系统

4．信用管理系统

信用管理系统为共享平台收集、评价和发布信用信息。会员的信用信息来自平台内部群组成员对某个特定对象的评价信息、平台内部交易征信信息以及外部征信信息。为提升信用信息的可靠性和安全性，信用系统未来将采取区块链技术。

信用管理系统包括下列子系统：

- 信用信息征集子系统
- 信用评价子系统
- 信用信息发布子系统
- 安全子系统

5．行业化共享服务

由于不同类型的共享服务模式存在一定的差异，对特定的共享服务需要提供专用的业务支持系统，才能保证该项共享服务的品质。例如共享住房和共享出行由于共享对象不同，相应的业务支撑就会存在一定的差异：住房的位置是固定的，而出行工具（如汽车）的位置是移动的，所以共享出行必须要提供共享车辆的位置信息；住房的配置是个性化的产品，而车辆是标准化的产品，所以共享住房必须提供房间配置等特性信息，而车辆则简单得多。

各垂直行业的共享服务均有专用系统支撑，例如：

- “时间银行”系统
- 共享美食系统

- 共享服饰系统
- 共享出行系统
- 共享住房系统
- 共享设计系统
- 共享诊疗系统
- 共享教育系统
- 共享知识系统

专业服务支撑系统带有明显的行业特性，以满足各种专业共享服务的需求。

6. 客户服务系统

从本质上看，共享经济平台是一个服务系统，服务水平如何，是决定平台能否成功的关键。尽管基于互联网的共享经济平台在很大程度上能够做到自动化处理，但在服务的过程中，难免还需要人工的介入，以体现对平台会员的关怀，同时也是提高服务水平的有效保障。共享经济平台的客户服务系统主要包括如下功能模块：

- 平台呼叫中心
- 平台各垂直共享系统子呼叫中心

7. 系统管理、安全管理等系统

为了保证平台的安全高效运营，还需要强有力的系统管理和安全管理。这些系统属于专用信息管理工具，与用户关系不大，在此就不再赘述。

第三节　在友多多创造财富，享受优质服务，提升社会层级

如果你不是富二代，只能通过自己的勤劳、勇敢、才识和智慧来创造你自己精彩的人生，那么，友多多共享平台将是你事业发展的好平台。

每个人都在创造价值，区别在于创造多大价值、是否能够开开心心地创造价

值。友多多共享经济平台助你创造最大的价值，并且是在和谐的环境中开开心心地创造价值。当然，每个人的专业能力不同、兴趣爱好不同，在友多多共享经济平台上可以扮演不同的角色，创造其独特的价值。

一、创造财富

当下的社会环境，人人都在追求创造更多的财富，但因能力、社会环境的限制，个人的创造力并没有得到充分的发挥。据相关统计，个体创造力的利用效率不足50%，部分人士的创造力利用效率低至20%，人们绝大部分创造财富的能力白白浪费了！

友多多共享平台通过资源/需求对接体系，为体系内成员创造更多的财富提供了无可比拟的机遇和条件。

1. 专业人士

有一技之长的人，发挥专业能力是创造财富的最佳途径。但现在受雇于某一家企业，绝大部分人通过专业能力创造的价值不到其潜能的50%。或许有人在类似猪八戒的平台获得过一些兼职的机会，但更多的时候是当分母，忙乎半天，往往因需求不清晰耽搁很长时间，成因质量不合格而被拒收。难道真的是因为水平低吗？其实不然，问题的真相往往是供需双方互不相识，缺乏最基本的信任。供需双方没有基本的信任，怎么可能达成合作！

现实生活中，相对于网上的信息，我们更愿意与朋友推荐的人进行合作。在友多多共享经济平台上，供需信息免费传播，平台的AI系统为供需提供自动匹配。与此同时，平台还提供至少一条人脉通道，即提供通过中间的某个朋友或某几个朋友，能与对方建立起人脉联结，这样的联结为你和需方做了背书，使得供需双方建立起起码的信任。正是这样的信任，为供需双方坦诚的交流与合作奠定了基础，尽管这是友多多提供的一个小功能，但对合作而言，却是走向成功的关键一步。

随着友多多共享经济平台的不断发展壮大，依据长尾理论，专业人士通过友多多平台，一定能够创造出价值不菲的财富。

2. 创业者

作为创业者，最缺乏的是资本、人才和市场。而这三个创业要素的背后，关键的是人脉。

我见过许多创业者，带着创业蓝图跑过几十场投融资路演，参加过数十次创新创业大赛，还是没有找到一分钱投资。2017 年底网上爆出一场创业者与某投资界大咖的口水仗，创业者是个 60 后，花了几万元获得了一次与大咖共进晚餐的机会，但在晚餐中，大咖公开声明不投 60 后的创业项目，从而引起创业者极大的不满。

问题在哪里？本质还是投资人对创业者缺乏最基本的了解与信任。很多投资人，每年要看成百上千个项目，单凭几张 PPT 或者十几分钟的路演，很难立刻理解项目团队和项目的核心价值。但如果是投资人的朋友推荐的项目，至少投资人会花较多的时间去深入了解项目，同时又有朋友做背书，从而建立起基本的信任。某投资大咖曾公开宣称自己只投朋友推荐的项目。

创业要成功，还需要有一个强有力的团队。创业者大部分是技术人员，个人背景通常决定了创业者缺乏资本、管理、市场等方面的人脉，很难找到志同道合的合伙人。

在友多多共享平台上，创业者通过自己熟悉的朋友，就能联结到资本、人才和市场人脉，从而获得与资本、人才和市场对接的机会。

此外，友多多平台还建立了一套市场导向型的创业孵化体系，在这一体系内，除了引入投资融资服务体系、人才服务体系，重点将搭建不少于 100 个行业、100 个大中型城市、3 万人的销售服务团队这样一个全国性市场营销网络体系，帮助创业者制定市场策略，构建全国性市场营销网，实施营销活动，使创业者的好产品、好服务低成本快速进入全国市场。利用这一体系，共享平台有能力在每个行业内孵化出独角兽创业企业。

3. 乐善好施者

行善是美德，绝大多数人都愿意在自己的能力范围内去帮助他人。

但在决定实施善行前，人们总希望知道救助的是谁、需不需要求助、用何种方式救助以及救助后能达到什么样的效果。如果这些方面的信息公开化、透明化，相信加入慈善的国人会成倍增长，但现有的慈善体系显然达不到这样的标准，导致我国的慈善事业举步维艰。2018 年春节前，网上公布了一条消息，由于销售渠道不畅，陕西农民收获的近千万斤梨将要烂掉！消息发布后的两周内，就接到了全国各地 300 多万箱的订单，一下子就解决了农民朋友的困难，让农民朋友开开心心过了年。

在共享经济平台 2.0 上，开设了专门的慈善公益栏目，发布困难群众的需求信息，并通过平台的人脉通道对困难群众个人、家庭进行身份确认，村及县乡两级政府的背书的形式确保信息的真实性，同时对救助全过程及结果通过人脉通道进行跟踪，既保证救助效果达到目标，又让捐赠者参与整个救助过程，享受助人为乐的愉悦和自豪。

共享经济平台 2.0 也提供类似“时间银行”的互助服务，你在平台上对他人的帮助，将以代币的形式记录下来，未来当你需要时，你可以用代币去置换你所需要的帮助和服务。

4. 大学生

如果你是一名大学生，共享经济平台可以帮你找到靠谱的勤工俭学机会、实习机会和就业岗位。

我也是一名从小地方到南京求学的大学生，在南京上学期间，接触的人除了同学就是老师，南京没有一个熟人或朋友，所以要想找勤工俭学机会、实习机会和就业岗位就只能靠不靠谱的街边小广告，受过骗，上过当。这样的经历驱使我在所创建的共享经济平台上一定要为大学生提供一种有效的工具，帮助小师弟、小师妹们解决问题。

通过共享人脉平台，你能找到在本地工作生活的同乡和校友（包括小学、中学和大学），他们就是你在本地的最好人脉。浓浓的乡情促使同乡乐意为小同乡伸出援助之手，校友的情结也使老校友愿意与小学友接触，并提供必要的帮助。

同乡和校友的资源，不仅能够对你的大学生活提供必要的帮助，也是你未来人生中最重要的人脉资源之一，好好珍惜并合理利用，将终生受用。

5. 发挥余热者

由于生活水平的提高，今天的离退休人员大都还年富力强，迫切希望能发挥余热，创造更多的个人价值。

要发挥余热，就要找到适合自己专业特长和兴趣爱好、离家较近的岗位，除此之外，年长者一般也不愿意到一个人生地不熟的单位工作，所以不会像年轻人那样到招聘网站发简历。这样的特点和要求，最适合用人脉资源平台寻找机会。

在人脉资源平台上，存在海量的机会，总有一个机会既能符合你的志趣，也能发挥你的特长，且离家也不太远，而且在这样的单位里，一定有你熟悉的朋友。

6. 普通人

一个普通人，尽管没有特别突出的一技之长，但仍然有相当的创造力可以创造财富。友多多平台为普通人提供了大量创造财富的机会，只要你是一个靠谱的人，愿意用你的勤劳去创造财富、帮助他人，友多多平台就有你创造价值的机会。

二、享受优质可信的产品和服务

传统的商业由于市场营销成本大、中间环节多，产品的销售价格至少是出厂价格的 2 至 3 倍，有的甚至高达十几倍！网络电商的出现，消除了大量的中间渠道和营销网络，使得产品的销售价格大大降低，但由于社会信用体系的不健全，假货泛滥，极大地影响了网络电商的社会声誉，阻碍了网络电商的发展。

友多多平台则能较好地解决线下商业价格虚高、网络电商存在虚假产品两方面的问题。

1. 可溯源

在友多多平台上，所有资源（包括所有的产品和服务）都是可溯源的。平台不仅要求资源发布者进行实名论证（技术论证），而且需要得到其同学、同事的社交论证（社会论证），并对资源发布者的信用程度有基本要求（靠谱度 80 以上）。消费者不仅知道产品服务的提供人是谁，而且通过人脉通道知道他和自己的哪些朋友认识。

2. 朋友背书，情感联结

在友多多共享平台上，所有会员之间通过朋友作为桥梁（人脉通道），实现互联互通。成员相互之间都有朋友做背书，达成一定程度的情感联结。

3. 社交信用

社会诚信问题，一般出现在陌生人之间。即使同一个人，与朋友交往和与陌生人交往所表现出来的诚信水平也会不同，前者远远高于后者，这是人性，也是我们为什么更愿意相信朋友的道理所在。

友多多体系的信用，来源于两方面的基础，一是朋友背书（即所谓人情和面子），二是通过建立独创的社交信用评价体系，综合个体在社交行为和商业交易行为方面的特征和表现，给出成员的信用水平（靠谱度）。

4. 产品服务价格大幅降低

在友多多体系，没有纯粹的商业交易。基于“友情不是赚钱的手段，而是互相帮助的动力”的友情观，友多多彻底摒弃广告推销的模式，杜绝成员在朋友之间推销产品。

友多多构建的资源对接体系，是在深刻理解“朋友没有明确需求时推荐产品是推销行为，朋友有明确需求时推荐产品变成助人行为”这一社会性哲理的基础上，融合先进的网络技术，促使供需直接见面，满足供需双方的需求。

由于没有中间营销环节，没有电商平台的流量导流成本，友多多平台的产品和服务的价格不仅低于传统商业渠道，而且也会低于电商平台。

三、提升社会阶层

人生不仅追求财富的增长，也追求社会阶层的提升。如果不是资源二代、富二代，个人单凭自己的拼搏，提升社会阶层是一件非常困难的事。

加入友多多，也是提升你社会阶层的机会。首先，加入友多多能够帮你快速提升人脉联结力，获得难以想象的事业发展机会，通过步入荣耀的事业而跨入新的社会阶层。其次，友多多能够帮助你最大限度地实现自身价值，快速积累财富，从而提升社会阶层。最后，友多多能够帮你提升社会美誉度，成为受社会尊敬的人。

归纳起来，友多多平台为不同的人提供了不同的发展机遇，从而使每个人获得适合自身的最大发展机遇（见表 11－3）。

表 11－3　友多多平台为不同的人提供的机会

分类	人群属性	核心资源	核心需求	友多多共享平台提供的机会
社会精英	职业经理人	专业管理能力	事业发展	合伙人 创业者
	创业者	创业品质＋专业能力	事业的生存和发展	缩短生存期，快速进入发展期 友多多行业合伙人，或区域合伙人
	企业家	平台、市场、资本	企业转型升级	突破传统发展模式，助力二次创业成功 友多多行业领域合伙人
	专家	专业技术能力	社会价值实现	合伙人 用技术造福社会
社会中坚	专业人士	专业技能，如：教师、医生、设计师、软件工程师、各种工匠、技术人员等等	价值实现＋经济收入	创业合伙人 更多靠谱的收入机会
	大学生	精力充沛＋一定的专业知识＋潜能	职业发展	职业机会 快速融入社会 发展人脉资源
社会大众	普通人	闲暇时间＋工作经验＋服务能力	经济收入	靠谱的收入机会 优质、价廉、靠谱的产品和服务
其他人士	发挥余热者	职业经验＋闲暇时间	存在的价值	提供更多发光发热的机会
	乐施好善者	爱心＋其他相关资源	自我升华＋成就感	靠谱的行善机缘

参考文献

[1] 戴维·波普诺. 社会学. 北京：中国人民大学出版社，2007.

[2] 黄希庭. 心理学导论. 北京：人民教育出版社，1991.

[3] 彭聃龄，主编. 普通心理学. 北京：北京师范大学出版社，2004.

[4] 戴维·迈尔斯. 社会心理学. 北京：人民邮电出版社，2006.

[5] 詹姆斯·科尔曼. 社会理论的基础. 北京：社会科学文献出版社，2008.

[6] 罗纳德·博特. 结构洞：竞争的社会结构. 上海：格致出版社，2008.

人工智能

国家人工智能战略行动抓手

腾讯研究院　中国信息通信研究院互联网法律研究中心

腾讯 AI Lab　腾讯开放平台　著

政府与企业人工智能推荐读本。人工智能入门，这一本就够。

2017 年中国出版协会“精品阅读年度好书”，中国社会科学网 2017 年度好书，江苏省全民阅读活动领导小组 2018 年推荐好书。

面对科技的迅猛发展，我国政府制定了《新一代人工智能发展规划》，将人工智能上升到国家战略层面，并提出：人工智能产业要成为新的重要经济增长点，而且要在 2030 年达到世界领先水平，让中国成为世界主要人工智能创新中心，为跻身创新型国家前列和经济强国奠定重要基础。

本书由腾讯一流团队与工信部高端智库倾力创作，从人工智能这一颠覆性技术的前世今生说起，对人工智能产业全貌、最新进展、发展趋势进行了清晰的梳理，对各国的竞争态势做了深入研究，还对人工智能给个人、企业、社会带来的机遇与挑战进行了深入分析。对于想全面了解人工智能的读者，本书提供了重要参考，是一本必备书籍。

制度与繁荣

一个新世界的开始

黄树东　著

看清中国经济未来，判断地缘政治走向，防止财富被洗劫。

本书从美国大选周期出现的社会现象入手，剖画了美国面临的困境、制度变迁以及背后少数资本精英的身影。美国相对衰退的历史，就是一部财富高度集中的历史。

本书通过揭示放任型市场经济无法克服的难题，直陈中国复兴路上五大潜在陷阱，并旗帜鲜明地提出“不选择公平，繁荣将离我们远去”。

随着中国金融开放的扩大，风险也在上升。本书旨在警醒人们：中国不能有，也难以承受一场大规模的金融危机，要为没有硝烟的战争做好准备。

本书为关心中国发展，希望在较长周期中创造和保护财富的广大读者提供了重要参考和告诫。

读懂这本书，未来就是透明的！

兴趣变现

内容营销之父教你打造有“趣”的个人 IP

乔·普利兹　孙庆磊　著

你的兴趣价值千万！

本书由内容营销之父乔·普利兹和资深营销专家孙庆磊共同撰写，受到华人广告泰斗、MATCH 创意热店创始人莫康孙，苹果公司前首席布道官盖伊·川崎，美国顶尖营销博主、Copyblogger 创始人布莱恩·克拉克等大咖联袂推荐，从个人 IP 角度，讲述了全球网络红人的成功路径和企业全员营销的赋能机制。

个人运用本书的方法，把兴趣与擅长的技能相结合，使其转化为有吸引力的内容，成功在某个领域构建有“趣”的个人 IP。通过 6 个步骤将兴趣变成可持续盈利的资产，实现多重收入，同时收获乐趣与成就！

企业推行本书的策略，用有价值的内容赋能员工，使每一位员工成为企业的推手，用内容营销策略实现 1 乘以 N 的影响力扩散，打造指数级品牌效应。

图书在版编目（CIP）数据

联结力/丁伟明著．—北京：中国人民大学出版社，2018.10
ISBN 978-7-300-25944-4

Ⅰ．①联… Ⅱ．①丁… Ⅲ．①人际关系-通俗读物 Ⅳ．①．C912.11-49

中国版本图书馆 CIP 数据核字（2018）第 139732 号

联结力
丁伟明　著
Lianjieli

出版发行	中国人民大学出版社		
社　　址	北京中关村大街 31 号	邮政编码	100080
电　　话	010－62511242（总编室）		010－62511770（质管部）
	010－82501766（邮购部）		010　62514148（门市部）
	010－62515195（发行公司）		010－62515275（盗版举报）
网　　址	http://www.crup.com.cn		
经　　销	新华书店		
印　　刷	德富泰（唐山）印务有限公司		
规　　格	170 mm×240 mm　16 开本	版　　次	2018 年 10 月第 1 版
印　　张	19.5 插页 2	印　　次	2023 年 3 月第 2 次印刷
字　　数	275 000	定　　价	92.00 元